멀티팩터

| 노력으로 성공했다는 거짓말 |

멀티팩터

1쇄 발행 2020년 2월 10일
7쇄 발행 2021년 5월 24일

지은이 김영준
펴낸이 유해룡
펴낸곳 (주)스마트북스
출판등록 2010년 3월 5일 | 제2011-000044호
주소 서울시 마포구 월드컵북로 12길 20, 3층
편집전화 02)337-7800 | **영업전화** 02)337-7810 | **팩스** 02)337-7811
원고투고 www.smartbooks21.com/about/publication
홈페이지 www.smartbooks21.com

ISBN 979-11-90238-10-6 13320

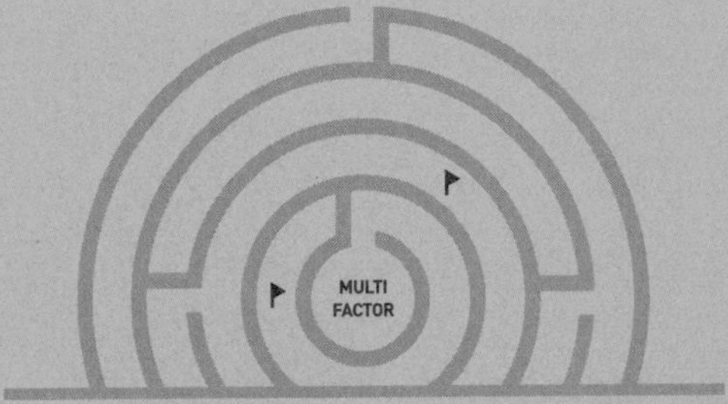

멀티팩터

| 노력으로 성공했다는 거짓말 |

김영준 지음

스마트북스

추천사

시장과 비즈니스를 보는 유니크한 시선

포털을 보면 수많은 비즈니스 성공 사례에 대한 분석 기사들이 흘러넘친다. 예의 웃고 있는 CEO의 사진이 썸네일로 박혀 있는 기사들이다. 그런 기사에서 배울 것이 없는 것이 아니다. 그러나 그런 기사의 핵심은 '야마'다. 기자들은 그렇게 교육 받는다. 야마, 즉 성공에 대한 분명하고 명백한 맥락이 딱 요인으로 제시되어야 한다. 저자는 이 책에서 이 '야마'가 성공 사례를 읽는 이의 비즈니스를 망치고 있다고 경고하고 있다.

그렇다. 기자들이 제시하고 있는 성공 요인은 지나치게 단순화되어 있거나, 아무런 의미가 없거나, 혹은 왜곡되어 있는 경우가 많다. 심지어는 인과관계Casuality가 뒤집어진 분석들도 많다. 이를 교훈으로 삼아 내 비즈니스에 적용하면 폭망한다. 비즈니스 성공 사례에서 어떤 교훈을 어떻게 읽어내야 할까? 『멀티팩터』는 이에 대해 문제를 제기하고 인사이트를 준다.

★★★★★

오류투성이의 성공 사례가 기사로 나가는 것은 성공의 진실, 팩터를 파악하고 제시하는 것이 매우 어려운 일이기 때문이다. 성공은 그리 단순하지 않다. 기자가 서너 시간 살펴보고 인터뷰를 따서 '성공의 비결은 이것'이라고 제시할 수 있는 수준의 것이 아니다. 성공의 진실은 단순하지 않은 복잡계에 놓여 있다.

저자는 일반적으로 널리 알려진, 또 전문가 행세를 하는 장사치의 허구로 가득 찬 성공의 비결에 현혹되어서는 안된다고 이야기한다. 쉽게 이해하기 어려운 성공의 팩터, 성공의 복잡계의 본질에 조금 더 깊이 접근해야 진실이 보인다고 이야기하고 있다. 그리고 이 성공의 복잡계는 결국 자원 간의 복잡한 연결임을 제시한다.

그러나 자원마저도 성공을 보장하지는 않는다. 자원을 많이 보유한 자가 언제나 성공한다면 우리가 목도하고 있는 스타트업의 성공은 존재

★★★★★

할 수 없을 터이다. 어떤 비즈니스든 애초에 스타트업이었고, 그들의 성공은 어떠한 방식으로든 자원을 획득하고 연결하며 활용하고 통제해서 불확실성을 제거했기 때문에 달성할 수 있었던 것이다. 그리고 이 자원들은 실은 모든 것이다. 사람, 기술, 브랜드, 자본, 부모, 외모 등 모두 다 자원이다. 그래서 성공은 매우 어려운 복잡계에 놓여 있다.

저자는 성공의 만능열쇠는 없다는 것을 직시하는 리얼리스트가 되는 것이 성공을 이해하는 첫걸음이라고 한다. 이 책은 다양한 성공 사례를 통해, 그들이 성공의 멀티팩터Multi Factor를 어떻게 획득하고 연결하며 활용하고 통제했는지를 보여주고 있다.

나는 이 책을 기자들, 아니 주요 일간지와 경제지의 데스크가 가장 먼저 보았으면 좋겠다. 신문사의 '야마'에 대한 '곤조'가 얼마나 성공을 열망하는 도전자들을 망치고 있는지를 그들이 먼저 깨달아야 한다. 그리

★★★★★

고 비즈니스 현장에서, 사무실에서, 골목에서 전쟁을 벌이고 있는 이들이 이 책을 읽었으면 좋겠다. 아울러 그들이 이 책을 통해 '드리머Dreamer'에서 '리얼리스트Realist'가 되고, 자원을 획득하고 연결하며 활용하고 통제하는 혜안을 가질 수 있기를 바란다. 시장과 비즈니스를 보는 날카로운 통찰이 돋보이는 책이다. 이 책이 그들의 경쟁에서 유용한 자원이 되길 바라며.

서울대학교 농경제사회학부 푸드비즈니스랩

문정훈 교수

Intro

스타벅스 코리아는 어떻게 성공할 수 있었을까?

2019년 여름, 나는 스타벅스에 앉아 스타벅스에 관한 글을 쓰고 있었다. 2019년은 스타벅스가 이대 앞에 1호점을 낸 지 20년이 되는 해였다. 그래서인지 직원들도 20주년 기념패치가 달린 유니폼을 입고 주문을 받고 커피를 내리고 있었다.

지난 20년은 스타벅스 코리아이하 스타벅스에만 특별한 20년이 아니었다. 한국의 커피시장에도 특별한 시기였다. 스타벅스의 등장 이후 커피 전문점과 카페 문화가 붐을 맞았다는 평가를 받고 있으니 말이다. 그보다 먼저 등장한 커피 전문점들도 있었지만 오직 스타벅스만이 받고 있는 평가이다.

스타벅스가 거둔 성공을 숫자로 보면 더욱 놀랍다. 2018년 말 기준으로 전국에 1,262개의 점포가 있으며 1조 5,523억 원의 매출을 기록했다. 반면 마찬가지로 점포가 많은 투썸플레이스1,047개와 이디야2,407개의 본사 매출은 각각 2,700억 원과 2,400억 원이다. 일반적으로 가맹점을 포함한 프랜차이즈의 총매출은 본사 매출에 3을 곱하여 추정하는 것을 감안하더라도, 스타벅스와의 매출 격차가 크다. 2018년 스타벅스의 점포당 매출은 12억 원을 넘는 반면 투썸플레이스는 약 5억 원 초반대, 이디야는 2억 원 초반대에서 머물고 있다. 스타벅스는 2009년 이후 10년 동안 점포 수가 네 배 이상 늘면서도 점포당 매출도 75% 증가하는 놀라운 성장세를 보였다.

그동안 스타벅스 코리아보다 먼저 사업을 시작한 곳도 있었고, 늦게 시작했음에도 점포 수가 더 많은 곳도 있었다. 기사의 제목에 '스타벅스를 무찌른 토종 브랜드의 승리' 같은 문구가 등장할 때도 있었다. 그러나 현 시점에서 보면 승자는 스타벅스이다!

널리 알려진 성공 요인

국내에서 독보적인 성공을 기록한 만큼 스타벅스의 성공 요인에 대한 분석도 많다. 특히 2019년은 20주년을 맞아 분석기사가 더욱 많았는데, 한겨레신문의 분석기사는 이를 깔끔하게 잘 정리한 대표적인 기사이다"'밥보다 비싼 커피' 논란에서 '스세권'까지… 스타벅스 20년", 〈한겨레신문〉, 2019. 6. 1..

이 기사는 크게 1) 고급화 전략, 2) 카페에서 공부하는 카공족 수용 전략, 3) 현지화 전략을 성공 요인으로 꼽고 있다. 여기에 더해 다른 요인을 든 기사도 있다. 〈식품외식경제〉 기사에서는 한국 사업권을 가진 신세계의 전폭적 지원과 직영점 운영 등을 덧붙였다"스타벅스 20년, 한국 커피문화를 바꾸다", 〈식품외식경제〉, 2019. 5. 31.. 또한 부동산에 관심이 많은 이들은 부동산 분석과 뛰어난 출점 전략을 들기도 한다.

아마 이 책을 읽는 여러분들 중에도 스타벅스의 성공 요인을 생각해본 이들이 있을 것이다. 어떤 사람은 뛰어난 굿즈를 떠올릴 것이고, 어떤 사람은 사이렌 오더 서비스의 편리함을, 또 어떤 사람은 전 직원의 정규직 고용 등의 인력관리 시스템을 떠올릴 것이다. 그런데 중요한 것은 과연 그것이 스타벅스의 핵심 성공 요인이냐는 것이다.

정말 그것이 핵심 성공 요인일까?

우선 고급화 전략부터 생각해보자. 2000년대에 스타벅스의 커피 가격은 경쟁사들과 비교했을 때 비싸지 않았다. 오히려 경쟁사들 중에 고급화를 추구하는 곳들이 있었고 이들의 커피가 더 비쌌다. 백번 양보해서 스타벅스가 고급화를 추구했다 하더라도, 경쟁사들과 같은 가격전략인 셈이므로 고급화 전략을 성공의 핵심 요인이라고 볼 수 없다.

현지화 전략도 비슷한 이유로 반박할 수 있다. 현지화 전략이 성공의 요인이라면, 애초에 현지화가 필요 없는 국내 브랜드들이 왜 그만큼 성공하지 못했을까? 결국 현지화가 성공의 핵심 요인은 아니라는 것이다.

대기업의 전폭적 지원 또한 마찬가지다. 2000년대에는 많은 대기업들이 커피시장에 뛰어들었다. 신세계가 스타벅스에 힘을 쏟은 것처럼 롯데는 엔제리너스, CJ는 투썸플레이스, SPC파리크라상을 주력업체로 하는 식품 전문 그룹는 파스쿠찌를 운영했으며, 이들도 F&B Food&Beverage, 음식 및 음료 분야에서 뛰어난 역량과 경험을 갖춘 곳들이다. 따라서 대기업의 전폭적 지원도 성공의 핵심 요인으로 보기 어렵다.

그렇다면 부동산 분석과 출점 전략은 어떨까? 경쟁자들이라고 해서 이런 역량이 없는 것은 아니었다. 이 분야에서 가장 탁월한 역량을 과시해오던 기업이 바로 SPC이다. 심지어 SPC는 앞에서 말한 여섯 가지 성공 요인 중에 다수를 보유하고 있었다. 따라서 이 또한 성공의 핵심 요인이라고 보기는 어렵다.

물론 핵심지역에 집중적으로 점포를 여는 스타벅스의 부동산 분석과 출점 전략은 '허브 앤 스포크Hub and Spoke'로 재분석할 만큼 특징적이고 차별적이다. 특히 이것은 2013년 가맹사업법 개정으로 출점거리 제한 규정이 등장하자 스타벅스에 좀 더 유리하게 작용하기도 했다. 스타벅스는 직영점으로만 운영해왔기에 이 법의 제한을 받지 않았던 것이다.

그 점에서 보자면 스타벅스의 부동산 분석과 출점 전략은 직영점 운영 전략의 하위 전략으로 볼 수도 있다. 카공족 수용 전략도 마찬가지다. 직영점 운영 전략은 본사와 점포의 이해관계가 완벽히 일치하기에, 스타벅스는 매출과 테이블 회전에 지장을 주는 카공족 수용 전략을 과감하게 선택하고 실행할 수 있었다. 사이렌 오더나 전 직원의 정규직 고용 등도 직영점으로만 운영되기에 가능한 것이었다.

왜 직영점으로만 확장했을까?

아마 성질 급한 분들은 여기까지 읽고, 이제 스타벅스가 한국에서 성공한 원인이 '직영점 운영 전략'이라고 결론을 내리고 싶을지도 모르겠다.

스타벅스가 이 전략 덕분에 경쟁자들보다 빠르고 유연하게 전략적 결정들을 선택하고 추진할 수 있었던 것은 사실이다. 그러나 직영점 운영 전략이 무조건 가장 좋은 점포 관리체계는 아니다. 20세기에 가장 성공한 프랜차이즈인 맥도날드를 비롯하여 가맹점 운영 전략으로 성공한 곳들은 너무나 많다.

그렇다면 스타벅스는 왜 전략을 달리했을까? 직영점 운영 전략은 본사가 직접 점포를 열고 관리하기에 자금이 많이 들고 위험부담도 그만큼 크고 확장속도도 느리다. 반면 가맹점 운영 전략은 파트너인 가맹점주를 모아 운영과 관리를 맡기에 비용이 덜 들고 위험을 분담하며 빠르게 확장하여 시장을 장악하는 데 유리하다. 바로 이런 강점 덕분에 맥도날드가 전 세계에 제국을 구축할 수 있었고, 프랜차이즈가 시대를 지배한 경영 시스템이 될 수 있었던 것이다.

2000년대 초반으로 돌아가, 당신이 새로운 커피 전문 브랜드를 런칭하려는 대기업의 경영자라고 하자. 앞으로 시장이 폭발적으로 성장할 것으로 예상되며, 이미 스타벅스를 비롯해 몇 개의 브랜드들이 진입해 있다고 하자. 당신에게는 프랜차이즈 브랜드들을 성공적으로 런칭한 경험이 있는 뛰어난 직원들도 있다. 이 상황에서 직영점으로만 확장하는 것이 좋은 전략일까? 그렇지 않다. 아직 브랜드가 자리잡지 못한 상황에서 직영점만으로 확장한다면, 곧 경쟁자가 빠르게 시장을 장악하는 모습을 구경만 하게 될 것이고 경영자로서 질타를 받게 될 것이다.

그렇다면 스타벅스는 왜 경쟁사들과는 달리 직영점으로만 확장했을까?

스타벅스 코리아는 미국 본사와 신세계가 각각 50%의 지분을 가진 합작회사이며, 1999년 국내에서 오픈할 당시 이미 스타벅스는 미국을 넘어 세계에서 가장 인기 있는 브랜드였다. 1990년에는 점포가 84개에 불과했지만, 한국에 진입한 1999년에는 13개국에 2,498개의 점포를 운영하는 가장 핫한 글로벌 브랜드로 거듭난 상태였다www.starbucks.com. 2010년대에는 블루보틀의 열풍이 거셌지만, 1990년대의 스타벅스 열풍은 그보다 뜨거웠던 것이다.

이렇게 강력한 브랜드가 리스크 분산을 위해 합작회사를 차려 진입한 상태라면, 굳이 이익과 리스크를 개인 가맹점주와 나눌 필요가 없었다. 즉 스타벅스 코리아는 태생적으로 직영점을 통한 운영이 결정되어 있는 상황이었고, 그것이 최적의 선택이었던 것이다.

시작부터 우월했다

이제 앞에서 던졌던 질문을 다시 생각해보자. 스타벅스가 한국에서 크게 성공할 수 있었던 이유는 무엇일까?

그 답은 '매우 강력한 브랜드와 경쟁력을 바탕으로 확고한 우위를 지켰기 때문'이다. 이 우위가 있었기에 스타벅스가 선택한 모든 전략들이 최적의 전략이 될 수 있었던 것이다.

고급화를 가격전략의 만능 키로 여기는 사람들이 생각보다 많다. 이들은 고급화를 통해 경쟁에서 승리한 수많은 기업들의 사례를 근거로 제시한다. 그러나 고급화 전략도 애초에 브랜드가 뒷받침되어야 가능하다. 아무나, 어떤 상황에서나 선택할 수 있는 전략이 아니다.

스타벅스는 초기부터 경쟁자들에 비해 뛰어난 우위를 점하고 있었다. 점포당 매출은 가장 낮았던 2007년에도 약 5.79억 원이었는데, 수많은 경쟁사들 중에서 그와 비슷하게나마 기록했던 곳은 커피빈과 투썸플레이스 단 2개 사에 불과하다.

스타벅스의 우위는 290호점유지중인 점포 기준을 넘어서기까지 걸린 기간을 보면 조금 더 명확하게 알 수 있다. 카페베네와 엔제리너스는 빠른 확장으로 유명했던 만큼 각각 3년, 5년 만에 290호점을 돌파했다. 반면 스타벅스는 10년이 걸렸고, 투썸플레이스는 11년이 걸렸다.

보통 직영점을 통한 확장은 회사가 비용과 리스크를 모두 감당하기에 가맹점 방식보다 속도가 느리다. 그러나 스타벅스는 확장속도도 경쟁사에 비해 결코 느리지 않았고 평균적인 속도를 기록했다. 이것이 진정

유지 점포 290호점 돌파에 걸린 기간

출처 : 각 사 발표자료 및 언론자료

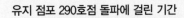

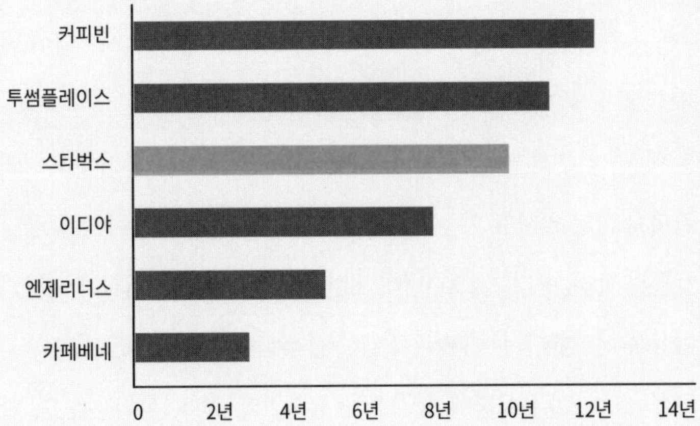

놀라운 부분이다.

이것은 스타벅스가 한국 시장에서 시종일관 우위를 유지해왔다는 것을 보여준다. 지난 20년 동안 스타벅스를 추월했다고 주장하는 기업들이 있었지만, 실제로 추월한 곳은 없었다. 스타벅스는 시작부터 우월했고, 20년 내내 그 우위를 유지해왔던 것이다.

스타벅스였기 때문에

스타벅스는 자원과 경쟁력에서 가장 뛰어난 우위를 가지고 있었다. 그리고 그 자원의 핵심에는 바로 스타벅스라는 브랜드가 있다.

스타벅스는 한국 진출 시점부터 브랜드만으로도 사람들을 몰려들게 만들 힘이 있었다. 당대 가장 핫한 글로벌 F&B 기업이자 브랜드였다. 강력한 브랜드에 시장을 만들어낸 선발주자라는 우위는 후발주자들이 쉽게 따라잡기 어렵다. 그래서 스타벅스가 한국에서 성공한 핵심 요인을 짧게 줄이자면 '스타벅스였기 때문'이라고 할 수 있다.

브랜드 만능론을 주장하거나, 임직원의 노고를 폄하하려는 것이 아니다. '브랜드가 좋으면 무조건 성공한다'는 이야기가 아니다.

몇 백 년 전부터 커피와 커피하우스 문화를 즐겨온 유럽, 100년이 넘는 커피 소비의 역사를 가진 일본, 원두를 생산하는 동남아시아, 중남미 국가들과 달리, 우리는 2000년대 초반까지도 인스턴트 커피가 시장의 90% 이상을 차지했다. 원두 커피를 즐기는 사람들이 매우 드물었다.

스타벅스는 그런 시장에 등장한 공룡이었다. 1998년에 문을 연 할 리스보다는 늦었지만, 전체 시장에서 보자면 시장 진입이 빠른 편이었고, 브랜드 파워, 자금, 인력 등 무엇 하나 밀리는 것이 없었다.

다른 대기업 계열 커피 전문점들은 자본, 경영 노하우 등에서는 견줄 만했지만, 후발주자로서 새로 브랜드를 쌓는 입장이라 명백한 열위에 있었다. 여기에 스타벅스가 미국과 해외사업을 통해 쌓은 경험과 교육, 시스템까지 고려하면 더욱 열위에 있었다고 볼 수 있다.

커피빈은 미국산 브랜드, 직영점 중심 운영 등 공통점이 있었으며 2000년대 후반까지 점포당 매출이 스타벅스에 견줄 만했지만, 후발주자로서 브랜드 파워에서 밀렸다. 사업권을 가진 박상배 대표가 패션 유통기업의 대표였고, 관계사 또한 패션 유통기업이라는 점에서 원인을 짐작할 수 있다.

스타벅스는 이처럼 국내에서 언제나 경쟁사보다 자원과 경쟁력에서 우위를 가지고 있었고, 이를 잘 활용하여 1위 자리를 놓치지 않았던 것이다. 그것도 능력이다.

기업의 행동과 결정만을 성공의 결정적 요인으로 평가한다면 이는 과대평가가 될 수 있다. 스타벅스가 취한 전략과 행동은 그들이 가졌던

01 커피빈은 2000년대 중후반까지 탄탄한 성장세를 기록하다가 2010년 이후 성장세가 꺾여 정체된다. 공교롭게도 2010년은 커피 전문점들이 카공족 유치를 위해 콘센트 설치를 늘리고 복합공간으로 전환하던 시기다. 그러나 매출 감소를 우려한 가맹점주들의 반발 등으로 인해 상대적으로 전환이 더딘 편이었다.
커피빈은 이때 직영점 체제이며 사실상 박상배 대표 개인회사라는, 전환에 유리한 조건을 갖추고도 회전율 하락 등을 이유로 콘센트를 설치하지 않았다. 어쩌면 이는 박 대표가 회전율을 중시하는 패션 유통업에 오래 종사했기에 내린 결정인지도 모른다. 커피빈은 2015년이 되어서야 매장에 콘센트를 설치하는데, 실적도 이 시기에 개선된다.

우위를 바탕으로 이루어졌고, 그 우위 덕분에 좋은 결과를 얻을 수 있었기 때문이다.

단적으로 많은 사람들이 스타벅스 매출의 약 20%를 차지하는 것으로 알려진 굿즈 상품을 칭찬하지만, 스타벅스의 로고가 아니라 경쟁사의 로고가 붙어 있다면 그 정도로 칭찬하고 구매할지는 의문이다. 어쩌면 '로고만 없으면 딱인데…'라는 가슴 아픈 반응을 SNS에서 보게 될 수도 있다.

가장 그럴싸한 이유를 찾는 것

이제 다시 스타벅스가 한국에서 성공한 이유를 생각해보자. 여전히 고급화 전략이나 직영점 중심 전략 등이 이유라고 생각하는가?

물론 경영에는 수많은 선택들이 존재하고, 그 선택에 따라 서로 다른 결과가 발생한다. 하지만 선택은 백지 상태에서가 아니라 특정 맥락 아래에서 이루어진다. 따라서 맥락에 대한 고려 없이 선택 그 자체만으로 성공을 분석해서는 안 된다.

많은 사람들이 스타벅스의 성공적인 전략으로 선불카드와 스타벅스 앱, 사이렌 오더를 꼽지만, 이는 성공의 원인이 아니라 결과일 뿐이다. 이용빈도가 낮은 사람들은 굳이 스타벅스 선불카드를 충전할 필요가 없다. 자주 이용하는 사람들에게나 유의미한 서비스이다. 스타벅스 앱도 마찬가지다. 자주 찾기에 서비스를 통합한 앱이 의미가 있지, 애초에 이용빈도가 낮았다면 아무런 의미가 없다. 또한 사이렌 오더야말로 결과가 만든 대표적인 서비스이다. 애초에 사람들이 매장마다 줄을 설 정도가 아니라면 등장할 이유가 없다. 즉, 스타벅스가 한국에서 이미 성공했기 때문에 나올 수 있는 서비스이다. 성공 요인이라기보다는 스타벅스의 지배력을 더욱 공고하게 만든 요인이다.

따라서 앞에서 이야기한 스타벅스의 성공 요인은 잘못된 분석이다. 스타벅스가 큰 성공을 거둔 만큼 다른 곳에 없는 특별한 행동이나 개입이 있을 것으로 추정하고, 거기에 걸맞는 요인을 고른 것이다.

이처럼 우리는 성공이라는 결과를 확인한 상태에서는, 원인을 추론하면서 잘못 분석하는 경우가 많다. 진짜 원인보다는 그저 결과에 걸맞는 가장 그럴싸한 이유를 찾는 것일뿐인지도 모른다. 그리고 그런 분석을 통해서는 우리가 배울 수 있는 것이 없다.

생각해보면, 어린 시절 수학 문제집을 풀 때가 그랬다. 풀리지 않는 문제를 만나면 답을 확인하고 싶었는데, 자존심은 있어서 답지에서 답만 확인하고 덮어버리고 '이미 본 답에 맞추어' 문제를 풀기 시작했다. 나중에 풀이과정을 확인해보니, 내가 답을 도출한 방식은 전혀 맞지 않았다. 미리 본 답안의 숫자가 나오도록 이리저리 끼워 맞추느라 그랬던 것이다. 성공의 원인과 요인을 찾고자 하는 시도들도 이와 크게 다르지 않다.

전략과 선택에는 맥락이 있다

그동안 성공의 공식 혹은 방정식을 발견했다고 주장하는 사람들은 무수히 많았다. 심지어 경영학의 구루라고 불리는 몇몇 학자들은 '영원불변할 공식'을 찾았다고 말하기도 했다.

그러나 그렇게 주장하는 사람들치고, 그 공식을 증명하는 데 성공한 사람은 단 한 사람도 없었다. 당연한 일이다. 수학 17번 문제의 답안을 본 상태에서 이리저리 끼워 맞추어 도출해낸 풀이법이 18번 문제에서도 통할 리가 없기 때문이다.

그래서 성공의 방법을 다루는 콘텐츠들은 추상적인 내용을 담은 일종의 '정신수양'으로 흘러가는 경우가 많다. "여러분, 긍정적인 사고를 가지세요. 노력하세요. 도전하세요. 용기를 가지세요. 간절히 원하면 이루어집니다!" 좋은 말이고 도움이 되기는 하지만, 이것을 성공의 방법론으로 보기에는 무리가 있다.

성공 요인을 제대로 진단하려면 수많은 잡음을 제거해야 한다. 하지만 앞에서 살펴본 스타벅스의 경우처럼, 많은 경우 성공에 대한 분석은 피상적인 수준에 머무르고 만다.

당신이 카페 사장, 혹은 커피 프랜차이즈 경영자라고 하자. 스타벅스의 알려진 성공 요인을 지금 똑같이 시도하거나, 과거로 돌아가서 답습하면 성공할 수 있을까?

스타벅스의 사례가 알려주는 것처럼, 승자의 '전략과 선택에는 맥락이 있다.' 이 맥락과 환경을 제거하면 승자의 선택과 결정을 과대평가하게 된다. 따라서 맥락을 제거한 접근으로는 성공한 기업과 기업가를 떠받드는 결과만 낳을 뿐, 우리가 배울 수 있는 것은 아무것도 없다.

| 과연 성공에 관한 일반적인 생각은 옳을까? |

성공에 대한 기존의 모든 통념에 의문을 가질 필요가 있다.

성공은 대표의 특별한 기질로 이루어지는가? 특정한 선택을 통해 이룰 수 있는가? 성공한 사람이나 기업의 공통점을 찾으면 그것을 성공의 공식이라고 할 수 있을까? 성공은 재능으로 이루는 것인가? 아니면 재능은 없어도 노력으로 이룰 수 있는가? 제3의 요소가 있는 것은 아닐까? 우리가 알고 있던 성공의 법칙이 작동하지 않는다면 무엇을 해야 할까?

나는 이 책에서 몇몇 기업들의 사례를 들어 분석할 것이다. 승자들의 선택과 결정에 어떠한 맥락이 있었는지를 살펴보고, 성공한 기업가들이 가지고 있는 것이 무엇인지 이해하고자 한다.

이 책은 '영원불멸의 성공공식' 같은 것을 이야기하는 책이 아니다. 그런 주장을 해온 사람들은 이제껏 모두 틀렸다. 앞으로도 자신의 공식을 따르면 성공한다고 주장하는 사람들이 수없이 등장하겠지만, 잘못된 분석, 인과관계의 오류, 인지편향 등은 오히려 우리를 성공에서 멀어지게 한다. 그렇기에 이 영역이 미지의 영역이라는 것을 인정하는 것이 중요하다. 거기에서 시작해 또 다른 시각을 제공하는 것이 이 책의 목적이다.

먼저 우리의 통념부터 재검토해보자. 과연 성공에 관한 우리의 일반적인 생각은 옳은 것일까?

차 례

3장

성공을 가로막는 잘못된 조언들

4장

확률, 불확실성, 운 : 현실의 세상이 움직이는 방식

5장

불확실성의 세상에서 성공을 추구하기 위한 방법

6장

우리는 무엇을 해야 하는가?

| 에필로그 |

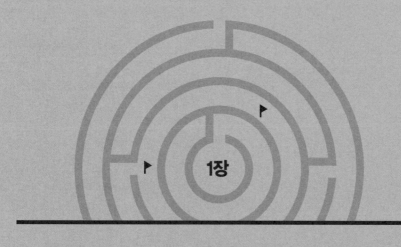

1장

정말로 그게 성공의 비법이긴 한 겁니까?

1

쌀을 먹으면 수학 점수가 오른다는 사람들

수학은 많은 사람들이 학업에서 처음으로 좌절을 경험하는 과목 중 하나다. 굳이 따로 설명하지 않더라도 이는 수학 관련 콘텐츠들의 제목만 보더라도 알 수 있다.

책이나 강의 제목에 붙는 수식어 중에 '쉽게 배우는'이라는 말이 있다. 그러나 이 수식어는 진짜 쉬운 것에는 붙지 않는다. 당연하지만, 진짜 쉬운 것은 쉽게 배울 필요가 없기 때문이다. '쉽게 배우는 ○○○'에는 긴 설명이 따라온다. 어려운 것을 풀어내다 보니 설명이 길어지는 것이다. 그래서 '쉽게 배우는'이라는 수식어는 종종 짧지만 어려운 것을 길고 어려운 것으로 바꾸는 역할을 한다.

그렇다 보니 본의 아니게 '쉽게 배우는'이라는 표현은 사람들이 그 대상에 얼마나 큰 좌절감과 절망을 느꼈는지를 반영하는 표현이 되어버렸다. 그런데 이 표현이 가장 많이 붙는 과목이 바로 수학이거나 수학이 응용되는 학문이다.

지금 이 순간에도 수학은 우리를 좌절하게 만들고 있지만, 재미있는 사실은 우리나라 사람들 정도면 전 세계에서 수학을 매우 잘하는 편에 속한다는 것이다. 실제로 OECD가 주관하는 PISA국제학업성취도평가 수학 점수를 보면 한국은 매년 최상위권에 속한다. 그리고 최상위권은 한국을 비롯한 동아시아 국가들의 각축장이다. 덕분에 PISA 수학 성적은 '동아시아인은 수학을 잘한다'라는 인식을 더욱 굳건히 하고 있다.

여기서 한 가지 상상을 해보자. 어떤 사람이 동아시아 학생들의 공통점을 통해 이런 수학 성적의 비법을 알아냈다며 다음과 같이 주장한다고 하자.

"동아시아 학생들은 공통적으로 쌀을 주식으로 합니다. 그러므로 쌀의 섭취가 학생들의 수학 점수를 높이는 것이라고 볼 수 있습니다."

아니, 그렇다면 내가 그동안 먹은 쌀은 가짜 쌀인가? 나의 수학 점수와 인생을 송두리째 부정하는 이 말에 반박이 나올 수밖에 없다.

"쌀을 먹으면 수학 성적이 올라간다니, 그러면 제 수학 점수는 무엇이고 제가 먹은 쌀은 무엇인가요?"

그러자 이 주장을 지지하는 사람들이 목소리를 높여 외친다.

"그것은 당신이 쌀을 적게 먹어서겠죠. 쌀을 더 많이 먹으면 수학 성적이 오를 것입니다."

다소 과장을 하긴 했으나, 성공의 원인에 대한 사람들의 인식도 이와 큰 차이가 없는 것 같다.

노력은 왜 과대평가되어 있는가?

일반적으로 성공의 원인에 대한 분석은 성공 사례를 놓고 그 공통점을 찾는 경우가 많다. 사례에서 가장 눈에 띄는 부분은 노력이다. 그래서 전통적으로 성공의 원인을 노력이라고 보는 경우가 많았다.

'저기 성공한 사람들을 보라. 저들이 얼마나 많은 노력을 했는지 아느냐? 그러니 성공하려면 노력해라'라는 주장은 반론하기가 쉽지 않다. 수많은 성공한 사람들이 많은 노력을 한 점은 사실이니 말이다.

하지만 여기에는 맹점이 있다. 성공한 사람들의 공통점이 노력이라고 하더라도, '노력하면 성공한다'라는 명제가 참이 되지는 않는다. 노력했는데도 실패하는 사람들이 있기 때문이다.

과거에는 성공에서 노력의 영향력을 정당화하기 위해 '노력했음에도 실패한 사람들'의 존재를 지워버렸다. 즉, 성공한 사람의 노력을 기준으로 삼고, 성공하지 못한 사람은 그만큼 노력을 하지 않은 것으로 취급했다. 결과를 바탕으로 그에 어울리는 과정을 만들어낸 것이다. 이는 순환논리의 오류이다.

노력과 성공의 순환논리

1. 성공하기 위해서는 노력해야 한다.
2. 성공한 사람들은 많은 노력을 한 반면, 성공하지 못한 사람들은 노력을 덜한 것이다.
3. 노력을 더 했다면 성공하지 못했을 리가 없기 때문이다.
4. 그러므로 성공하기 위해서는 노력해야 한다.

비록 과장되긴 했으나 쌀과 수학 점수의 이야기처럼, 성공에서 노력을 절대적 요소로 제시하는 주장들은 이러한 순환논리의 오류에 빠져 있다. '쌀을 먹는다고 수학 점수가 오르는 것은 아니다'라는 반론에 대해 '쌀을 덜 먹었기 때문'이라고 반박하는 것처럼, 노력을 해도 실패한 사람에게 '노력이 모자랐기 때문'이라고 반박하며 지워버리는 것이다. 더군다나 쌀의 섭취량은 객관적으로 측정할 수 있지만, 노력의 양과 질은 객관적으로 측정하기 어렵지 않는가.

노력이 무의미하고 쓸모없다고 주장하는 것이 아니다. 노력은 분명 성과를 쌓아가는 데 중요한 부분이다. 하지만 성공을 오직 노력만으로 설명하려고 하거나, 노력을 성공에 이르는 유일한 열쇠로 삼는 것은 지나치다. 팀 프로젝트를 같이 했는데 그 공을 팀원 한 사람이 독차지한다면, 그것은 제대로 된 평가가 아닌 것처럼 말이다. 노력은 과대평가되어 있다.

운의 역할에 대한 시각

사람들이 성공에서 노력이 과대평가되었음을 깨닫기 시작하자, 그동안 철저히 외면받았던 운의 역할이 부각되었다. 이에 따라 근래 들어서 운에 관한 다양한 대중서적들도 등장하고 있다.

그런데 사람들은 각자의 입장에 따라 운의 역할에 대해 극단적인 입장을 취한다. 노력의 가치에 대한 믿음이 큰 이들은 성공에 운이 영향을 미친다는 주장에 대해 마치 모독을 당한 듯 격렬하게 반발한다. 반대로 운을 강조하는 이들은 개인 차원의 노력을 아무것도 아닌 것으로 취급하기도 한다.

이러한 시각의 차이는 '운칠기삼運七技三'에 대한 태도에서도 드러난다. 무엇을 중시하느냐에 따라 운 7에 초점을 두거나, 기 3에 초점을 두어 반대쪽의 의미를 애써 축소한다. 이는 마치 물이 반쯤 찬 컵을 바라보는 사람들의 태도 차이와 같다. "반밖에 없네"라고 하든, "반이나 있네"라고 하든, 컵에 든 물은 그냥 절반일 뿐이다. 사실을 그대로 받아들이지 못하고, 한쪽을 강조하며 반대 의미를 애써 축소하는 것은 과한 태도이다.

성공 스토리의 허실

성공에 관한 책들은 서점의 경제/경영 코너를 채우며, 성공한 사업가의 인터뷰와 이야기에는 이목이 집중된다. 그러나 이러한 관심에 비해 우리가 성공의 본질을 제대로 이해하고 있는지는 의문이다.

젊은 나이에 큰 부를 이룬 방법을 다룬 콘텐츠들은 월급쟁이로 살 것이 아니라 사업을 통해 월급쟁이로 벌 수 있는 부를 추월하라고 권유한다. 그러나 그 방법은 대부분 막연히 긍정에 기반한 사고방식과 행동방식의 개선이다.

기업가들의 성공 스토리도 크게 다르지 않다. 상당수가 '저는 이러한 고난을 겪었으나 결국 이겨내고 성공했습니다. 여러분도 노력하면 저처럼 될 수 있습니다'라는 메시지를 담고 있다.

그러나 냉정하게 생각했을 때, 긍정적인 마인드로 바꾸고 더 열심히 노력하면 모두 성공할 수 있을까? 이는 성공의 방법이라기보다는 성공할 수 있을 것이라는 정신적 고양에 가깝다. 아이러니하게도 이런 메시지를 가장 적극적으로 활용하는 곳이 다단계, 피라미드요즘엔 네트워크 마케팅이라고도 한다 업체의 영업교육 현장이다.

대부분의 영업 현장에서도 직원들의 사기를 높이기 위해 이러한 메시지가 활용되지만, 이것을 진정한 성공의 원칙으로 봐야 할지는 의문이다. 관리자 입장에서는 직원들이 전쟁터의 군인처럼 목표점을 향해 달려가도록 사기를 북돋우는 것이 중요하지만, 개인의 입장에서 보면 정신적으로 고양된다고 해서 총알을 맞아도 죽지 않거나 총알이 전부 나를 비켜가는 것은 아니다.

어떤 사람들은 성공 스토리를 통해 꿈과 용기를 얻었다고도 한다. 우리에게 때때로 그러한 꿈과 용기가 필요한 것은 사실이다. 그러나 그런 희망은 냉철한 인식 아래, 현실 위에 양발을 탄탄하게 딛고서 있을 때 의미가 있다. 그렇다면 현실에 대한 우리의 인식은 충분할까?

현실에 대한 인식은 충분할까?

2017년에 첫 책인 『골목의 전쟁』을 출간한 후 오랜만에 옛친구를 만났다. 그 친구는 모임에서 나에게 이렇게 물었다.

"책 잘 읽었어. 그런데 네가 책에 쓴 내용도 모르고 창업했다가 망하는 사람이 세상에 있을까?"

그로부터 몇 개월이 지나 백종원 씨가 진행하는 〈백종원의 골목식당〉이라는 프로그램이 큰 인기를 끌자 방송을 본 친구가 말했다.

"미안하다. 생각보다 정말 많았구나."

실패를 원하는 사람은 없다. 하지만 우리는 정작 실패에 대해 제대로 알지 못한다. 실패할 확률을 줄이려면 무엇을 알아야 하고, 무엇을 준비해야 하는지 모르는 경우가 많다. 실패를 가정해서는 안 되는 상황, 막연한 이해, 대책 없이 긍정적인 전망 등이 시야를 가리기 때문이다. 실패에 대해서 제대로 이해하지 못하면, 성공에 대해서도 제대로 이해할 가능성이 낮다. 둘은 동전의 양면과 같기 때문이다.

막연한 인식과 희망 아래 이루어지는 정신적 고양은 도움이 되기는커녕, 그렇게 막연한 정도로도 성공할 것 같다는 믿음을 준다. 하지만 그러한 잘못된 인식과 믿음은 실패로 이어질 가능성이 높고, 실패가 반복되면 사람은 깊은 절망의 구렁텅이에 빠지게 된다. 정신을 차렸을 때는 금전적으로든 정신적으로든 큰 손실을 입은 뒤이다.

비즈니스는 종종 전쟁에 비유된다. 아마도 비즈니스가 얼마나 치열하고 진지한가를 드러내기 위해 그런 표현을 쓰는 것 같다(쓰고 보니 내 전작의 제목에도 '전쟁'이 들어가서 앗차! 싶다). 하지만 그렇게 거창한 비유에 비해 실제 내용은 '노력, 도전, 더 간절히 바라면, 꿈을 가지세요'와 같은 추상적 표현과 개인의 행동을 바꾸라는 것에 초점이 맞추어진 경우가 많다. 그리고 그런 것들이 '성공 비결'이라든가, '단기간에 부자되는 방법'과 같은 제목으로 많은 사람들을 유혹하고 있다.

이것은 마치 전쟁을 이끄는 장군이 개인수양을 열심히 해서 두려움 없이 적에게 맞서면 이길 수 있다고 말하는 것이나 다름없다. 과연 그것만으로 정말 전쟁에서 이길 수 있을까? 물론 장군의 마음가짐과 전략도 중요하지만, 그것은 충분한 병력과 보급이 이루어질 때의 이야기이다. 병력도 부족하고 보급도 적은 상태에서 정신력만을 강조한다고 이길 수 있는가? 어쩌면 이 부분에서 우리가 놓치고 있는 것이 많을지도 모른다.

성공을 제대로 이해하기 위해, 먼저 성공에 관한 오랜 논란부터 다루어보자. '성공은 운일까? 아니면 실력일까?'

이제 운과 능력을 대표하는 두 사람을 무대 위로 불러보자. 『아웃라이어』의 저자이자 베스트셀러 작가인 말콤 글래드웰, 그리고 페이팔의 공동창업자이자 스타트업 필독서로 불리는 『제로 투 원』의 저자인 피터 틸이 바로 그들이다.

2

운인가, 실력인가? :
말콤 글래드웰 vs. 피터 틸

비즈니스 세계에서 오랜 화제 중 하나는 성공이 운에 좌우되는가, 실력에 좌우되는가 하는 문제이다. 그리고 이 주제에 대한 전통적인 관점은 실력이라는 시각이었다.

성공을 이룬 사람들이 성취를 이루어가는 과정에서 보여주는 능력들은 비범하기 그지없다. 누가 보아도 워런 버핏은 투자에 관한 한 전 세계에서 가장 비범한 능력을 갖춘 사람이며, 빌 게이츠나 스티브 잡스 또한 마찬가지다. 따라서 비범한 실력이 성공을 만든다는 생각이 들 수밖에 없었다. 감히 누가 이들의 재능에 대해 의심을 가질 것인가?

대중적인 차원에서 '비범한 실력이 성공을 만든다'는 굳건한 인식에 균열을 낸 것이 바로 말콤 글래드웰의 대표 저서 중 하나인 『아웃라이어』이다. 그는 이 책을 통해서 '재능이 성공을 만든다는 것은 허상'이라고 주장한다. 그 예시로 스포츠에서의 '월령효과'상대적 나이 효과'라고도 한다'를 든다.

유소년 선수단의 월령효과 — 출생월의 행운

월령효과는 성적이나 기록 등이 상대적 나이의 영향을 받는다는 것이다. 실제로 각 스포츠의 유소년 선수들을 살펴보면, 출생월이 선수 선발 기준일에 가까운 선수들의 비중이 가장 높았다. 선수 선발 기준일이 1월 1일인 아이스하키의 경우 1월생의 비중이 가장 높았고, 그다음이 2월생, 3월생 순으로 점점 하락했다. 마찬가지로 9월 1일이 기준일인 잉글랜드 유소년 축구단의 경우는 9월생이 가장 많았다.

출생월이 선수 선발 기준일에 가까울수록 신체적, 정신적으로 좀 더 성장해 있다고 볼 수 있다어릴 때는 나이가 같아도 출생월에 따라 성장이 차이가 난다. 즉, 더 뛰어난 재능을 가진 아이가 아니라 출생월이 빨라서 좀 더 성장한 아이가 유소년 선수로 발탁되어 더 많은 기회를 얻는 것이다. 이는 재능이 중요한 스포츠에서조차, 재능이 아니라 몇 월에 태어났는가 하는 운이 큰 영향을 미친다는 증거이기도 하다.

말콤 글래드웰은 월령효과에서 나아가 더욱 강력한 한방을 준비

한다. 그 유명한 '1만 시간의 법칙'이다.

1만 시간의 법칙 — 비틀스와 빌 게이츠의 행운

1만 시간의 법칙은 K. 앤더스 에릭슨과 랄프 크람페, 클레멘스 테쉬뢰머의 연구에 근거를 두고 있는데, '어느 분야든 최고 수준의 실력자가 되기 위해서는 1만 시간의 연습이 필요하다'는 주장이다.

말콤 글래드웰의 『아웃라이어』에서 소개하는 에릭슨의 연구 내용은 이렇다. 우선 베를린음악아카데미의 학생들을 '장래에 세계적인 솔로 주자가 될 수 있는 학생', '잘하는 학생', '미래의 음악교사가 될 학생' 등 세 부류로 나누고 이들의 연습시간을 조사했다. 그 결과 세계적인 솔로 주자가 될 엘리트 그룹은 1만 시간, 그냥 잘하는 그룹은 8천 시간, 미래의 음악교사들은 4천 시간을 넘게 연습한 것으로 나타났다. 즉, 재능이 아니라 연습 시간에 따라 퍼포먼스의 차이가 명확하게 나타났다는 것이다.

말콤 글래드웰은 여세를 몰아 비틀스와 빌 게이츠 등을 소환한다. '비틀스도 알고 봤더니 함부르크의 클럽에서 1만 시간을 연주했다', '빌 게이츠도 사실 부모님 덕분에 1만 시간의 프로그래밍을 할 축적의 기회를 얻었다'와 같은 사례를 통해, 가장 뛰어나 보이는 재능조차 1만 시간의 연습이 밑바탕이 되었다고 주장한다. 그리고 이 1만 시간의 연습 축적은 행운이 기반이 되었다고 말한다.

여기서 이의를 제기하는 분들도 있을 것이다. '1만 시간의 법칙'은 누구나 노력하면 재능에 관계없이 전문가가 될 수 있다는 것인데, 어떻게 '운'을 대표하는 예가 되느냐고 말이다. 아이러니하게도 '1만 시간의 법칙'은 말콤 글래드웰의 본래 의도와는 정반대의 뜻으로 알려졌다.

앞에서 설명했다시피, 월령효과는 출생월이 빠른 아이들이 늦은 아이들보다 '먼저 태어난 행운 덕분에' 더 많은 기회를 얻는다는 것이다. 또한 비틀스나 빌 게이츠의 예에서 보듯이 '환경이라는 운 때문에 1만 시간의 연습을 축적할 기회의 차등이 발생하고, 이것이 성과의 차이로 나타난다'는 것이다. 안타깝게도 환경의 차이로 인해 운이 따르지 못한 이들은 1만 시간의 훈련을 축적할 기회가 없다. 즉, 글래드웰은 환경이라는 운의 요소가 성과의 차이를 가져온다고 주장한다는 점에서, 성공에 관한 한 '운 만능주의자'라고도 볼 수 있다.

그런데 노력 만능주의자들이 갑자기 나타나서 앞뒤 다 자르고 "이걸 봐라, 왜 너희들은 1만 시간을 노력할 생각을 하지 않았나? 노오오력하라!"라고 사람들을 타박해온 것이다.

노력 만능주의자들 이야기는 뒤에서 다시 하기로 하고, 이번에는 말콤 글래드웰의 주장을 반박하며 재능을 대변할 사람을 불러보자. 바로 피터 틸이다.

재능 만능주의

피터 틸은 일론 머스크와 더불어 페이팔의 공동창업자로 널리 알려져 있지만, 실제 그의 성과는 페이팔 창립 이후에 더욱 빛났다. 그는 페이팔을 이베이에 매각한 후에 또 다른 기술기업들을 창업하고 벤처투자자로 활발하게 활동했다. 그가 초기 투자자로서 참여한 회사들만 보더라도 페이스북, 링크드인, 옐프 등 매우 화려하다. 덕분에 그는 매우 뛰어난 벤처투자자이자 페이팔 마피아미국 실리콘밸리를 선도하고 있는 페이팔 출신 창업가들의 대부로 평가받고 있다.

그런데 피터 틸은 '모든 것은 운의 결과물'이라는 말콤 글래드웰의 주장이 몹시 거슬렸던 것 같다. 실제로 2012년 스탠퍼드대학에서 한 강의를 정리한 책인 『제로 투 원』을 보면, 한 챕터를 할애하여 글래드웰의 주장을 비판하고 있다.

그는 '스타트업은 로또가 아니다'라는 챕터에서 운에 대한 극도의 거부감을 드러내며, 성공에서 배경의 영향을 배제한다. 심지어 성공에서 운의 역할을 강조하는 사람들에 대해 '전략적인 겸손'이라고 하며, 그런 태도를 취하는 사람들은 의심해야 한다고까지 주장한다. 마치 이단자를 정죄하는 종교인 같은 느낌이 들 정도이다.

또한 만약 글래드웰의 주장대로라면 페이스북의 성공은 창업자인 마크 주커버그가 자라온 환경 덕분이라는 것인데, 이는 검증 불가능한 주장이라고 반박한다. 그 주장을 증명하려면 동일한 상황을 1천 번 정도 반복해야 하는데 이는 불가능하다는 것이다.

또한 글래드웰이 성공에서 환경이라는 배경적 맥락을 강조한 것은 '어릴 적부터 우연의 힘을 과대평가하도록 배우고 자란' 베이비붐 세대이기 때문이라고 비판한다. 베이비붐 세대가 성장하던 시기에는 큰 노력을 들이지 않아도 기술이 발전하는 것처럼 보였기에, 환경이 모든 것을 다 하는 것처럼 여기며 운의 역할을 과대평가하고 있다는 것이다.

피터 틸은 불운의 존재를 부정하지는 않는다. 그것은 아마 본인이 벤처투자에서 종종 실패도 경험했기 때문일 것이다. 그러나 행운의 존재에 대해서는 부정한다. 이러한 인식을 고스란히 보여주는 것이 바로 틸 장학금이다.

틸 장학금은 창업을 희망하는 22세 이하의 대학생들에게 대학 중퇴를 조건으로 창업자금을 지원한다. 그는 고등교육은 운을 과대평가하도록 가르치고 창의를 거세하며 성공을 제한하기에 불필요하다고 본다. 이처럼 그는 운의 역할을 철저하게 부정하며, 재능이 성공을 결정한다는 전통적인 관점을 지지한다. 비록 마크 주커버그, 일론 머스크 같은 인물들이 불운 때문에 흔들릴 수는 있지만, 결국은 재능으로 성공한 것이라는 것이다. 그는 재능 만능주의자에 가까운 모습을 보인다.

운 vs. 재능, 누구 손을 들어주어야 할까?

그러면 운과 재능을 대변하는 말콤 글래드웰과 피터 틸 중에서 누구의 손을 들어주어야 할까? 아마도 성공에 대한 당신의 시각에 따라 다를 것이다. 운을 지지하는 사람이라면 말콤 글래드웰의 주장에 좀 더 신뢰가 갈 것이고, 재능을 지지하는 사람이라면 성공한 사업가인 피터 틸의 주장에 더 신뢰가 갈 것이다.

그러나 감히 이들의 주장에 대해 판결을 내려보자면 '둘 다 틀렸다'고 이야기할 수 있다. 운이 절대적이라고 주장하는 쪽이나, 운은 아무런 영향도 미치지 못한다고 주장하는 쪽이나 너무 극단적이기 때문이다.

피터 틸의 성공에 운의 역할이 없었을까?

우선 피터 틸의 주장부터 살펴보자. 그가 운에 대해 보이는 태도와 시각은 지나칠 정도로 감정적이며 비논리적이다. 불운은 존재하지만, 행운은 존재하지 않는다는 시각은 괴이하기 짝이 없다.

운은 언제나 양면적이다. 행운이 존재하는 만큼 불운도 존재한다. 운의 본질은 이 양쪽 어디로 튈지 모르는 불확실성에 있다. 우리는 그저 좋은 쪽으로 튄 운을 '행운'이라고 하고, 나쁜 쪽으로 튄 운을 '불운'이라고 말할 뿐이다.

피터 틸은 이러한 운의 속성을 완전히 부정하며, 오직 나쁜 방향으로 튄 운의 존재만을 한정적으로 인정한다. 성공은 개인의 재능 덕분이지만 실패는 불운 때문이라고 본다. 운이 실패에 대한 자기방어의 용도로만 이용되는 셈이다. 사업가로서 실패한 적이 있고 벤처투자자로서 예상 밖의 일들이 벌어지는 것을 목격해왔기에 실패 자체를 부정할 수는 없다 보니, 이러한 괴상하기 짝이 없는 주장을 하게 된 것 같다.

피터 틸은 분명 대단한 재능을 가진 사람이다. 아무나 그와 같은 성공을 거둘 수 있는 것은 아니다. 투자할 기업을 고르는 그의 감각은 놀라우며 수익률도 매우 인상적이다. 이것은 벤처투자나 엔젤투자 업계에 몸담고 있는 사람이라면 누구나 인정하는 부분일 것이다. 그러나 그의 성공에 정말로 운의 영향이 없었다고 할 수 있을까?

피터 틸은 스탠퍼드대학 철학과와 동대학 로스쿨을 졸업하고 로펌에 입사한 후 크레디트스위스로 이직하여 파생상품 트레이더로 활동하다가 캘리포니아로 돌아와 페이팔로 대박을 터트렸다. 그의 이력만 보자면 운의 영향이 없는 것처럼 보일 수도 있겠다. 하지만 조금 더 자세히 들여다보면 다른 가능성이 있음을 알 수 있다.

피터 틸은 1996년에 크레디트스위스를 그만두고 돌아와 가족과 친구들로부터 도움을 받아 100만 달러 규모의 '틸 캐피탈 매니지먼트'를 설립한다. 처음부터 성공을 거두지는 못했다. 친구 루크 노섹의 비즈니스에 10만 달러를 투자했다가 실패하기도 했다. 그러다가 노섹의 친구였던 맥스 레브친을 만나고 1998년에 콘피니티라는 회사를 차렸는데, 여기에서 1999년에 출시한 서비스가 바로 페이팔이었다. 당시 페이팔은 일론 머스크가 세운 X.com사와 온라인 금융결제 부분에서 경쟁 중이었는데, 2000년 둘은 5:5의 지분교환으로 인수를 결정하여 현재의 페이팔이 되었다.

그런데 이 인수과정이 흥미롭다. 피터 틸의 『제로 투 원』에 의하면, 그는 당시 닷컴 버블에 불안을 느끼고 이대로 가다가는 큰일나겠다 싶어, 같은 위기의식을 가지고 있던 경쟁사 대표인 일론 머스크와 회사를 합치기로 결정한다. 둘은 두 회사의 중간 지점에 있는 카페에서 만나 인수를 결정했다고 한다. 이렇게 탄생한 페이팔은 2002년에 이베이에 15억 달러에 팔린다.

꽤 멋진 이야기지만, 이것만 보더라도 그에게 작용했던 운의 존재를 쉽게 확인할 수 있다. 만일 맥스 레브친을 만나지 못했더라면 페이팔은 아마 탄생하기 어려웠을 것이다. 그리고 그가 유색인종에 가난한 집안에서 태어났다면 본인의 돈과 가족, 친구들의 도움을 받아 틸 캐피탈매니지먼트의 창업자금 100만 달러를 동원할 수 있었을까?

그는 독일계 이민자 가정의 백인 남성이다. 백인 엘리트와 부유층의 커뮤니티는 다른 소수자들보다 훨씬 강력하고 끈끈하다. 애초에 환경이 뒷받침되지 않았다면, 그가 가진 재능을 제대로 펼쳤을 것으로 기대하기 어렵다.

출생의 운은 얼마나 큰 영향을 미칠까?

출생의 운은 우리가 생각하는 것보다도 훨씬 영향력이 크다. 같은 일을 하더라도, 어디에서 태어나 어디에서 일하느냐에 따라 소득이 차이가 난다.

전 세계의 택시기사는 생산성에서 큰 차이가 없지만, 뉴욕, 서울, 뭄바이의 택시기사가 버는 소득은 각각 큰 차이를 보인다. 물론 라이선스 취득 비용과 차량 가격에서 차이가 나지만, 기술이나 재능이 소득차만큼 현저하게 차이가 난다고 보기는 어렵다. 이를 '시민권 프리미엄'이라고 한다. 『아웃라이어』에서 말콤 글래드웰은 그러한 조건차로 인해 발생할 수 있는 현상을 설명한 바 있다. 이를 생각하면 피터 틸이 자신의 성공을 어떻게 생각하든, 그의 주장처럼 운의 역할을 완벽히 부정하기는 어렵다.

한편 출생의 운은 장소뿐만 아니라 시점에도 영향을 미친다. 대표적인 것이 불황기와 호황기 졸업생의 서로 다른 삶의 궤적이다.

미국 예일대학의 리사 칸 교수의 연구[01]에 따르면, 불황기 졸업생과 호황기 졸업생은 커리어 및 소득에서 완전히 다른 궤적을 밟는다고 한다. 불황기 졸업생들은 직장생활 초기부터 낮은 임금을 감내할 수밖에 없었고, 이는 생애 전반에 걸쳐 지속적으로 낮은 소득으로 이어졌다.

비슷한 연구가 국내에도 있다. 한국조세연구원의 연구[02]에 따르면 "경기 불황기에 졸업을 하고 노동시장에 진입하는 세대는 자신의 능력 혹은 의지와 무관하게, 다른 시기에 졸업한 세대에 비해 고용이나 임금 모두 불리한 입장에 놓이는 것"으로 나타났다. 이것은 '실력이 모든 것을 결정하지 않는다'는 것을 극명하게 보여준다.

사업의 운을 보더라도 마찬가지다. 좋은 전망과 예상에도 불구하고, 잘 안되거나 문을 닫는 벤처 기업을 쉽게 볼 수 있다. 달리 이야기하면 '불운을 맞지 않는 것' 또한 운이라고 할 수 있다. 피터 틸의 콘피니티와 페이팔은 불운을 맞지 않는 운이 따랐던 것이다.

만약 피터 틸이 초기에 불운을 몇 번이나 맞았다면, 지금의 위상

01 Kahn, Lisa B., "The Long-Term Labor Market Consequences of Graduating from College in a bad Economy", 2006.

02 홍승현, 원종학, "경기순환에 따른 고용상황 변화의 중장기적 재정효과", 한국조세연구원, 2012. 12.

을 갖출 수 있었을까? 그의 생각이 어떻든, 적어도 커리어 초기에 그가 남들보다 덜 불운했던 것만은 사실이다.

1만 시간의 재발견—재능은 없다는 주장

이번에는 말콤 글래드웰의 주장을 살펴보자. 운의 역할을 부정할 수는 없겠지만, 그렇다고 그의 주장처럼 운을 절대적인 요소로 볼 수 있을까? 그는 1만 시간의 법칙을 통해 행운과 환경의 중요성을 이야기했지만, 문제는 그 원래의 연구 결과를 오독했다는 점이다.

'1만 시간의 법칙'의 근거가 된 연구를 발표한 K. 앤더스 에릭슨은 말콤 글래드웰로 인한 대중의 오해를 바로잡고, 자신의 연구가 가진 의미를 정확하게 전달하고자 『1만 시간의 재발견』이란 책을 출간했다.

에릭슨은 이 책에서 1만 시간은 별 의미가 없는 숫자라고 말한다. 이 숫자는 그냥 가장 촉망받는 연주자 그룹의 '평균 연습시간'이었다. 심지어 최고 수준의 연주자 열 명 중 절반은 총 연습시간이 1만 시간에 못 미쳤다. 즉, 사람에 따라 비슷한 수준의 실력을 갖추는 데 도달하는 시간이 엄연히 달랐다.

결정적으로 에릭슨이 이야기한 연습은 그냥 연습이 아니라 '의식적 연습Deliberate Practice'이다. 이는 개인의 한계를 살짝 넘어서는 것을 목표로 한, 매우 밀도 높고 체계화된 연습을 말한다. 높은 집중력과 함께 정확한 피드백 또한 필수적이다. 에릭슨은 이 정도로 고도화된 의식적 연습의 양이 퍼포먼스의 차이를 낳는다고 주장했다.

성공의 원인에 대한 오랜 논쟁의 트리

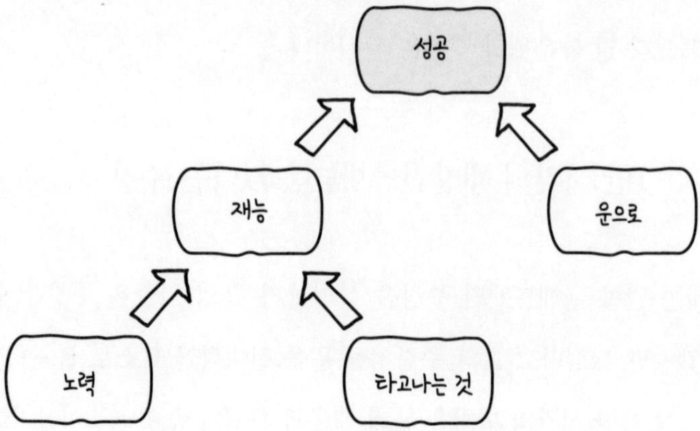

성공은 운이라는 '운 만능주의자'와 재능이라는 '재능 만능주의자'의 논쟁에서 갑자기혹은 드디어 노력이 등장했다. '노력 만능주의자'들이 만세를 부르는 소리가 들린다. 사실 노력 또한 전통적으로 성공에서 중요한 요소로 받아들여져왔다는 점에서 새롭지는 않은 일이다.

'운 vs. 재능'의 이슈에서 노력 만능주의자들은 재능 쪽에 무게를 둔다. 물론 재능은 타고나는 것이라고 믿어서가 아니라 재능이 노력으로 만들어진다는 것이다. 그런데 에릭슨의 연구는 노력 만능주의자들의 주장을 완벽히 지지하는 주장이니, 이들이 환호하지 않을 수 없다.

그러나 엄밀히 따지자면 에릭슨은 재능을 부정했을 뿐, 운을 부정한 것은 아니다. 일단 그가 이야기한 의식적 연습은 누구나 할 수 있는 것이 아니다. 잘 설계되고 체계화된 연습을 할 기회는 제한되어 있고 비용도 높다. 모두가 그런 기회와 비용을 얻을 수 있는 것은 아니기 때문에, 말콤 글래드웰이 주장했듯 환경과 운의 효과가 필요한 것이다. 그리고 제대로 된 피드백과 수정, 목표 재설정을 해줄 수 있는 지도자를 만나는 일 역시 개인의 능력이 아니라 환경과 운에 가까운 일이다.

또한 에릭슨은 『1만 시간의 재발견』에서 꽤 많은 분량을 할애하여 재능의 존재를 부정했지만, 그것을 완벽히 부정하기는 힘들 것 같다. 『아웃라이어』에서 이야기한 월령효과를 다시 꺼낼 시간이다.

과연 타고난 재능은 없는 것일까?

월령효과도, 앤더스 에릭슨의 연구도 유망주에 대한 연구이다. 만약 이들이 프로 수준, 즉 전문가의 시장으로 진입했을 때에도 월령효과가 똑같이 유지될까?

FIFA 국제스포츠연구센터CIES의 보고서[03]를 한번 살펴보자. 2009/10년 시즌부터 2015년까지 유럽의 31개 1부 리그에서 활동한 28,685명의 프로선수들을 대상으로 한 이 보고서에 따르면, 프로선수의 세계에서도 월령효과는 존재한다.

먼저 EU 28개국 국민들의 출생비율을 살펴보면 각 분기가 대체적으로 고른 비율을 보인다. 그런데 프로 축구선수들의 출생월을 보

03 Raffaele Poli, Loïc Ravenel, Roger Besson, "Relative age effet: a serious problem in football", CIES Football Observatory Monthly Report Issue no. 10, 2015.12.(https://football-observatory.com/IMG/sites/mr/mr10/en/)

면 1분기가 가장 많고, 그다음이 2분기, 3분기, 4분기 순으로 순차적으로 낮아지는 현상을 보였다. 전문가 수준에서도 월령효과가 존재하는 것이다. 그러나 단순히 이것만 보고 '역시 인생은 운이야'라고 주장하기에는 무리가 있다. 이 연구가 보여주는 핵심은 그다음에 있다.

프로 축구선구들의 출생일 분포가 고르다면 평균 출생일은 7월 1일일 것이다. 반면 월령효과가 나타난다면 평균 출생일이 그만큼 이른 달로 나올 것이다. 그렇다면 프로 축구선수들의 연령에 따른 평균 출생일은 어떨까?

다음의 그래프를 보면 알 수 있듯, 프로 축구선수들의 평균 출생일은 연령에 따라 다른 양상을 보였다. 프로무대에 갓 진입한 21세 선수들은 평균 출생일이 6월 9일이지만, 선수생활의 황혼기에 이르는 32세 선수들은 6월 23일이었다. 선수들의 나이가 많을수록 월령효과의 효과가 감소하는 것이다.

월령효과가 왜 감소하는 것일까? 이는 나이가 들수록 월령효과의 혜택을 받은, 출생월이 빠른 선수들이 줄어들고, 출생월이 느린 선수들이 그 자리를 차지한다는 것을 의미한다. 이는 월령효과로 인해 가려졌던 재능이 뒤늦게 드러나는 것이라고 봐야 하지 않을까?

이 연구는 유럽의 프로 축구선수들을 대상으로 한 것이다. 이들은 모두 의식적인 연습을 계속 해왔으며, 지금도 하는 중인 사람들이다. 그럼에도 상반기에 태어난 선수들의 이탈이 많은 것은, 결국 의식적 연습으로도 도달할 수 없는 재능의 영역이 존재한다고 봐야 할 것이다. 선수생활 초기에는 월령효과가 이어지기에 그것을 재능이라

EU 국민과 프로 축구선수의 출생월 비중 비교

출처: CIES Football Observatory Monthly Report Issue.10의 자료 재구성

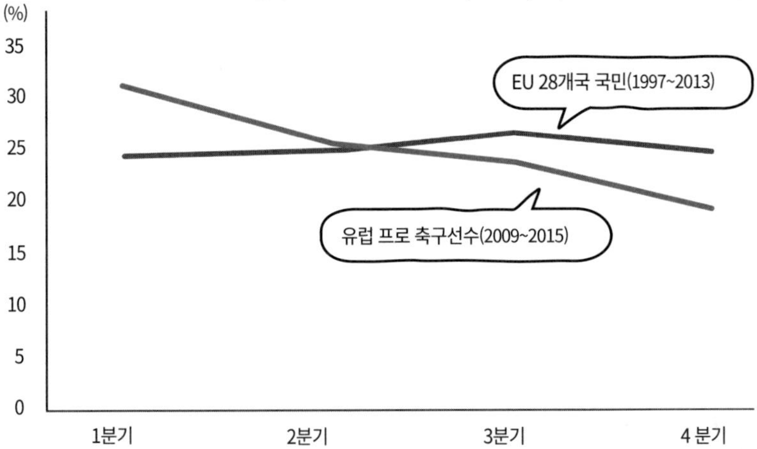

유럽 프로 축구선수의 나이에 따른 평균 출생일의 차이

출처: CIES Football Observatory Monthly Report Issue.10의 자료 재인용

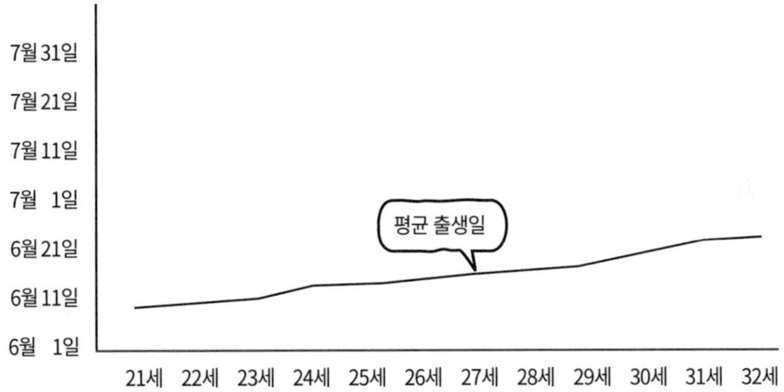

고 착각하고 더 많은 기회를 얻기도 하지만, 결국 상위 리그에서 뛸 재능이 뒷받침되지 않으면 밀려날 수밖에 없다.

생각보다 복잡한 세상

지금까지 살펴보았듯 운도 재능도 노력도 어느 한 가지만 존재한다고 보기는 어렵다. 그런데도 사람들은 하나를 과도하게 강조하는 경향이 있다. 자기가 믿는 요소가 영향력이 더 크다며 다른 요소를 폄하한다. 그래서 이 문제는 영원한 논쟁으로 남을 수밖에 없다. 그러나 성공을 제대로 이해하려면 어느 한 요소를 애써 축소할 것이 아니라 성공 요소의 다양성을 모두 인정해야 한다.

세상은 우리의 생각보다 훨씬 복잡하다. 단순화는 이 복잡한 세상을 쉽게 이해하는 데 큰 도움을 주지만, 지나친 단순화는 그 과정에서 놓치는 것들이 너무 많아지기에 오히려 세상을 잘못 이해하게 만든다. 또한 성공에 대한 오해와 오독을 일으키고, 성공으로 다가갈 수 있는 길을 막아버림은 물론이다.

예를 들어 사람의 얼굴을 그리려면 큰 동그라미 하나와 점 두 개만 있어도 충분하다. 하지만 그 그림으로 특정한 사람을 찾으려고 한다면 불가능할 것이다.

다음의 그림은 내가 그린 내 얼굴로, 그리는 데 각각 5초와 5분이 걸렸다. 만약 이 그림들을 주고 나를 찾으라고 한다면 어느 그림을 고르겠는가? 오른쪽 그림으로도 나를 찾기는 만만찮겠지만, 20명 이하가 모인 방에서 이 그림이 주어진다면 짝눈, 푹 파인 볼살, 큰 콧구멍이라는 특징에 착안해 후보를 좁힐 수는 있을 것이다. 물론 왼쪽의 그림으로는 어림도 없다.

지나친 단순화는 정답을 찾는 데 도움이 안 된다

어느 그림이 사람을 찾는 데 좋은 그림일까? 더 많은 힌트를 얻을 수 있는 쪽은 오른쪽이다.

지나친 단순화는 현실을 제대로 반영하지 못한다. 성공을 제대로 파악하려면 노력이나 재능, 혹은 운이라는 하나의 렌즈로 볼 것이 아니라 다각적인 측면에서 이해해야 한다.

이제부터는 그동안 우리에게 알려진 성공 비법들을 다시 살펴보자. 과연 그것은 정말로 성공의 비결이 담긴 이야기일까, 아니면 그냥 말도 안 되는 이야기일까?

3

성공 연금술사들의 실패

지금도 우리 주변에는 비즈니스적으로, 혹은 금전적으로 일정 수준 이상을 달성하고, 또 전진해나가는 사람들이 있다. 이들의 성취는 관심과 부러움의 대상이고, 다양한 콘텐츠로 만들어져 언제나 인기를 끌곤 한다.

그중에서도 성공에 관한 이야기는 주로 자기계발 콘텐츠로 연결되는 경우가 많다. 성공한 사람들의 공통점이나 습관을 찾고 그것을 배우자고 생각하는 것이다. 이런 분야의 대표작이 바로 스티븐 코비의 『성공하는 사람들의 7가지 습관』이다. 이후에 등장한 수많은 '성공하는 XX들의 Y가지 습관' 같은 책들의 원조에 해당한다.

이러한 책들은 '성공하는 사람들의 습관을 따라 하면 당신도 성공할 수 있다'라는 메시지를 담고 있다. 그래서 읽고 나면 새 사람이 된 것 같고, 자신도 곧 성공할 수 있을 것 같다는 희망찬 느낌을 받게 된다.

나는 그와 똑같은 느낌을 매년 1월 1일 0시 1분에 받는다. 1월 1일 오전 8시면 그 느낌과 자신감은 극대화된다. 우리가 새해에 하는 다짐이 3일쯤 지나면 약발을 다하는 것처럼물론 나는 1월에 헬스장에 20회는 나갔으므로 작심삼일형 인간은 아니다. 2월은 별로 말하고 싶지 않다, 책의 효과도 며칠이 지나면 줄어든다. 다만 우리가 1월 1일에 맛보는 '새해효과'는 3월쯤이 되면 '벌써 1년의 1/4이나 흘렀어'라고 놀라는 자각이라도 주는 반면, 그런 책들은 기억도 나지 않는다는 차이가 있다. '네 안의 거인'을 깨우라고 해서 깨웠는데, 아무래도 다른 거인을 깨운 것이 틀림없다. 혹은 내 안의 거인이 처음부터 나태한 거인이거나.

물론 성공한 사람들은 나름의 좋은 습관이나 패턴이 있으며, 그것을 배우면 말 그대로 자기계발에 도움이 될 수는 있다. 그러나 그런 습관을 익힌다고 해서, 내가 그들처럼 성공하는 것은 아니다. 그렇다면 그것이 '굳이' 성공하는 사람들의 습관일 필요는 없다. 자기를 수양하고 계발하는 방법과 길은 이미 세상에 많기 때문이다.

'성공하는 습관'류의 책들은 자신들이 '성공의 비법'을 직접적으로 이야기하지는 않았다고 변명할지도 모르지만, 어쨌든 실제로는 작동하지 않는 비법을 판 것이나 다름없다.

짐 콜린스와 위대한 기업의 오류

그렇다면 성공의 비법을 직접적으로 연구한 책들은 어떨까?

1982년에 나온 톰 피터스의 『초우량 기업의 조건』은 이 분야의 고전이다. 제목대로 초우량 기업들을 조사하여 공통점을 분석한 책이며, 기업과 CEO 들로부터 극찬을 받고 장기 베스트셀러에 올랐다. 스티븐 코비의 책과 성공이 수많은 아류들을 양산해낸 것처럼, 이 책의 대성공은 이후 성공 비법에 관한 책들의 등장을 이끌어냈다. 그 흐름에서 가장 두각을 드러냈던 인물이 바로 짐 콜린스이다.

짐 콜린스는 『초우량 기업의 조건』에 쏟아졌던 비판이 무엇인지 정확하게 알고 있었다. 신약을 테스트할 때 임상 대상자들에게 진짜 약과 가짜 약을 각각 주어서 약의 진짜 효과를 측정하는 것처럼, 과학적 연구에는 언제나 비교와 대조가 필요하다. 톰 피터스의 책에는 초우량 기업과 비교할 기업이 빠져 있었던 것이다.

짐 콜린스는 스탠퍼드경영대학의 제리 포러스와 함께 이 문제를 좀 더 깊이 파고든다. 우선 지속적으로 정상을 차지하고 있는 기업들을 선정하여 비전기업으로 분류하고, 그 대조군으로 비전기업과 비슷하지만 덜 우수한 기업을 선정하여 비교기업으로 분류했다. 두 기업군의 공통점을 찾고 서로 비교하면, 왜 비전기업이 비교기업보다 더 우수한지를 알 수 있을 것이라고 생각했기 때문이다. 이러한 내용을 정리한 책이 바로 『성공하는 기업들의 8가지 습관Build to last』이다. 이 책은 더 큰 반향을 불러일으키며 글로벌 베스트셀러에 올랐다.

그런데 짐 콜린스의 맥킨지 시절 동료였던 빌 미헌은 이 책에 대해 '이미 위대한 기업들을 연구하는 것은 쓸모없다'라고 평가했다. 이미 위대한 기업을 살펴보는 것만으로는 배울 것이 없다는 뜻이다. 짐 콜린스가 이런 문제의식을 가지고 연구하여 다시 낸 책이 『좋은 기업에서 위대한 기업으로Good to Great』이다. 이 책 또한 글로벌 베스트셀러에 올랐다.

짐 콜린스는 이 책을 쓰면서 무척 자신만만했던 것 같다. 스스로 "위대한 것으로 도약하는, 시간을 초월한 원리를 다룬 책"이라고 표현한다. 그 자신감의 근원은 그가 연구한 어마어마한 자료의 양에 있었다. 심지어는 책 소개에서도 "2천 페이지의 인터뷰, 6천 건의 논문 조사, 3.8억 바이트의 정밀한 데이터"라는 문구로 그 숫자를 어필한다. 이렇게 많은 데이터와 자료를 통해 도출한 결과이니, 말 그대로 시간을 초월한 원리일 것 아닌가? 그는 그렇게 믿고 확신에 찬 어조로 이야기했다.

성공에 대한 기준은 사람마다 다를 수 있지만, 성공 자체는 모두가 원하는 것이다. 특히 비즈니스에서 성공이란 모두가 원하는 궁극의 도달점이다. 짐 콜린스는 먼저 성공의 기준을 제시했다. 장기간 뛰어난 성과를 내는 기업이어야 한다는 것이다. 모든 기업인이 목표로 하며 공감할 수밖에 없는 기준이다. 그리고 두 권의 책을 통해 "지속적인 성공에 도달할 수 있는 '비법'을 깨달았다"라고 외친다. 누구든 자신의 연구에서 위대한 기업들이 가르쳐주는 교훈을 따라 하기만 하면 비전기업과 위대한 기업을 창출할 수 있다고 말이다.

마치 중세의 연금술사들이 떠오르지 않는가? 비법을 깨우치면 흔해빠진 납도 금으로 바꿀 수 있다고 했던 연금술사들 말이다. 그리고 납을 금으로 바꾸는 데 필요한 것이 바로 현자의 돌이다. 짐 콜린스는 누구나 성공이라는 금을 만들어낼 수 있는 현자의 돌을 자신이 발견했으며, 그 비법을 익혔다고 주장했던 것이다. 과연 그랬을까?

짐 콜린스는 자신의 연구결과를 '시간을 초월한 원리'라고 자신만만하게 표현했지만, 아쉽게도 그가 말한 '시간을 초월한 원리'는 채 10년도 가지 못했다.

그가 위대한 기업으로 꼽았던 서킷시티미국의 전자제품 및 컴퓨터 대형 유통업체와 패니매가 대표적이다. 서킷시티는 2008년에 파산 신청을 했다가 이듬해에 도산했으며, 패니매는 2008년 금융위기와 서브프라임 모기지 사태의 원인이 된 기업 중 하나로서 파산 직전까지 몰렸다가 공적자금으로 간신히 살아났다. 그리고 다른 기업들도 파산까지는 아니었지만, 딱히 사정이 좋지 않았다. 그가 성공의 기준으로 제시하고 분류한, 장기간 번영하고 뛰어난 실적을 거두는 '위대한 기업'들은 그토록 빠르게 위대함을 잃어버린 것이다.

『성공하는 기업들의 8가지 습관』에서 그가 언급한 '이미 위대한 기업'들인 비전기업으로까지 시야를 확장하면 성적이 더욱 나쁘다. 비전기업으로 선정한 모토로라, 소니, 머크, 포드 등은 이후에 경영난을 겪었으며, 비전기업으로 선정되던 당시의 위대함을 보여주지 못하고 있다.

숫자로 이를 확인하면 좀 더 암울해진다. 스위스 국제경영개발원

IMD의 경영학 교수이자 『헤일로 이펙트』의 저자인 필 로젠츠바이크는 이 문제를 좀 더 파고들었다.

방법은 간단했다. 짐 콜린스가 비전기업으로 꼽은 18개 기업의 이후 성과를 분석한 것이다. 짐 콜린스는 1990년까지의 자료로 비전기업을 선정했다. 그래서 필 로젠츠바이크는 1991년부터 2010년까지 살아남아서 주식이 거래되는 16개 비전기업그렇다. 두 기업은 10년 사이에 사라졌다의 성과를 확인했다. 그런데 이 중에서 주가 상승률이 미국의 대표 주가지수인 S&P500지수보다 높은 기업은 여섯 개에 불과했다. 이 결과를 한 줄로 정리하면 다음과 같이 쓸 수 있을 것이다.

"돈이 있다면, 짐 콜린스와 제리 포라스가 미래가 확실하다고 한 기업보다는 S&P500지수 인덱스 펀드에 투자하는 편이 더 낫다."

위대한 기업의 몰락

짐 콜린스는 이러한 결과에 충격을 받았는지, 2009년에 『위대한 기업은 다 어디로 갔을까How The Mighty Fall』를 펴냈고, 자신이 꼽은 위대한 기업들이 어떻게 몰락했는지 몰락의 5단계를 이야기하며 이를 조망했다. 여기서 그는 자만심을 중요 이유로 꼽는다물론 이 책을 '짐 콜린스의 변명'이라고 혹평하는 사람들도 있다.

짐 콜린스는 위대한 기업의 몰락에 놀랐던 것 같지만, 사실 투자업계에서는 널리 알려진 이야기이다.

미국의 경제 매거진 『포춘Fortune』이 선정하는 '가장 훌륭한 기업'

명단에 들어간 기업의 주식은 '미국 최악의 혐오 기업' 명단에 오른 주식에 비해 이듬해 수익률이 현저하게 낮아지는 경향이 있다. 또한 최근 5년간 높은 실적을 기록한 기업의 주식은 이후 나쁜 성적을 기록한다. 이는 다른 나라에서도 관측되는 현상이다. 이처럼 가장 빛나던 기업들이 이후 저조한 실적을 기록하는 현상을 단순히 자만심으로만 설명할 수 있을까?

비슷하지만 다른 사례로 '표지의 저주'라는 것이 있다. 『스포츠 일러스트레이티드SI』라는 잡지의 표지모델로 선정된 선수들은 다음 시즌에 성적이 하락한다는 징크스를 일컫는 말이다. 그렇다면 이 선수들도 하나같이 자만심으로 성적이 하락한 것일까?

짐 콜린스가 언급한 자만심hubris이란 무엇인지부터 생각해보자. Hubris의 의미는 오만, 과신 등이다. 이전에 거둔 뛰어난 실적으로 오만해지고, 자신을 과신하여 기업이 쇠락한다는 설명은 굉장히 설득력 있게 들린다. 하지만 이때 과신의 기준은 무엇일까?

기업가에게나 운동선수에게나 자신감은 매우 중요한 요소로 꼽히며, 이들에게는 자신감이 필요하다고들 한다. 반면 자신감이 일정 수준 이상을 넘어가면 과신이 된다. 그리고 자신감과 과신을 나누는 기준은 결과이다.

어떤 기업가나 운동선수가 사업이나 경기 전에 자신감이 넘치는 발언을 했을 때, 그에 걸맞은 성과를 내면 누구도 그것을 과신이라고 하지 않는다. 결과로 증명을 했으니 자신감이라고 인정한다. 하지만 결과를 내지 못하면, 그 자신감 넘치는 발언은 과신이 되어버린다. 결국 어떤 태도가 자신감인지 과신인지 알 방법은 없다. 오직 결과에 따라 결정될 뿐이다.

그렇다면 위대한 기업들이 저조한 실적을 기록하며 위대함을 잃어버린 진정한 이유는 무엇일까?

현명한 투자자들은 그 이유를 잘 알고 있다. 어떤 기업도 지속적으로 높은 성과를 계속 유지할 수는 없다. 평균을 상회했던 기업들은 다시 평균으로 돌아온다. 이러한 현상을 '평균회귀Mean Regression'라고 한다.

노벨경제학상 수상자인 데이비드 카너먼은 평균회귀 현상을 "우리 인간의 머리로는 이해하기 힘든 낯선 현상"이라고 한다. 평균에 미달한 것도, 평균을 초과한 것도 모두 평균으로 돌아오게 되어 있다. 주식의 수익률이건, 기업의 자본이익률이건, 수익성이건, 평균을 벗어난 수치는 다시 평균으로 회귀하는 모습을 보인다. 그러한 현상이 비즈니스와 산업의 사이클을 만들어내는 것이다.

기업의 역사를 장기적으로 살펴보면, 모든 위대한 기업들은 위대한 순간 이후 하락을 경험한다. 이를 좀 더 넓게 보면 모든 산업은 각각의 사이클이 있기 마련이며, 사람들은 특정 시점에서 사이클의 정점에 이른 기업을 '위대한 기업'으로 평가한다는 것을 알 수 있다. 그리고 사이클의 하락기에 접어들면 마치 '위대함'을 상실한 것처럼 보인다. 이러한 현상 때문에 위대한 투자자들은 투자에서 평균회귀를 고려할 것을 주장해왔던 것이다.

결국 '자만심이 위대한 기업을 몰락하게 한다'는 짐 콜린스의 분석은 결과를 정해두고, 그 과정을 찾으려다 보니 나온 오류라고 할 수 있다.

| 성공의 연금술사들이 실패한 이유 |

잘되는 기업을 보면 모든 것이 좋아 보인다. 조직문화도 좋아 보이고, 인재들도 각자 맡은 자리에서 뛰어난 실적을 내는 것처럼 보이고, 경영자도 기업을 잘 이끄는 것으로 보인다. 반대로 안 되는 기업을 보면, 제대로 된 것이 하나도 없는 것처럼 보인다. 조직문화도 엉망이고, 화합도 안 되고, 인재들도 탈출하는 것 같고, 경영자도 부족해 보인다.

그러나 기업에서 실적이 잘 나오는 팀과 안 나오는 팀을 두루 거쳐본 사람이라면 알 것이다. 팀 분위기가 좋아서 실적이 잘 나오는 것일까, 아니면 실적이 잘 나와서 팀 분위기가 좋은 것일까? 실적이 나쁜 팀에 대해서도 반대의 질문이 가능하다.

에드워드 손다이크의 연구는 이를 잘 보여준다. 장교들에게 뛰어난 군인으로 평가받은 사병들은 모든 세부사항에서 높은 평가를 받아서 마치 흠 없는 존재처럼 여겨지는 것 같았다. 반대로 열등한 군인으로 평가받은 사병들은 모든 세부사항에서 나쁜 평가를 받았고, 마치 장점이 없는 존재처럼 보였다.

손다이크는 이 현상을 보고 전자를 '후광효과'라고 하고, 후자를 '악마효과'라고 했다. 둘 다 일반적인 인상을 토대로 구체적인 특성을 평가할 때 생기는 현상이다.

우리의 인지능력은 어떤 것을 세부적으로 분리해서 평가하지 못하고 뭉뚱그려 보는 경향이 있다. 이것은 흉악한 살인범죄가 일어났을 때, 사람들은 그 살인자가 이웃에게는 친절한 사람이었다는 데 놀라고, 그 이웃들은 친절하고 수줍음이 많던 사람이 살인자라는 사실에 놀라는 것과 같다.

마찬가지로 뛰어난 실적을 거두고 있는 기업을 분석하면, 모든 세부적인 특성들에서 좋은 평가를 내릴 수밖에 없다. 반대로 실적이 곤두박질치는 기업을 분석하면, 모든 세부 특성들에서 나쁜 평가를 내리게 된다.

필 로젠츠바이크의 『헤일로 이펙트』는 이러한 기업평가의 특성을 명확하게 보여준다. 책에서 소개하는 레고나 ABB, 시스코 등의 기업들은 실적에 따라 언론 등으로부터 너무나도 극단적인 평가를 받았다. 실적이 좋을 때는 세계 최고의 기업으로 대우받다가, 실적이 나쁠 때는 좋은 점이라고는 단 하나도 없는 기업으로 취급받았고, 경영자들 또한 마찬가지였다.

짐 콜린스가 한 작업도 여기에서 조금도 벗어나지 못했다. 그는 책마다 자신이 얼마나 많은 자료와 연구를 활용했는지 이야기했지만, 모두 후광효과에 기반한 자료였다. 데이터 자체가 나쁘면, 자료의 수가 아무리 많아도 그 결과가 옳다는 것을 뒷받침하지 못한다. 그는 이러한 오류를 세 번이나 반복하며 세 권의 책을 낸 것이다.

이 분야의 원조 격으로 소개한 톰 피터스의 『초우량 기업의 조건』도 마찬가지다. 그가 선정한 초우량 기업 중에서 조사기간 이후 5

년 동안 S&P500지수를 초과하는 실적을 낸 것은 35개 기업 중 12개에 불과했다. 그는 이러한 초우량 기업의 이탈현상을 설명하는 것을 외면했기에 주로 언론이 이 문제를 다루었는데, 이 또한 애초에 결론에 따른 과정의 분석이었으므로 초우량 기업의 조건으로 선정한 원칙을 이탈했다는 순환논증에 빠질 수밖에 없었다.

하지만 톰 피터스와 짐 콜린스의 오류에도 불구하고, 이미 이 두 사람의 책은 대단한 성공을 거두었고, 수많은 비슷한 종류의 책들의 등장을 이끌었다. '수많은 데이터와 성공 기업을 조사하여 성공의 비법을 알아냈다'는 책들이다. 그런 책들은 모두 이 두 사람의 연구와 똑같은 결과를 맞았다. 성공의 비법을 발견했다는 연금술사들은 모두 그것을 증명하는 데 실패했다.

성공의 비법과 카고 컬트

사실 기업 성공의 비법을 다룬 경영서들은 성공을 위한 자기계발서의 기업 버전이나 다름없다. 차이가 있다면 개인에게는 행동과 마음가짐을 좀 더 강조하고, 기업에는 조직관리를 강조하며 데이터의 양이 매우 많아 좀 더 과학적인 것처럼 보인다는 것뿐이다.

그러나 그 지침을 따라 한다고 해서 성공하는 것은 아니다. 결과를 보고 만들어낸 조건을 따라 하는 것으로는 그 결과를 재현할 수 없다. 이런 현상은 리처드 파인만이 『파인만 씨, 농담도 잘하시네!』에서 이야기한 '카고 컬트Cargo Cult'와 같다.

2차 세계대전 당시 남태평양 군도의 원주민들은 미군이 섬에 와서 활주로를 짓고, 비행기가 화물을 실어 나르는 장면을 목격한다. 원주민들은 활주로와 관제탑에서 관제와 유도를 하는 행위를 화물을 실은 비행기를 불러들이는 의식이라고 생각했다. 이윽고 미군이 떠나고 비행기가 더 이상 오지 않자, 그들은 비행기를 부르기 위해 활주로 비슷한 것을 만들어 그 끝에 불을 피우고, 관제탑 비슷한 오두막을 만들어 사람들을 배치했다. 비슷한 의식을 하다 보면 언젠가는 화물을 가득 실은 비행기가 올 것이라고 믿었던 것이다.

성공하는 습관, 성공하는 원칙 등은 이러한 카고 컬트와 매우 유사하다. 성공의 법칙과 비법을 발견했다고 주장하는 사람들은 우리에게 이렇게 주장한다.

"활주로와 관제탑은 성공이라는 비행기를 부릅니다. 여러분의 인생에 관제탑을 만드세요. 그리고 비행기를 부르세요. 더 큰 비행기는 더 큰 활주로에서 옵니다. 간절히 원할수록 이루어집니다."

말이 끝나자 박수갈채가 쏟아진다. 이때 의구심 많은 당신이 손을 들어 질문을 한다.

"선생님, 그런데 그렇게 열심히 했는데도 왜 비행기가 안 오는 거죠?"

"그것은 당신이 지금처럼 의심하기 때문입니다. 더 열심히 해야 합니다. 마음가짐을 바꾸어 긍정적이고 도전적인 마음으로 관제탑으로 입장해야 해요."

강연이 끝나고 나가는 문에는 현장 판매용 도서가 쌓여 있는 것을 볼 수 있을 것이다. 거기에는 이런 제목들이 붙어 있다.

'관제탑으로 활주로 하라', '당신의 삶에 가슴 뛰는 활주로를 가져라', '성공적인 관제탑을 만드는 36가지 법칙' 등등.

어떤 사람들은 이야기한다. 그래도 이런 책들을 통해 많은 깨달음을 얻었고 배울 게 있었다고 말이다. 나는 이런 이야기를 들을 때마다 원효대사의 해골물 이야기를 떠올린다. 원효대사는 썩은 해골물을 달게 마시면서 깨달음을 얻었다고 한다. 그렇다면 원효대사가 대단한 것이지, 해골물이 대단한 것은 아니지 않는가?

인간은 아무것도 아닌 현상에서도 깊은 깨우침을 얻곤 한다. 후광효과에서 알 수 있듯 『초우량 기업의 조건』, 『좋은 기업을 넘어 위대한 기업으로』 등과 같은 책들은 실제로 어떤 비법이나 원칙도 담고 있지 못하다. 만약 거기에서 어떤 가르침을 깨우치고 실천을 통해 무언가 얻었다면, 그것은 그 책이 대단해서가 아니라 당신의 깨우침이 대단한 것이다.

다시 말하지만 성공의 연금술사들이 주장하는 비법을 통해서는 성공을 얻을 수 없다. 그들의 주장과 달리, 그 비법은 증명하는 데 실패했고 재현되지도 않기 때문이다.

기업인이 말하는 성공 스토리

그렇다면 성공의 비결을 알 수 있는 다른 자료는 없을까? 기업인의 성공 스토리도 많이 활용된다. 기업인 스스로 밝히는 자신의 성공담이

라니, 얼마나 설득력 있는가! 그들은 자신의 성공의 산 증인이고 그 성공을 만들어낸 주역이다. 따라서 사람들은 그들로부터 성공에 이르는 비결을 얻을 수 있기를 기대한다.

하지만 성공 스토리도 제대로 된 진실을 담고 있지 못할 가능성이 크다. 여기에는 두 가지 이유가 있다. 첫 번째는 일부의 진실만을 공개할 유인 때문이며, 두 번째는 인과관계와 패턴을 찾는 인간의 성향 때문이다.

일부의 진실

대부분의 성공 스토리는 당사자의 입을 통해서 나온다. 그리고 그중에서 극히 일부만 그 과정에 참여한 사람과 이해관계자, 외부 관찰자의 이야기를 모두 엮어 펼쳐낸다.

전자의 경우는 이야기를 뽑아내기가 매우 쉽다. 사업가를 앞에 앉혀두고 짧게는 한두 시간 정도 이야기를 듣는 것으로도 충분하다. 한 사업가당 한 권의 책으로 엮어내는 정도가 아니라면, 이 정도로도 사람들이 관심을 가질 만한 이야기는 충분히 나온다.

하지만 후자는 너무나도 큰 대형 프로젝트이다. 그에 관계된 수많은 사람들을 만나봐야 하고, 각 사건마다 다각도로 엮인 이야기들을 조합하고 퍼즐을 맞추어야 한다. 이 복잡하고 거대한 이야기는 어마어마한 규모와 투입되는 노동에 비해 사람들의 관심을 얻기가 쉽지 않다. 아마존이나 애플과 같은 시대의 스타 기업이 아니면, 이런 이야기를 팔아서 그에 적합한 수익을 내기란 어렵다.

그렇다면 전자와 후자 중에서 어느 쪽이 좀 더 정확도가 높은 성공 스토리일까?

역사를 한번 생각해보자. 흔히 우리는 역사를 절대불변의 사실이라고 생각한다. 그러나 역사를 배울 때는 역사란 '전달자에 의해 재구성된 과거의 사실'이라는 점이 늘 강조된다. 이것은 역사가 조작되었다는 의미가 아니라, 전달자인 역사가에 따라 자료의 선택이 달라지고 해석도 달라질 수 있다는 것이다. 흔히 말하는 '역사는 승자의 기록이다'라는 말이 바로 이런 특성을 고스란히 보여준다. 그것을 알기에 역사가는 최대한 객관성을 유지하고자 노력하며, 사료를 접할 때에도 일방적으로 신뢰하는 것이 아니라 교차검증을 거치는 것이다.

마찬가지로 대형 사건을 다룬 기사나 책들은 한 사람의 이야기만을 듣고 받아쓰는 것이 아니라, 다양한 관계자들의 이야기를 청취하고 인터뷰하여 재구성하고 전체의 윤곽을 파악하고자 노력한다. 오레오, 리츠 등의 과자와 담배를 판매하던 RJR 내비스코의 LBO[04] 사건을 다룬 『문 앞의 야만인들』은 서문에서 이 부분을 매우 명확하게 밝히고 있다.

> 하지만 사람들은 무의식적으로 자기에게 유리한 내용을 우선적으로 기억하는 이른바 '선택적 기억' 경향이 있다. 그래서 켄 올레타가 『월스트리트에서의 탐욕과 영광』이라는 책에서 썼던 다음의 내용을 마음에 새기는 게 중

04 Leveraged Buyout(LBO) : '차입매수'라고 한다. 특정 기업의 매수를 위해서 대상 기업의 자산과 현금흐름 등을 담보로 하여 자금의 대부분을 차입하여 매수하는 거래 행위.

요하다.

과거에 일어난 일들을 100% 정확히 재구성할 수 있는 사람은 없다. 기억이 장난을 치기 때문이다. 결과가 분명하게 드러난 경우에는 더욱 그렇다. 과거를 재구성하려는 사람은 물론 온갖 다양한 자료 원천들과 대조해서 정확하지 않은 내용을 배제하려고 노력한다.

이러한 시각으로 보자면, 사업가가 밝히는 성공 스토리란 '사업가의 시각에서 본 성공의 과정'에 해당하며, 교차검증이 제대로 이루어지지 않은 원자료에 해당한다.

역사가는 역사적 사실의 탐구가 목표이기에 객관성을 유지해야 할 강력한 동기가 있으며, 완벽하게 객관적일 수는 없더라도 최대한 객관적이고자 노력한다. 그러나 사업가는 자신의 성공에 대해 객관적이어야 할 이유가 없다. 성공 스토리를 성공 그 자체로 볼 수 없는 이유가 바로 여기에 있다.

물론 한 기업의 성공을 다루면서 다양한 당사자들의 이야기를 인터뷰하여 분석하는 책도 드물게 나오기는 한다. 우리나라 에서 최근에 나온 책 중에는 차석용 부회장의 부임 이후 LG생활건강이 거둔 실적과 성장을 다룬 『그로잉업』이 대표적이다. 하지만 이 책도 이와 같은 문제에서 결코 자유롭지 못하다.

『그로잉업』에서는 LG생활건강의 조직문화를 강조한다. 많은 경영자들이 조직문화의 개선을 중요시하며, 실제로도 중요한 것이 사실이다. 하지만 조직문화의 개선을 통해 경영실적이 개선되었다고 주장하려면 개선 전의 조직문화가 얼마나 뒤처져 있었으며, 개선된 조직문화는 경쟁자보다 얼마나 더 나아졌는지 설명할 수 있어야 한다. 하지만 이 책에서는 주요 경쟁사인 아모레퍼시픽의 이야기가 빠져 있다. 당연하다면 당연한 것이, 경쟁사 이야기를 해줄 사람을 구하는 것은 매우 어려운 일이기 때문이다. 그래서 『그로잉업』은 LG생활건강의 성장원인을 다각도로 조명한 것이 아니라 내부의 시각을 종합하는 것에 그친다.

또 다른 문제로는 조직문화에서 경영실적의 연결성을 찾는 시도는 후광효과의 함정에 빠지기 쉽다는 점이다. 앞에서 말한 것처럼 좋을 때는 모든 것이 좋아 보이고, 나쁠 때는 모든 것이 나빠 보인다. 그래서 기업의 성과가 좋으면 조직문화도 좋게 평가할 수밖에 없다. 물론 좋은 조직문화는 기업실적 개선에 영향을 미칠 수 있다. 다만 실적을 기준으로 바라보는 후광효과는 조직문화의 효과를 과대평가하게 만든다는 사실도 잊지 말아야 한다.

『그로잉업』처럼 성공의 원인을 다양하게 조명하려는 시도도 이처럼 몇 가지 한계점이 있다. 하물며 기업가 개인의 인터뷰를 통해 성공의 원인을 분석하려는 시도는 그보다 얼마나 더 허술하겠는가?

또 다른 문제도 있다. 그나마 자신의 성공에 객관적인 사업가라 하더라도, 모든 사실을 숨김 없이 솔직하게 이야기하지는 않는다는 사실이다. 시간을 들여 자서전을 쓰는 것이 아닌 이상, 성공한 사업가의 이야기는 몇 페이지 되지 않는 특별기사나 인터뷰, 한두 시간짜리 강연을 통해서 사람들에게 전달된다. 모든 이야기를 하기에는 너무 짧은 시간이고, 또 모든 이야기를 해야 할 이유도 없다.

대중에게 자신의 사업 이야기를 하는 자리는 죽어서 신 앞에서 지나간 인생을 고백하는 자리가 아니다. 그들의 비즈니스는 현재 진행형이며, 자신의 이야기를 듣는 사람들은 모두 소비자이다. 따라서 사업가는 자신의 비즈니스를 있는 그대로 보여주는 것이 아니라, 자신이 원하는 방식대로 보여주려는 행동 유인을 가진다.

쥬씨의 사례가 보여주는 것

한 가지 사례를 들어보자. 쥬씨는 2010년대 중반에 대용량 저가 생과일 주스로 명성과 규모의 성공을 거머쥐었다. 2010년에 건국대학교 인근에 차린 주스 전문점으로 시작하여 2015년 4월 가맹사업으로 진출했으며, 이후 1년 반 만에 점포 800개를 달성했으니 엄청난 성공이었다.

이전에도 생과일주스를 파는 업체들은 많았지만, 대부분 가격대가 일정 수준 이상이었다. 과일은 가격변동과 재고관리가 커피 같은 음료보다 어렵다 보니 이는 당연한 일이었다. 이런 시장에서 쥬씨가 빠르게 성장할 수 있었던 것은 충격적일 정도로 저렴한 가격과 그에 비해 매우 큰 용량 덕분이었다.

소비자들은 상품의 가격이 시장가에 비해 지나치게 저렴하면 먼저 품질을 의심한다. 쥬씨 측은 과일이 저품질이 아니라는 것, 충분히 많이 들어갔다는 것, 그리고 낮은 가격의 근거를 제시해야 했다.

이에 대해 윤석제 대표는 수많은 언론 인터뷰에서 '생과일 유통의 혁신을 통한 가격 거품 제거'를 강조해왔다. 가맹사업을 시작한 지 얼마 안 되던 2015년 여름의 인터뷰에서는 "과일을 대량으로 매입하고 최대한 거품을 줄이기 때문에 가능한 품질과 가격"이라고 밝히고 있다"쥬씨, 거품 뺀 생과일주스로 시장 점령", 〈머니투데이〉, 2015. 7. 29.. 또 과일의 사용량 측면에서는 "과일 외에 아무것도 섞지 않는다. 잘 갈리게 하기 위한 용도의 물도 최대 20ml만 사용해 다른 브랜드보다 과일이 절대 덜 들어가지 않는다"라고 설명했다.

시간이 꽤 흐르고 쥬씨가 충분히 성장한 2018년에도 크게 다르지 않았다. "신선한 과일을 '착한 가격'에 선보일 수 있는 것은 산지에서 직접 구매해오거나 한 번에 대량으로 매입하기 때문"이라고 설명한다"거품 뺀 가격에 싱싱한 맛, 생과일주스 시장 사로잡다", 〈세계일보〉, 2018. 7. 6.. 이를 종합해보면 쥬씨의 세일즈 포인트는 '싸고 양 많은 생과일주스'라는 것이고, 수익모델은 철저한 원가절감에서 비롯되었다는 것을 알 수 있다.

세간의 의혹과 달리 쥬씨는 저질 과일을 사용하지는 않았으며, 그들의 주장대로 대량구매와 직매 등을 통해 원가절감을 추구한 것으로 보인다. 2017년 인터뷰를 보면 시장에서 '엇다마'로 불리는, 당도와 품질은 같지만 외관이 못생겨서 상품가치가 낮은 과일을 활용하였기에 저렴한 가격에 대용량 주스를 팔 수 있었다고 한다"청년장사꾼 윤석제 쥬씨 대표 '제2의 Dole'로 성장 목표", 〈머니투데이〉, 2017. 2. 9.. 그러나 그나마도 사업 초기에나 그랬고, 가맹사업을 시작한 지금은 그렇지 않다는 것이 윤 대표의 설명이다.

쥬씨가 과일 유통의 혁신과 직거래, 대량구매를 통해 구매가를 절감하는 한편, 충분히 좋은 과일을 쓰고자 노력한 행보는 높은 평가를 받을 만하다. 그러나 단순히 유통의 거품 제거만으로는 기존 가격의 절반 수준으로 판매하는 것은 불가능하다. 그렇기에 윤 대표의 인터뷰는 절반의 사실만을 담고 있으며, 나머지 절반은 빠져 있다고 할 수 있다.

주스를 그처럼 저렴한 가격에 판매할 수 있었던 다른 이유는 매장 면적과 운영방식 때문이다. 실제로 매장 면적과 소비자들의 소비 패턴은 원가와 상품의 최종가격에 큰 영향을 미친다. 대표적인 사례가 미국 스타벅스와 우리나라 스타벅스의 커피 가격 차이이다.

스타벅스는 국가별로 파는 상품에 다소 차이가 있지만, 국가를 불문하고 가장 많이 팔리는 커피는 브루드 커피, 아메리카노, 카페라테이다. 미국에서 브루드 커피와 카페라테는 주마다 가격 차이가 있지만, 평균 가격은 1.9달러와 2.95달러로 우리 돈 약 2,100원과 3,300

미국 스타벅스와 한국 스타벅스의 커피 가격

	스타벅스 미국	스타벅스 코리아
브루드 커피(Tall) 가격	1.9달러(약 2,100원)	3,800원
카페라테(Tall) 가격	2.95달러(약 3,300원)	4,600원
매장 면적	150㎡(약 45평)	230㎡(약 70평)
테이크아웃 비율	높음	낮음

원이다환율 1,100원 가정. 우리나라에서 동일한 상품이 3,800원과 4,600원에 판매되고 있음을 감안하면 가격 차이가 꽤 크다.

나의 이전 책인 『골목의 전쟁』에서도 말했듯, 매장 면적과 소비자들의 이용 패턴은 가격 차이에서 중요한 비중을 차지한다. 미국의 매장은 약 45평 규모인 데 반해, 우리나라는 70평 이상의 대형 매장들이 주류를 차지하고 있다. 우리나라 소비자들이 미국 소비자들보다 매장에 오래 머물기 때문에, 매출의 극대화를 위해서는 매장 면적이 더 넓어야 할 수밖에 없다. 여기에 미국은 테이크아웃 비율이 비교적 높은 반면, 우리나라는 낮은 편이다. 넓은 매장으로 임대료 부담이 큰 데다가 매장 체류시간이 더 길어서 회전율이 낮으므로 우리나라의 스타벅스 커피 가격이 더 비싸게 형성된 것이다.

이제 다시 쥬씨 이야기로 돌아와보자.

건국대학교 입구에 있었던 쥬씨 1호점의 경우 8평 매장으로 알려져 있으며, 상당수의 쥬씨 매장들은 좌석이 없거나 적은, 소규모 테이크아웃 전문점으로 운영 중이다. 작은 매장은 임대료 부담이 적으며, 테이크아웃 중심의 판매전략은 높은 회전율을 가능케 하므로 더 낮은 가격으로 판매할 수 있는 원동력이 된다. 이전까지 생과일주스를 판매하는 곳들이 대부분 여러 개의 좌석을 보유한 매장임을 감안하면, 실질적인 가격의 차이는 유통보다도 소규모 매장, 고회전율을 통한 박리다매로 가능했음을 알 수 있다.

그러나 언론에서 쥬씨가 밝힌 저가격의 비결에서 이 전략은 철저히 제외되어 있다. 소규모 매장을 통한 비용절감과 테이크아웃을 통한 고회전 박리다매가 불법이나 숨겨야 할 정보가 아닌데도 인터뷰에서 언급되지 않는 것은, 쥬씨의 윤 대표가 인터뷰가 홍보수단이라는 것을 아는 명석한 사람이기 때문이다.

언론과의 인터뷰는 사업가와 신흥기업에 좋은 홍보수단의 하나이다. 여기에서 자신의 사업을 어떻게 설명하느냐에 따라 소비자에게 큰 호감과 반응을 이끌어낼 수 있음은 물론이다. 소규모 매장을 통한 비용절감과 고회전 박리다매는 경영전략과 분석 측면에서는 다룰 만한 이야기지만, 소비자에게는 몰라도 큰 상관없는 이야기이다.

소비자들의 호감을 끌어내기 위해서라면 유통혁신을 통해 남들은 하지 못한 저렴한 가격을 달성한 혁신가라는 이미지를 얻는 것이 오히려 더 유리하다. 또한 유통혁신을 강조하는 것은 사용하는 과일의 품질에 대한 신뢰도를 높이는 데에도 큰 도움이 된다. 쥬씨가 초창기부터 꾸준히 유통혁신과 대량매입만을 강조해온 데에는 이러한 배경이 있다. 그래서 쥬씨 대표의 입을 통해 듣는 성공의 비결은 일부의 진실일 수밖에 없는 것이다.

이는 이후에 문제점으로 작용하여 두 가지 사건으로 발전한다. 가맹사업 초창기의 인터뷰를 살펴보면 '1L 벤티사이즈', '저렴한 가격이지만 과일 외에는 아무것도 섞지 않는다'라는 표현이 눈에 띈다. 그런데 가맹사업을 시작한 지 1년 후인 2016년에 전자는 언론과 공정거래위원회의 조사 결과 실제 컵 사이즈 자체가 830ml에 불과하다는 '용량 눈속임'으로 논란이 되었으며, 후자는 과일 외에 별도로 넣는 쥬씨 믹스로 논란이 되었다.

영세 개인사업체에서 규모를 갖춘 기업으로 발전할 때, 곧잘 발생하는 문제 중 하나가 바로 이것이다. 영세한 개인사업자 시절에는 어느 정도 과장을 하더라도 특별히 문제나 제재가 발생하지 않는다. 규제기관이 관리, 단속하기에는 너무나도 작기 때문이다. 그래서 약간의 과장은 영세사업자에게 영업 측면에서 이득이 된다.

실제로 쥬씨의 폭발적인 성장에는 이런 방식의 과장이 도움이 되었음을 무시할 수 없다. '크고 양이 많은 주스, XL 사이즈 주스'라는 표현은 소비자들에게 크게 와닿지 않지만, '1L'라는 명확한 단위는 머릿속에 명확하게 인식된다. 이런 문구는 입소문을 타기에도 쉽다.

물과 얼음, 과일만 넣은 '100% 생과일주스'라는 표현 또한 마찬가지다. 생과일주스는 과일만으로 안정적인 맛을 내기가 쉽지 않기에 일반적으로 감미료를 통해 맛을 보완한다. 그리고 사람들의 오해와는 달리, 감미료는 몸에 나쁜 것이 아니다. 과도한 양을 섭취하지 않는 이상 설탕이 특별히 해로울 것은 없으며, MSG는 인공물이라는 논란과 달리 애초에 자연물이며 맛을 보완해주는 역할을 한다. 따라서 감미료인 쥬씨 믹스를 쓰는 것 자체는 문제가 없다. 다만 감미료를 쓰는 순간 '100% 생과일주스'나 '과일만 넣고 갈았다'라는 표현을 쓸 수는 없다. 이것 또한 어디까지나 과장이다.

만약 쥬씨가 소규모 개인사업체로 계속 머물러 있었다면 크게 논란될 일은 없었을 것이다. 그러나 프랜차이즈 사업으로 발전하고 기업화가 이루어지는 경우라면 이야기가 달라진다. 규모가 커질수록 규제기관의 감시영역에 들어가고 더 엄격한 수준을 요구받게 된다. 그래서 기업화와 규모를 키운다는 것은, 기존에 적당히 무시하거나 몰라도 상관없었던 규제를 이제는 준수해야 한다는 의미이다. 쥬씨는 프랜차이즈 사업으로 기업화하는 과정에서도 개인사업자의 방식을 고수했기에 1년 만에 문제가 발생한 것이다.

쥬씨의 초고속 성장은 주목할 만하다. 800ml에 달하는 대용량 생과일주스를 3천 원도 안 되는 가격에 대량판매하여 수익을 내겠다는 전략은 훌륭했으며, 이전에 비슷한 전략을 편 사업자가 없었다는 점에서 흠잡을 데가 없다. 지금까지 살펴봤듯, 여기에는 1) 대량구매, 직매입을 통한 원가절감, 2) 고정비 최소화와 회전율 극대화가 큰 역할을 했고, 따로 광고를 하지 않아도 입소문을 타는 데는 3) 개인사업자의 수준에서는 용납되었던 약간의 과장이 영향을 미쳤다.

그러나 이 중에서 쥬씨의 대표가 직접적으로 밝힌 내용은 대량구매와 직매입, 유통혁신뿐이었다. 정말로 그렇게 믿고 있건, 의도한 발언이건, 그것은 중요하지 않다. 이것은 성공한 사업가들이 성공 원인에서 100% 사실이 아니라 일부만 이야기한다는 하나의 사례이다. 그리고 그만큼 덜어낸 사실의 자리에는 때로는 과장이, 때로는 사업가가 남들에게 보여주고 싶은 이상적인 모습이 대신 채워진다.

이것은 하나의 사례일 뿐이다. 사업가들이 거짓말쟁이라는 이야기가 아니다. 그러나 만약 이들의 이야기를 모두 진실된 것으로 생각했다면, 그것은 착각이다. 성공한 사람이라고 좀 더 진실된 사람이라 생각한다면, 앞서 말한 후광효과의 영향 탓이다. 그들 또한 평범한 인간일 뿐이다.

4

'말이 되는 이야기'와 '사실'은 다르다

사업가들의 이야기와 실제에는 차이가 있다는 것에 대해 알아보았으니, 이제는 우리 뇌의 한계에 대해서 이야기해보자.

호재와 악재

우리는 어떠한 현상에 대해 패턴을 발견하고 인과관계로 연결 짓는다. 인과관계는 이야기를 이해하는 데 필수적이다. 그래서 어떤 현상이 발생했을 때, 그 현상과 현상을 이어 붙여 인과관계로 만든다. 예를 들어 수풀이 흔들리는 소리를 들었고 곧 고양이가 후다닥 달려가는 것을 봤다면, 당신은 자연스레 고양이가 수풀에서 튀어나왔다고 추론할 것이다. 수풀이 흔들리는 소리라는 결과에서 달려가는 고양이를 목격하고, 그것을 원인으로 삼아 인과관계를 연결 지은 것이다.

일상생활에서는 이렇게 인과관계로 연결 짓는 시각이 큰 도움이 된다. 하지만 주식시장처럼 복잡한 곳에서 이렇게 인과관계를 연결 짓다 보면 신기한 일이 종종 벌어진다.

예를 들어 일반적으로 시장에 호재가 발생했을 때는 주가가 상승하고 악재가 등장하면 하락한다. 이 인과관계를 연결하기란 어렵지 않다. 주가가 상승하면 좋은 일이 있으니 오른 것이고, 하락하면 그만큼 나쁜 일이 있으니 내린 것이다. 하지만 종종 반대의 경우가 벌어질 때가 있다. 호재가 발생했는데도 주가가 오르지 않거나 내려가는 경우이다. 이 경우 보통 뉴스에서는 다음과 같이 설명한다.

"호재는 이미 주가에 선반영되었다."

그런데 정말 어려운 것은 악재가 터졌는데 주가가 오르는 경우이다. 이 경우 주식시장이 오른 '긍정적인 이유'를 설명해야 하므로 악재를 좋은 소식으로 해석하게 된다. 증권 뉴스에서는 이러한 곤란한 경우를 설명하기 위해 이렇게 표현한다.

"악재가 나옴으로써 이제 시장에서 불확실성이 사라졌다."

악재는 주가에 좋은가, 나쁜가? 이 질문에 대한 답은 주식시장의 참여자들이 어떻게 판단하느냐에 달려 있으며, 그에 따라 악재는 주가에 나쁘지만 좋을 수도 있다. 악재가 시장에 던져져도, 그것이 진짜 악재인지 호재인지는 주가를 봐야 알 수 있다는 것이다. 주가가 나오기 전까지는 호재와 악재를 알 수 없다는 기묘한 해석이 가능한 것이다.

나심 탈레브는 『블랙 스완』에서 좀 더 극적인 예를 제시한다. 후세인이 미군에게 붙잡혔을 때 채권 가격이 오르고 있었는데, 〈블룸버그〉 뉴스에서는 이런 헤드라인을 내보냈다.

"재무부 채권 상승, 후세인 체포가 테러리즘 진압에 기여 못할 듯"

그런데 30분이 지나자 채권 가격이 하락하면서 〈블룸버그〉는 다른 이유를 붙여야 했다. 헤드라인은 이렇게 바뀌었다.

"재무부 채권 하락, 후세인 체포로 위험자산으로 자금 몰려"

결과와 어떠한 사건이 있을 때, 사람들은 이처럼 그 결과와 사건을 엮어서 해석한다. 이 사실을 염두에 두고 생각해보자.

성공한 사업가에게 자신의 성공 스토리를 말해달라고 할 경우, 그는 현재의 성공을 기준으로 과거를 이야기한다. 이 과정에서 사람들은 성공이라는 결과에 맞추어 그가 이야기하는 사건을 엮어 원인으로 해석한다. 악재가 터져도 주가가 오르면 호재의 원인으로 해석되는 것처럼, 성공이란 결과가 명확하기에 사업가가 이야기하는 사건과 선택을 모두 성공의 원인으로 해석하게 되는 것이다. 여기에 후광효과가 더해지면 세부사항에서 나쁜 것들은 존재하지 않는 것처럼 보이게 된다.

다시 말해 성공이란 결과는 이미 드러나 있고 정해진 사실이다. 이 경우 사업가가 말하는 사건은 모두 성공의 원인이 되며, 선택은 모두 최선의 선택이 되고, 그때의 직원들은 모두 인재로 보이며, 조직은 매우 잘 굴러가고, 문제는 존재하지 않는 것으로 보일 수밖에 없다.

그럴듯해 보이는 설명과 실제 확률

2002년 노벨 경제학상 수상자인 대니얼 카너먼은 『생각에 관한 생각』에서 '린다 실험' 이야기를 한다. 카너먼은 가상의 여성 린다를 다음과 같이 묘사한다.

> 린다는 31세의 미혼 여성으로 직설적이고 매우 똑똑하다. 그녀는 철학을 전공했다. 학생 때는 차별과 사회정의에 깊은 관심을 보였고 반핵 시위에도 참여했다.

카너먼은 린다가 등장하는 시나리오를 제시했다. 거기에는 다음의 세 항목이 있다.

> 린다는 여성운동에 적극적이다.
> 린다는 은행 창구 직원이다.
> 린다는 은행 창구 직원이고, 여성운동에 적극적이다.

린다는 어떤 시나리오에 어울릴까? 린다의 묘사를 보면, 여성운동에 적극적이라는 시나리오는 매우 잘 어울려 보인다. 실제로 이 실험에 응답한 사람들은 그렇게 평가했다.

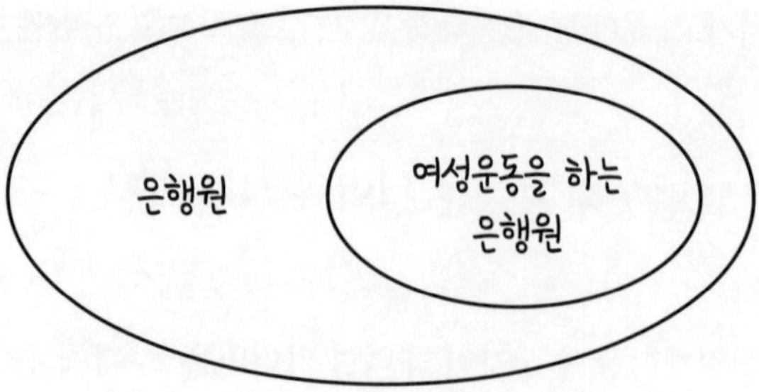

여성운동을 하는 은행원은 은행원 집합의 부분 집합이다.

그렇다면 '은행 창구 직원'과 '여성운동에 적극적인 은행 창구 직원' 중 린다에게 어울리는 시나리오는 무엇일까?

카너먼은 이제 실험 참가자들에게 시나리오의 어울림과 확률에 따라 순위를 매기도록 했다. 그 결과 '여성운동에 적극적인 은행 창구 직원'이란 항목이 '은행 창구 직원'보다 높은 순위를 기록했다.

이것이 바로 이상한 부분이다. '여성운동에 적극적인 은행 창구 직원'이란 시나리오가 린다라는 캐릭터에 더 어울리기는 한다. 그러나 확률이 나오면 문제가 좀 달라진다. '여성운동에 적극적인 은행 창구 직원'이란 집합은 '은행 창구 직원'이라는 집합의 일부이다. 따라서 린다가 은행 창구 직원일 확률은 여성운동에 적극적인 은행 창구 직원일 확률보다 높다. 확률을 기준으로 린다의 시나리오 순위를 매겼다면, 은행원의 순위가 여성운동을 하는 은행원보다 높게 나왔어야 한다. 그런데도 실험 참가자들은 시나리오가 린다와 잘 어울린다는 이유로 해당 시나리오의 확률을 실제 확률보다 높게 평가했다.

우리는 이처럼 그럴듯해 보이는 설명이 등장하면, 실제 확률을 무시한다. 대신 설명이 얼마나 그럴듯한지에 따라 실제 확률도 그럴 것이라고 생각한다. 즉 성공이란 결과가 주어졌을 때, 그 과정과 인과관계로 얼마나 그럴듯한 이야기를 만들었는지에 따라 신뢰도가 달라진다. 이는 필연적으로 성공 스토리들이 비슷한 형태를 갖게 되는 원인이기도 하다.

어쩌면 앞에서 사례로 든 쥬씨야말로 우리의 이러한 인지적 허점을 잘 보여주는 대표적인 사례가 아닌가 싶다. 쥬씨가 한참 폭발적인 성장을 하던 당시 '경기불황과 소비부진'의 영향 때문이라는 분석들이 많았다. 그러나 쥬씨가 영업손실을 연거푸 기록한 이후에 나온 분석역시 '경기불황과 소비부진'이었다. 애초에 쥬씨가 시장불황과 소비부진 때문에 저가로 성공한 모델이라면, 상식적으로 그 추세가 계속 이어진다면 더욱 성공해야 맞는 데도 말이다.

이런 말도 안 되는 분석이 나온 것은 애초에 '경기불황과 소비부진'을 앞에 두면 뭐든 말이 되기 때문이다. 그런데 말이 된다는 것과 사실이라는 것은 명백히 다르다. 쥬씨의 하락세에 대한 분석을 보면, 애초에 성공의 원인으로 경기불황과 소비부진을 들었던 것이 맞는 것인지도 의심이 되는 부분이다.

성공 스토리는 왜 다 비슷할까?

성공 스토리들은 대부분 비슷한 구조를 가지고 있다. 즉 평범하거나 그 이하인 사람이 어려움을 겪다가 결국 이겨내고 성취를 이루거나,

잘나가던 사람이 몰락했다가 난관을 이겨내고 성취를 이룩한 이야기가 대부분을 차지한다.

이러한 이야기 구조는 인류가 오랜 과거부터 꾸준히 좋아하던 신화의 스토리와 유사하다. 그래서 이런 이야기들을 '성공 신화'라고 하는지도 모른다. 다만 고대의 신화들이 어떤 신이나 왕의 혈통인지처럼 출신 혈통을 매우 강조하는 데 반해, 현대의 성공 신화들은 얼마나 '평범'한지를 강조한다.

이것은 현대 사회는 계급 사회가 아니며, 출신이나 계급이 성취의 정통성과 정당성을 확보하는 데 도움이 되지 않아서일 것이다. 만약 여전히 과거처럼 계급과 혈통을 중시했다면, 지금의 성공 신화들에도 '몰랐지만 사실 나는 XX의 후손!'과 같은 타이틀이 덧붙여졌을지도 모를 일이다.

사람들은 똑같은 이야기에 피로감을 느끼고 지루해하기도 한다. 다음이 예상되는 이야기만큼 지루한 것이 또 어디 있겠는가? 그래서 너무 뻔한 내용으로 전개되는 영화를 보면, 사람들은 식상한 스토리라고 한다. 하지만 아무리 뻔한 이야기라도 '실화에 기반함Based on True Story'이라는 타이틀이 붙으면 진지하게 받아들이며, 언제든지 감동할 마음의 준비를 한다. 이야기로서는 식상하더라도, 그것이 실화라면 그 자체로 감동을 주기 때문이다.

바로 이 부분이 성공 스토리의 강력함이자 맹점이다. 이러한 구조로 만든 이야기는 전달 면에서는 무척 강력한 힘을 가지지만, 강력한 전달을 위해 실제 일화에서 많은 부분이 가지치기를 당하거나 특정 부분이 과장되었을 가능성이 있다.

가장 그럴듯한 이야기가 더 신뢰를 받는다면, 사람들이 더 믿게 만들기 위해 실제를 마사지하여 전달하는 것 또한 가능하다. 이야기를 더 그럴싸하게 만들면 더 많은 사람들이 믿고 열광할 것이다. 이 경우 성공 스토리는 실제와는 점점 더 멀어진다.

반대로 사실에 더 부합하더라도, 이야기로서의 힘이 약하여 사람들이 별로 귀담아듣지 않거나 신뢰하지 않을 수도 있다. 그래서 사석에서는 운의 역할을 이야기하는 사업가들이 많지만, 공석에서는 잘 거론하지 않는 것이다. 보이지 않고 그 영향을 제대로 측정하기 힘든 운은 제대로 이야기로 만들기가 어렵기 때문이다. 운을 이야기하는 경우, 듣는 사람들이 제대로 믿어주지 않는 것도 이유 중 하나이다.

지금까지의 이야기를 종합해보자. 사업가의 성공은 멋진 후광효과가 되어 그의 세부적인 평가에 영향을 미친다. 여기에 더해 우리 뇌는 성향상 인과관계를 찾기에, 사건 중심의 성공 스토리는 설사 성공과 관계없는 사안이라도 성공의 원인으로 여기게 만들며, 그렇게 만들어진 스토리가 얼마나 이미지에 부합하느냐에 따라 최종인 신뢰도가 결정된다.

이 모든 요소를 고려하면, 우리가 성공 스토리를 믿어야 할 이유는 점점 줄어든다. 아니, 오히려 비판적 관점에서 바라보아야 할 이유가 늘어난다. 너무나 멋지다 못해 감동적인 성공 스토리라면 더욱 그러하다. 성공의 비법을 얻기 위해서 찾아보는 성공 스토리에 오히려 노이즈만 잔뜩 끼어 있는 것이다.

결국 노이즈를 제대로 걸러내지 않은 성공 스토리는 우리가 무언가를 배우기에는 부적합한 자료이다. 재미로 보는 것이라면 모르겠지만, 재미라면 히어로 영화들이 더 낫지 않을까? 적어도 히어로 영화를 보며 정말로 아이언맨이 지구를 지켰다고 믿지는 않을 테니 말이다.

2장

우위의 전쟁 :
그들은 어떻게 성공을 이루었는가?

★★★★★

우리가 일상적으로 쉽게 접할 수 있는 성공에 관한 콘텐츠에는 오류와 후광효과가 가득하다. 그래서 실질적으로 도움이 되지는 않는다.

특정 시점에서 바라보면, 언제나 단기간에 돈을 번 기업은 수없이 등장하기 마련이다. 그러나 해당 산업이 상승 사이클을 타서 우연하게 잘된 것인지, 정말로 그 기업가가 뛰어난 능력으로 시장을 개척한 것인지는 알 수 없다. 잘나갈 때는 그 기업가의 모든 것이 대단해 보이지만, 사이클이 하락기로 접어들면 그 기업가의 모든 결정은 한심해 보인다. 성공 콘텐츠에서 소개한 기업들이 이후 대부분 부침을 겪는 것은 결코 우연이 아니다.

예전에 외국계 금융회사를 다니던 엘리트가 회사를 그만두고 창업해서 큰돈을 벌었다는 기사를 본 적이 있다. 그때는 그 기사를 보며 '그저 흔한 성공 스토리네'라고 생각하고 넘어갔다.

기사 속에서 온갖 훌륭한 말을 많이 남긴 그 대표에 대한 소식을 다시 보게 된 것은 1년쯤 뒤였다. 횡령 등의 혐의로 구속되었다는 기사였다. 이 경우는 범죄로 끝났지만, 이 정도로 극단적인 경우가 아니더라도 매출이 크게 하락한 기업들은 많다.

어떠한 전략과 선택은 백지 위에 그리는 것이 아니라, 자원과 환경의 제약 아래에서 이루어진다. 그리고 각각의 사업가들은 이를 바탕으로 최적의 선택을 내린다. 시간이 지나서 결과가 형편없으면 '왜 그런 선택을 했는가' 하는 비난을 받지만, 이는 전형적인 후광효과와 후행적인 분석이다. 결과적으로 실패한 선택도 당시에는 나름대로 합리적이고 타당한 근거가 있다. 그래서 결정 당시에 내린 최고의 선택이 최고의 결과를 보장하지는 못한다.

이는 현대 사회가 여러 주체들의 선택이 서로 영향을 미치는 복잡한 세계이기 때문이다. 세상에 결정을 내리는 존재는 나만 있는 것이 아니다. 타인의 결정도 나에게 영향을 미친다. 이러한 수많은 결정들이 상호작용을 하며 예상했던 것과 다른 결과를 만들어낸다.

따라서 지나고 나면 모든 것이 분명해 보이지만, 당시에는 그것을 알 수 없었다는 것을 인정해야 한다. 우리는 현재를 바탕으로 보이지 않는 미래에 대한 선택을 할 수밖에 없는 것이다.

마찬가지로 후광효과가 만드는 함정에 빠지지 않기 위해서는 결과를 놓고 과정을 평가해서는 안 된다. 따라서 2장에서는 성공했다고 이야기할 수 있는 국내의 몇몇 기업들을 대상으로 최대한 후광효과를 배제하고 분석해보고자 한다. 그리고 이들이 가지고 있었던 자원과 우위가 무엇이며, 시대적으로 어떤 배경과 맥락이 있는지 알아볼 것이다.

성공에 대한 콘텐츠들은 성공의 규모에 지나치게 초점을 맞춘 나머지, 마치 모두가 동일한 출발점에서 출발했는데 그 기업가만 커다란 성공을 이룬 것처럼 이야기한다. 그러나 1장에서 이야기한 것처럼, 성공은 실력과 노력, 운과 그 외의 다양한 요소들이 결합된 결과이다. 각 기업과 사업가들이 보유한 자본과 자원이 엄연히 다른데도 불구하고, 사업가 개인의 노력과 재능에만 초점을 맞추고, '여러분도 도전하고 노력하면 성공할 수 있습니다'라는 메시지를 전하는 것은 앞뒤가 맞지 않는다.

여기서 다룰 기업들은 2000년대 이후에 등장하여 소기업에서 규모를 갖춘 중기업 이상으로 성장한 곳들이다. 거대기업의 경영과 경쟁은 작은 기업들과는 다르다. 이미 많은 인력과 자본, 기술을 가지고 있으며 고객들의 범위도 차원이 다르다. 성공을 원하는 사람들은 대부분 그런 입장이 아니기에, 거대기업의 방식을 살펴보는 것은 큰 도움이 되지 않을 것이다. 그래서 작은 곳들이 어떻게 성장했는지를 살펴보는 것이 실질적인 도움이 될 것이라고 생각했다.

2000년대에 인터넷 시대가 열리면서, 우리는 온라인에서 신흥기업들의 성공에 관한 기록을 찾아볼 수 있게 되었다. 인터뷰와 기획/분석 기사 등이 바로 그것이다.

나는 그런 공개된 정보를 활용하여 교차로 살펴보며 분석하는 방법을 선택했다. 인터넷 시대 이전에 등장한 기업들은 초기 성공에 대한 정보가 존재하지 않기에, 2000년대 이후 등장한 기업들을 살펴보는 것이 초기 성공에 대해 많은 정보를 얻는 데 도움이 된다.

예를 들어 전국에서 가장 성공한 전통시장인 광장시장을 대표하는 '순희네 빈대떡'은 초기 성공에 대한 자료가 없다. 1994년에 광장시장에서 처음으로 빈대떡 장사를 시작했다는 것 외에는 정보가 없으며, 방송을 탄 이후로 사람들이 몰리기 시작했다는 내용만을 찾아볼 수 있을 뿐이다. 심지어는 순희네 빈대떡의 추정림 대표조차 "인심 좋게 열심히 일했는데 갑자기 어느 순간부터 젊은이들이 왔다"라고 이야기할 뿐이다"광장시장 '빈대떡 대통령' 노점음식의 공식을 새로 쓰다", 〈노컷뉴스〉, 2014. 11. 3.. 그래서 순희네 빈대떡의 성공을 분석하고자 하면 후광효과의 오류에 빠지기 쉬워진다.

결론부터 이야기하면, 여기서 소개할 기업들은 각자가 가진 자원과 우위가 분명한 곳들이고, 각자 자신의 자원을 극대화하는 방향으로 활용했다. 성공은 결코 도전이나 노력 같은 것만으로 이루어지지 않는다는 것을 잘 보여준다.

그러나 이것이 이들 기업의 성과에 대한 폄하가 아니라는 것을 분명히 밝혀둔다. 성공은 노력과 실력, 운, 기타 등등의 요소들이 모두 결합된, 변수가 무척이나 많은 방정식이라는 것을 생각한다면, 자원과 우위를 확인하는 것은 그동안 과대평가되던 성공을 재평가하는 것이라고 볼 수 있다. 그리고 성공의 방법을 알기 위해서는 이러한 다양한 변수의 존재를 고려한 분석이 필수적이다.

또한 이것은 어디까지나 공개된 정보를 통한 재평가와 분석이라는 점을 기억했으면 한다. 기업에 관련된 다양한 내부인과 이해관계자의 이야기를 모두 청취하면 좋겠지만 이는 현실적으로 불가능하다. 또한 소수 내부자들의 이야기를 청취한다면 그 사실 여부를 검증하기 어렵다는 문제가 있다. 따라서 분석은 공개된 정보에 기반했다.

아마 해당 기업의 내부에서 일하거나 관련자들의 시각에서 다른 내용을 알고 있는 분들도 있을 것이다. 그렇다면 이제부터 이어질 내용이 부당하거나 틀렸다고 비난하기보다는, 알고 있는 내용을 공개하여 성공에 대해 좀 더 다각도로 분석하는 데 도움을 주시기를 부탁드린다. 평가와 분석은 알려진 정보를 통해서 이루어지지, 비공개 정보를 반영할 수는 없는 노릇이다. 내 메일과 블로그는 언제든지 열려 있다.

1

공차 :
비즈니스는 혼자 하는 것이 아니다

미디어는 이야기를 만들기를 좋아하며, 사람들은 매력적인 이야기를 원한다. 그래서 성공에 관한 이야기들은 매력적인 이야기 구조를 위해 어떤 부분은 축소하고, 또 어떤 부분은 과장하기도 한다. 공차가 대표적이다.

30대 초반 평범한 주부의 340억 대박 신화

공차 열풍이 불던 2013년과 2014년, 당시 대표였던 김여진 전 대표에 관한 수많은 기사들이 쏟아져 나왔다. 미디어가 주목한 포인트는 30대 초반, 평범한 주부 등이었다. 즉, 30대 초반의 평범한 주부가 거둔 어마어마한 성공을 이야깃거리로 삼은 것이다.

당시 공차코리아의 지분 65%를 매각한 금액만 340억 원이었다. 평범한 주부가 초대박 딜을 터트렸으니 정말 매력적인 이야기가 아닐 수 없다. 물론 김 대표가 우리나라에 공차를 들여오기 전에 주부였던 것도 맞고, 오픈 시점에 30대였던 것도 사실이다. 하지만 '평범한' 주부와는 거리가 있다.

알려진 대로 김여진 전 대표가 공차의 대만 본사로부터 한국의 마스터 프랜차이즈[01]를 따내는 것은 보통 일이 아니었다. 본사 설득에 들인 기간만 1년이었고, 그 기간 동안 치밀하게 프레젠테이션을 준비했으며, 제안사항이 있을 때는 이메일을 보내는 것이 아니라 직접 대만 본사를 찾아가는 정성을 들인 것으로 알려져 있다.[02] 더군다나 마스터 프랜차이즈를 따내고 국내에서 바로 영업을 시작한 것이 아니라, 대만의 매장에서 6개월간 일을 해보고 국내에서 1호점을 오픈했다. 이는 자영업에 뛰어드는 40대 이상의 창업자들에게 모범 사례로 권해도 부족함이 없다.

당시 공차는 본사가 위치한 대만뿐만 아니라 이미 싱가포르를 비롯한 중화권 아시아 국가들에 진출해 있었다. 성공적으로 글로벌 프랜차이즈를 운영 중이니 안정성과 운영 능력은 검증되었고, 문제는

01 가맹 본사가 직접 진출하는 것이 아니라 파트너에게 특정 지역의 가맹사업 운영권을 파는 것.

02 "만화가 아니다…茶에 꽂힌 26세 주부 7년 만에 340억 M&A의 주인공으로", 〈조선비즈〉, 2015. 1. 17.

국내에서의 인기였다.

김 대표는 싱가포르를 방문한 한국인 여행객들이 공차 매장 앞에 줄을 선 것을 보고, 한국에서도 통할 것이라고 확신했다고 한다. 그러나 이런 기회를 김 대표만 알아본 것은 아니다. 한국에서 공차의 성공 가능성을 알아본 사람들은 그녀 외에도 적지 않았다. 실제로 마스터 프랜차이즈를 얻기 위해 대만의 공차 본사에 제안한 대기업과 외식업체 들이 여럿 있었다고 하니 말이다.

마스터 프랜차이즈는 아무에게나 허락하는 것이 아니다. 말 그대로 한 지역의 가맹사업 운영권을 파는 것이기에, 일반적으로는 파트너의 자금력과 경영능력 등을 매우 중요시한다. 해외의 유명 프랜차이즈를 국내에 들여오는 곳들이 하나같이 대기업이나 규모를 갖춘 외식업체들인 것도 이런 이유 때문이다. 그럼에도 김 대표에게 마스터 프랜차이즈를 허가한 것은 공차 본사가 한국으로 확장할 마음이 그다지 없었기 때문인 것으로 추측된다. 확장이 목표였다면 김 대표보다 좋은 선택지가 많았다.

한편 김 대표의 계획은 한국에 매장을 소규모로 여는 것이었고, 바로 그 점이 자신이 낙점 받은 이유라고 밝히고 있다.[03] 매장을 소규모로 운영한다면 점포를 너무 많이 열었을 때의 질적 하락을 걱정하지 않아도 되었기 때문이다.

03 "[2030 프랜차이즈 CEO] 차(茶) 한 잔으로 아저씨들 지갑 열게 한 발칙한 女사장, 김여진 공차코리아 대표", 〈한국경제신문〉, 2013. 10. 29.

그런데 김 대표가 들인 대단한 정성은 사실 정말로 평범한 주부라면 시도조차 하기 어려운 일이었다. 그녀가 이후의 인터뷰에서 언급했듯, 공차의 창업에는 ANZ·시티은행·바클레이Barclays·스탠다드차타드 등에서 일했던 남편의 도움이 매우 컸다. 애초에 그녀가 2007년 싱가포르에서 공차를 처음 접하게 된 것도 남편인 마틴 베리가 시티은행에서 아시아-태평양 디렉터로 발령받아 싱가포르로 이사했기 때문이었다.

마틴 베리는 당시 글로벌 금융회사에서 일한 경력만 10년이 넘었고, 이후 스탠다드차타드의 한국 지사에서 최연소 전무가 될 정도로 능력을 인정받는 인물이었다. 이런 남편의 지원은 강력한 뒷받침이 되었고 준비와 협상 등에도 큰 도움이 된 것으로 알려져 있다.

실제로 나중에 기사를 통해 알려진 사실이지만, 공차코리아의 지분은 100% 남편인 마틴 베리의 소유였고, 김 대표는 전문 경영인으로 참여했다.[04] 이는 마틴 베리가 없었다면 마스터 프랜차이즈 계약 자체가 불가능했다는 사실을 암시한다.

더구나 이 1년의 설득 기간 동안 김 대표는 수시로 싱가포르와 대만을 오가며 공차 본사를 설득한 것으로 알려져 있다. 또한 마스터 프랜차이즈가 된 후에도 대만에서 체류하며 대만 공차의 매장에서 6

04 이것은 공정거래위원회 가맹사업거래의 공차 정보공개서를 통해서 알 수 있는 내용이다.

개월 동안 일했다. 당시 그녀에게는 어린 아들이 있었다. 말 그대로 전폭적인 지원이 뒷받침되었음을 알 수 있다.

한편 김 대표가 공차코리아 법인을 설립한 시점은 2011년 11월이었고, 홍대에 1호점을 오픈한 시기는 2012년 4월이다. 남편인 마틴 베리가 스탠다드차타드의 전무로 발령받아 한국으로 온 시점이 그해 3월이다. 공차코리아의 역사적인 첫 매장 오픈 시점에 맞추어 한국에 자리 잡은 것이다. 혹은 그 반대로 이해해도 무방할 것이다.

경영자인 김 대표가 해외 브랜드인 공차를 한국에 안착시키는 데 많은 노력과 공이 들어갔다는 사실은 부인할 수 없다. 그러나 과연 이것을 '평범한 가정주부의 성공'으로 볼 수 있을까? 소유지분에서도 알 수 있듯, 공차는 김 대표가 아니라 부부의 기업이었다. 또 공동창업자인 남편의 커리어도 매우 비범하다. 대부분의 평범한 가정주부에게는 그런 남편이 없다.

창업 이후, 그리고 매각

이제 창업 이후를 살펴보자. 공차의 대만 본사가 김 대표와 계약한 것은 '수익성에 굴복하지 않고 레시피를 지킬 수 있을 것'이라는 이유 때문이었다. 프랜차이즈의 특성상 가맹점이 증가하면 수익성으로 인해 레시피에 손을 대는 현상이 발생하기 때문이다. 이 부분은 김 대표가 2013년 10월에 〈한국경제신문〉과의 인터뷰에서 밝힌 것이다.

하지만 이후를 살펴보면 대만 본사가 염려했던 일들이 그대로 벌어진다. 직영점이 매우 큰 인기를 끌자 가맹 문의가 폭주했다. 이때부터 공차코리아는 직영에서 가맹사업으로 전환을 선택한다. 가맹사업을 하기 위해서는 공정거래위원회에 정보공개서를 등록해야 하는데, 공차코리아의 경우 이 시점이 2013년 1월이었고, 4월에 성신여대에 가맹 1호점을 오픈한다. 같은 해 10월에 100호점이 들어섰으며, 그로부터 200호점이 탄생하는 데 걸린 기간은 단 8개월이었다. 첫 직영점 오픈 기준으로는 2년 2개월, 첫 가맹점 오픈 기준으로는 1년 2개월 만이었으니 확장속도가 결코 느리다고 할 수 없다.

본사의 입장에서 프랜차이즈 시스템은 적은 비용으로 빠른 확장을 할 수 있으므로, 상품과 서비스가 인기 있을 경우 지역을 빠르게 장악하는 데 매우 유리하다. 반면 가맹점포의 통제와 관리에는 어려움을 겪을 수 있다. 가맹점 교육도 쉽지 않을 뿐더러 자기 돈을 투입한 가맹점주들이 본사의 방침을 벗어나고자 하는 경우도 종종 있기 때문이다. 프랜차이즈의 상징인 맥도날드가 실제로는 부동산으로 개별 점포를 통제하고 관리하는 부동산 관리기업으로 취급되는 것이 이런 이유 때문이다.

결국 대부분의 프랜차이즈들은 점포 수가 늘어날수록 상품과 서비스의 질적 하락을 경험하게 된다. 공차코리아 또한 단기간에 매장 수가 급격하게 증가하면서 가맹점 관리에 어려움을 겪었다. 그리고 이는 당연히 균일하지 않은 품질과 질적 하락으로 이어졌다.[05]

05 "30살 주부, 천억대 버블티 사업을 일구다", 〈비즈니스포스트〉, 2014. 8. 5.

공차코리아는 가맹사업을 시작한 지 1년 6개월째인 2014년 10월, 유니슨캐피탈에 지분 65%를 340억 원에 매각한다. 당시 언론에서 극찬하던 '평범한 주부의 340억 대박 신화'의 방점이었다. 매각 당시 김 대표는 규모가 너무 커져 관리의 한계를 느끼고 대형기업의 체계적 관리가 필요하다는 생각으로 매각을 결심했다고 밝혔다.

그런데 관리의 한계가 올 정도로 확장을 결정한 것은 누가 강요한 것이 아니라 공차코리아의 결정이었다. 그러한 문제를 사전에 인지하고 있었음에도 가맹점 출점 속도를 줄이지 않았으니 관리의 한계는 이미 예견된 것이나 다름없다. 매각 사유와 매각 직전까지의 행동이 서로 상충된다. 공차의 매각 소식을 듣고 사람들이 의아했던 부분이 바로 이것이었다.

그러나 이것은 공차의 성공을 오롯이 '주부 성공 신화'로만 보았을 때의 이야기이다. 애초에 공차코리아의 실소유주는 김 대표가 아니라 마틴 베리였고, 글로벌 금융기관에서 오랜 경력을 쌓은 그가 매각과 관련이 없다고 보기는 어렵다. 실제로 2019년 1월에 유니슨캐피탈의 공차 매각 뉴스가 나오면서 그가 지분을 매각할 때 동반매각청구권Tag-along 조항을 넣은 것으로 밝혀져, 이 성공 신화에 깊숙이 개입한 사실이 다시금 확인되었다.[06]

마찬가지로 그의 링크드인 이력사항을 보면 2013년 10월까지 스

06 , "김여진 전 대표, 끝나지 않은 '공차' 투자금 회수", 〈팍스넷뉴스〉, 2019. 1. 22.

탠다드차타드에서 재직한 것으로 나오며, 이후는 공차코리아의 공동 설립자이자 대표로 기록되어 있다. 그가 매각 이후 싱가포르에서 브랜드하우스 캐피탈이라는 투자회사를 설립했음을 감안하면, 공차의 놀라운 성공은 마틴 베리와 배우자인 김 대표가 함께 협력해서 만들어 쌓아 올리고 마무리를 지은 것이다.

김 대표 부부의 확실한 우위

다시 한번 질문을 던지고자 한다. 이것을 과연 '평범한 주부의 성공신화'로 볼 수 있을까? 물론 김 대표가 마스터 프랜차이즈를 획득하기 위해 들인 노력과 공이 컸음을 부정할 수는 없다. 그러나 초기의 획득과정과 이후 매각에까지 남편이 큰 역할을 했음을 감안하면, '평범한 주부의 성공신화'라는 이야기는 다분히 과장되었다는 것을 알 수 있다. 물론 그렇다고 해서 공차의 성공이 과소평가될 이유는 없다. 그러한 역할이 뒷받침된다고 해서 누구나 성공하는 것도 아니기 때문이다.

김 대표가 공차 대만 본사를 설득하기 위해 들인 노력과 추진력을 보면 누구에게나 귀감이 될 만하다. 그러나 그것만으로는 사업의 성패가 결정되지 않는다. 만약 자원이 거의 비슷한 경우라면 이러한 부분의 차이가 결과의 차이를 만들겠지만, 경쟁에서 자원의 차이는 분명 큰 부분이다.

실제로 남편인 마틴 베리의 비즈니스와 투자금융에 대한 이해력,

협상력, 자금지원 등은 사업가 개인의 차원에서 보자면 어지간한 사람이 범접하지 못할 우위였다.

김 대표만 보자면 우위라고 말할 요소들이 부족하다. 알려진 이력만 보자면 평균 이상의 사업가라고는 보기 어려울 것이다. 그러나 부부로 묶어서 보면 김 대표 부부는 시작에서 어떤 사람들보다 확실한 우위를 점하고 있었다. 그리고 그 우위를 잘 이해하고 활용했고, 여기에 적당한 운이 더해져 극대화된 성과를 얻어낸 것이다. 결코 평범한 주부의 노력과 열정만으로 거둔 결과물이 아니다.

'자원이 많을수록 성공에 가까워질 수 있다'라는 말은 꿈과 노력과 가능성을 외치는 주장에 비하면 재미도 없고 희망적이지도 않을 것이다. 그러나 좀 더 현실에 가깝다. 그리고 그동안 사람들이 그다지 주목하지 않았던 이 부분이야말로 바로 성공한 곳들이 가지고 있던 우위이다.

의지와 노력으로 모든 것을 해결한다는 정신승리의 신화는 앞으로도 계속되겠지만, 적어도 그런 신화를 멀리하고자 하는 자세도 필요하다.

그렇다면 공차의 성공이 우리에게 주는 시사점은 무엇일까?

우선 멋져 보이는 성공 스토리에 섣불리 감동하기보다는 한 번 더 의심하는 게 좋다는 것, 그리고 사업가와 그 가족은 완벽하게 분리할 수 없다는 사실이다. 또한 사업에서는 자원과 역량이 매우 필수적이라는 사실이다.

아무것도 없이 자신의 힘과 노력으로 성공을 이루었다는 사람이 있다면 유심히 살펴보자. 대부분 자신이 가진 자원의 우위를 자각하지 못하고 있거나 숨기는 경우이다.

2

월향 : 인플루언서의 힘

월향은 2010년 2월에 막걸리를 파는 한식 주점으로 시작하여 2018년 기준 95억 원의 매출을 올렸으며, 매년 두 자릿수의 매출 성장률을 기록하고 있다. 30년이 넘는 역사를 자랑하는 만석닭강정의 2017년 매출이 138억 원임을 감안하면 그 규모가 짐작될 것이다. 현재는 월향뿐만 아니라 숙성회를 파는 조선횟집, 산방돼지 등 별도의 브랜드를 두고 입지를 다져가고 있다.

월향의 이야기 구조

월향을 이야기하려면 이여영 대표의 특이한 이력을 빼놓을 수 없다.

이 대표의 창업기에는 '보수 언론사 해직기자'라는 타이틀이 꼭 따라 붙었다. 초창기 기사들도 하나같이 '해직당한 젊은 전직 기자가 막걸리집으로 대박을 터트렸다'라는 식으로 이야기를 풀어갔다. 해직당한 전직 기자추락 → 막걸리집으로 거둔 대박상승이라는 이야기 구조가 너무나도 매력적이기 때문이다. 그런데 여기서 주목해야 할 것은 누가 봐도 추락으로 보이는 해직기자란 이력이 사업가로서는 중요한 초기 자산이 되었다는 점이다.

이 대표는 서울대학교를 졸업하고 헤럴드미디어를 거쳐 중앙일보에서 라이프스타일/트렌드 전문기자로 활동했다. 직접 아이디어를 내고 맡았던 J-Style이란 코너는 반응이 좋았으며, 기자 시절 평가도 좋았던 것으로 보인다.

착실히 밟아나가던 커리어가 송두리째 뒤집어진 것은 2008년 촛불시위 때 생긴 일 때문이었다. 당시 이 대표는 시위에 대한 개인적 소회와 소속 회사, 보수 언론의 논조에 대한 비판을 담은 글을 개인 블로그에 남겼는데, 이것이 엄청난 파장을 일으켰다. 시위에 대한 소회는 누구나 남길 수 있지만, 그 글을 쓴 사람이 중앙일보 소속 기자라는 점에서 화제가 되었다. 포털 사이트 '다음'의 메인 화면에 올라 한 시간도 되지 않아 30만 뷰 이상을 기록했다고 하니 말 그대로 엄청난 일이었다.

계약직 기자였던 이 대표는 그해 8월에 회사로부터 계약 거절 통보를 받고 프리랜스 기자생활을 시작한다. 월향의 초창기에 항상 붙던 타이틀인 '해직기자'도 이때 붙은 것이다. 계약 거절을 불러온 그 글로 얻은 명성 덕분에 그는 미디어스와 미디어오늘에서 자신의 이름을 건 연재기사를 진행할 수 있었고, MBC와 KBS인터넷에서도 이름을 건 코너를 맡았다. 하지만 그것은 이슈로 얻은 명성 덕분이었기에, 불안한 지위였다. 중앙일보라는 주류 언론사의 타이틀이 떨어져나간 상태에서, 프리랜스 기자로서 커리어를 이어가기란 힘겨웠을 것이다.

그러나 커리어는 불안한 상태였을지라도 그 이슈 덕분에 이 대표의 자산은 알게 모르게 축적되고 있었다. 그의 진짜 자산은 블로그였다. 2008년에 새롭게 이전한 블로그는 오픈 1년이 좀 넘은 시점에 이미 누적 방문자 수 500만을 넘겼다. 산술적으로 계산해봐도 하루에 1만 명이 넘는 사람들이 블로그 글을 읽기 위해 방문했다는 것이다. 이것은 블로그를 구독하며 기자 이여영을 응원하는 사람들이 많았던 덕분이기도 했다.

하지만 예나 지금이나 방문자나 구독자 수 자체로는 아무런 의미가 없다. 중요한 것은 그 구독자를 활용해서 무얼 하느냐이다.

현재의 인플루언서들은 다양한 방법으로 자신의 구독자를 활용한다. 어떤 사람은 물건을 팔고, 어떤 사람은 광고를 팔며유튜버의 본질은 구독자에게 광고를 파는 것이다, 또 어떤 사람은 블로그 자체를 유료화한다. 하지만 10여 년 전인 2008~09년에는 구독자의 의미와 영향력을 인지하는 사람조차 많지 않았다. 이 대표도 마찬가지였다. 그러다가 막걸리와 인연을 맺게 된 것이다.

막걸리와 해직기자, SNS의 만남

이 대표가 막걸리와 인연을 맺은 것은 우연이었다. 애초에 이 대표는 라이프스타일 기사를 통해 와인에 대한 사랑과 관심을 드러낼 정도로 와인 애호가였고, 막걸리에는 별 관심이 없었다. 중앙일보에서 기자로 활동하던 2007년, 막걸리를 가장 좋은 상태의 생막걸리로 마실 수 있는 막걸리 디스펜서를 개발한 이상철 씨를 만나 기사를 쓴 것 정도가 전부였다.[07] 그런데 이 인터뷰가 후에 엄청난 계기로 작용한다.

이후 국내에서 막걸리 붐이 일기 시작했고, 점차 막걸리에 큰 관심을 가지게 된 이 대표는 국내의 막걸리 주점들을 섭렵하기 시작했다. 그러다 우연하게 이상철 씨와 다시 만나게 된다.

당시 이상철 씨는 막걸리 디스펜서와 직접 개발한 유기농 현미 막걸리인 '월향'의 특허를 취득한 상태였다. 이 대표는 이상철 씨가 막걸리 붐을 타서 큰돈을 벌었을 것이라고 생각했다고 한다.[08] 그러나 이상철 씨는 좋은 막걸리를 만들었음에도 판로를 찾지 못했고, 막걸리 붐도 타지 못해 2007년에 만났을 당시와 별반 다를 바가 없었다.

월향의 개업 초창기를 다룬 기사들을 보면, 이 대표는 이상철 씨의 막걸리가 팔리지 않는 현실이 안타까워 판매를 담당하겠다고 나섰다고 한다. 이렇게 이상철 씨와 이여영 대표, 그리고 당시 KBS 제1

07 "생맥주처럼 마시는 '뒤끝 없는 막걸리' 나왔다", 〈중앙일보〉, 2007. 2. 23.
08 "[책읽는 블로거] 무력한 당신, '얼라이언스'하라!", 〈블로터〉, 2010. 3. 12.

라디오에서 〈성공예감, 김방희입니다〉라는 프로그램을 진행하던 김방희 생활경제연구소장의 결합으로 월향이 탄생했다. 이상철 씨가 월향 막걸리의 제조와 공급을 맡고, 김방희 소장이 경영자문을 맡고, 이여영 대표가 월향의 판매 매장을 운영하기로 한 것이다.[09]

월향의 창업자금은 매체마다 다르게 나오는데, 이 대표가 쓴 『장사특강』에 따르면 4천만 원이었다고 한다. 여유자금이 없어서 지인들에게 빌린 돈이었다. 이 돈으로 그의 주요 활동지로 익숙했던 홍대 상권에 막걸리집 '월향'을 오픈한다.

오픈 성적은 매우 훌륭했다. 2개월 만에 지인들에게 빌린 투자금을 모두 상환하고 사업을 본격화했으며, 다시 1년 후인 2011년 5월에는 홍대 월향 2호점을 오픈했으니 인기를 짐작할 수 있을 것이다. 오픈 1년 반 만에 매출 25억 원을 올리는 막걸리집이 된 것이다. 짧은 시간에 그처럼 대단한 성공을 이루어낸 비결이 무엇일까?

물론 상품의 품질과 서비스에 대해서는 말할 필요가 없다. 가장 기본적인 부분이기 때문이다. 만약 품질과 서비스가 부족하다면 사람들의 발길은 자연히 끊긴다. 이 대표는 오픈 전에 수많은 막걸리집을 돌아다니며 안주로 어떤 메뉴가 잘 어울리는지 고민하고, 각각의 가게에서 좋은 점과 아쉬운 점을 찾아내 월향의 콘셉트를 구축했다. 막걸리 애호가로서의 취향과 현장조사를 기반으로 연구하고, 이를 반영한 덕분이었다.

09 "막걸리로 뭉친 3인의 '월향 스토리'", 〈머니S〉, 2010. 11. 25.

그러나 과연 그것으로 월향의 성공을 온전히 설명할 수 있을까?

시장 평균보다 더 나은 상품과 서비스는 성공하는 곳들의 공통적인 조건이다. 다만 이것은 최소한의 조건에 해당한다. 월향은 이를 충족했지만 초기 성공이 상품과 서비스의 질 때문이었다고 주장하기는 어렵다.

일반적으로 오픈 초창기에는 가게를 알고 찾아오는 사람이 드물기 때문에 대부분 지인들의 매출로 유지된다. 이는 조금만 깊게 생각해보면 너무나도 당연한 사실이다. 새로 생긴 가게를 어떻게 알고 찾아가겠는가? 즉 아무리 좋은 상품과 서비스를 팔더라도 사람들에게 알려지지 않으면 소리 소문 없이 사라진다. 그래서 상품과 서비스가 평균 이상임을 알릴 계기가 반드시 필요하다.

어떤 사람은 운 좋게 강력한 전파자혹은 '인플루언서'라고 부르는 사람가 초기부터 찾으면서 알려진다. 어떤 사람은 강력한 인플루언서를 지인으로 둔 덕을 보기도 하고, 또 어떤 사람은 본인이 강력한 전파 능력을 갖춘 인플루언서이기도 하다. 월향의 경우는 후자에 해당한다.

이 대표는 이 부분에서 남들과 비교하여 확실한 자산을 축적한 상태였다. 프리랜스 기자로 계속 생활했다면 그의 블로그는 큰 반향을 거두기 어려웠을지도 모른다. '기자 이여영'을 응원하는 방법은 독자로서 그의 기사를 읽는 것이지만, 그것이 당사자에게 직접적으로 도움이 되지는 않는다. 하지만 막걸리집 사장 이여영이라면 상황이 다르다. 이미 지지자로서 블로그를 구독하고 있었다면 그가 막걸리 가게를 오픈한 것을 알게 되었을 것이고, 방문과 매출을 통해 응원할 수 있었다.

이렇게 블로그를 통해 확보한 영향력이 큰 도움이 되었지만, 여기에 날개를 달아준 것은 트위터였다. 그는 2010년 1월 트위터를 시작했으며, 2월에 사업을 시작하면서 트위터를 통해 자신의 생각과 월향을 알렸다.

이때는 국내에서 트위터를 시작으로 SNS 붐이 일기 시작한 시기였다. 2010년 1월에 25만여 명이었던 국내 트위터 이용자는 그해 12월에 227만 명이 되었고, 2011년 12월에는 544만 명으로 폭발적으로 증가했다.[10 11]

당시 트위터는 무제한적 교류를 가능케 하는 매력에 이끌린 사람들이 모여 매우 활발하게 교류하던 상황이었다. 아직 사람들이 SNS에 피로감을 느끼기 전이기에, 누구에게나 말을 걸고 답을 하며 서로 친절했던 시절이기도 하다. 다소 날이 서 있는 현재의 트위터 분위기를 생각하면 상상하기 어려울 수도 있겠지만 말이다.

이러한 열린 분위기와 '우리 술 막걸리를 알리는 데 앞장선 해직 기자가 차린 막걸리집 월향'이란 타이틀은 어마어마한 시너지를 일으켰다. 월향이 단기간에 큰 성공을 거둔 데에는 이러한 상황의 영향이 컸다.

대부분의 사업은 초기 안착에 오랜 시간이 걸리고, 사업가들은

10 "국내 트위터 이용자 40%, 월 1회 이상 '트윗'", 〈블로터〉, 2011. 1. 18.
11 "한국의 사회동향 2011", 통계청.

이 기간 동안에 많은 경제적, 심리적 압박을 받는다. 월향이 이런 과정을 거치지 않고 빠르게 자리 잡을 수 있었던 것은 이 대표가 가졌던 개인적 영향력과 트위터를 기반으로 한 SNS 붐 덕분이었던 것이다. 이 요소가 성공의 확률을 높였다고 할 수 있다.

또 결정적으로 블로그와 트위터를 통해 획득한 지지자와 영향력이 월향의 고매출 비결 중 하나인 가격정책을 지지했다는 사실도 빼놓을 수 없다.

월향의 가격은 시작부터 저렴함과는 거리가 멀었다. 우리가 익숙하게 알던 막걸리집의 가격과는 차이가 크다. 이 대표는 '왜 우리 막걸리는 항상 싼 술이어야만 하는가?'를 적극적으로 주장하고, 메뉴 가격에 불만을 가진 고객들에게 원가를 공개하면서 설득해왔다. 그러나 애초에 그가 지지자와 영향력을 가지지 못했다면, 그래서 가게가 알려지지도 않았다면 누가 높은 가격을 지불하면서 괜찮다는 평을 남길 수 있을까?

단순히 비싼 재료를 썼다는 것만으로는 소비자를 납득시키기 어렵다. 그래서 이 대표는 가격정책에 설득력을 높이기 위해 접객을 더했다. 다른 곳보다 비싼 가격이지만 좋은 서비스와 철저한 관리를 통해 고객의 만족도를 높이고 클레임을 해결했으며, 트위터를 활용하여 상시 문제를 해결하는 방식으로 가격에 설득력을 부여한 것이다. 실제로 이 대표는 자신의 책 『장사특강』에서 클레임의 해결을 통해 단골과 팬층을 늘렸다고 말한다.

현재 월향의 핵심 점포는 광화문점과 여의도점이다. 홍대 상권에 있던 시절의 고객군과는 분위기가 다른, 새로운 출발점이 된 점포들이다. 이 대표가 가졌던 인플루언서로서의 영향력이 월향으로 사람들을 이끌었던 것처럼, 이 점포들을 여는 데에도 단골과 팬층이 큰 기여를 했다. 광화문점과 여의도점 개점에 대한 이야기를 하기 위해서는 홍대 상권에 차린 1, 2호의 폐점 이야기를 먼저 해야 한다.

단골과 팬의 힘

홍대 상권에 1, 2호점을 오픈한 지 5년이 되면서 월향은 다른 자영업자들과 같은 고민거리를 안게 되었다. 바로 재계약 거절이다.

2018년 하반기에 상가임대차보호법이 개정되기 전까지, 이 법으로 보호받을 수 있는 계약기간은 5년으로 이 기간 동안에는 임대료의 상한선이 정해져 있었으며, 5년이 지나면 이전의 계약에 관계없이 임대료를 올릴 수 있었다. 만약 임대료나 환경의 변화가 적은 동네의 상권이라면 5년이 지나도 충분히 재계약할 수 있었겠지만, 월향이 있던 곳은 홍대 상권이었다. 인기 있는 상권의 경우 재계약 시점의 임대료 상승 폭이 크기 때문에 재계약이 힘들었다. 월향 또한 그러했다.[12]

이 대표는 광화문점을 오픈하기 위해 필요한 자금을 은행을 통하지 않고 P2P 업체를 이용하여 조달했다. 당시 P2P는 새로운 비즈니스로서 사람들의 관심이 높았으므로 자금조달과 함께 홍보 효과를 노린 것이다.

2015년 이 대표는 빌리와 펀다를 통해 총 10억 원 규모로 여섯 건의 P2P대출을 받았다. 광화문점뿐만 아니라 다른 점포와 산하 브랜드 런칭을 위한 자금조달이었다. 이 내용만 보면 일반적인 P2P 자금조달과 크게 다르지 않을 것이라고 생각하겠지만, 펀딩 참여자 수와 금액 규모가 차이가 났다.

월향은 2015년 빌리를 통해 총 5억 원 규모의 대출 두 건을 유치했는데, 투자자는 1차 98명, 2차 53명에 불과했다. 중복 투자자도 있을 테니 실투자자는 100명을 조금 넘는 정도로, 투자자 수는 적은 편이었다. 실제로 비슷한 시기 다른 P2P의 대출들을 살펴보면, 일반적으로 1억 원 이상의 펀딩의 경우 투자자가 수백 명이 넘었다. 즉, 월향은 1인당 투자금액이 일반적인 P2P 투자물에 비해 매우 컸다.

대출조건도 월향에 유리했다. 총 대출기간 3년 중 1년은 거치기간이고, 2년은 분할상환 기간이었다. 투자이율은 5%로 세후 이율로 따지면 3.625%에 불과했고, 담보라고는 대표의 연대보증뿐이었다. 압도적으로 월향에 좋은 조건이었다.[13] 그런데도 사람들이 왜 이 상품에 많은 돈을 투자했을까? 월향의 단골과 이 대표의 팬들이 한 투자로밖

12 이여영 대표는 2015년 12월 3일에 오마이뉴스에 기고한 글 "홍대 터줏대감 '월향'은 어떻게 쫓겨났나"에서 계속 장사할 의향이 있었지만 이유 없이 쫓겨났다고 쓴 바 있다. 하지만 해당 기사에 대한 반론보도에서는 1년 전인 2014년 12월 27일에 이 대표가 임대차 계약해지를 통보하고 12월부터 임대료를 지불하지 않았다고 한다(이에 대해 월향 측은 보증금을 떼일 염려로 인해 변호사의 조언을 받아 임대료를 보증금에서 상계했다는 주장이다). 결국 서울서부지법으로 명도소송이 제기되었고, 2015년 11월 20일에 월향 측이 판결문을 받고 21일에 1호점의 계약이 종료되었다.

13 2018년에 P2P기업 8%사와 진행한 10억 대출 건의 조건과 비교하면, 빌리에서 진행한 이 대출이 얼마나 유리한 조건이었는지 알 수 있다. 이 대출은 투자이율 10%, 대출기간 1년, 전 기간 원리금상환 조건이며 투자자는 2,707명이었다.

에 볼 수 없다. 오픈부터 성공을 이끌었던 이 대표의 영향력이 더욱 축적되어 이처럼 월향의 새로운 출발로 이어질 수 있었던 것이다.

이후 월향은 다양한 브랜드를 출범시키고 성장했는데, 여기에는 남편이자 정식당으로 유명한 미슐랭 스타 셰프 임정식 셰프와의 협업도 도움이 되었다. 그리고 2018년 P2P기업인 8%사를 통한 대출을 진행하며 F&B기업으로 발전하겠다는 목표를 세우면서 외식기업인 놀부와의 합작 등의 행보를 이어가기도 했다.

정리해보자. 월향과 이여영 대표는 어떻게 지금의 위치에 오를 수 있었을까? 2008년 광우병 논란으로 인한 촛불시위에서 블로그에 올린 글은 '기자 이여영'을 '인플루언서 이여영'으로 만들었다. 여기에 더해 오픈 시점에 시작된 트위터의 열풍은 인플루언서로서의 영향력을 더욱 강화시켰다. 이 영향력의 기반과 막걸리 붐이라는 특수에 맞추어 전통주점 월향이 오픈했고, 덕분에 많은 사람들이 방문할 수 있었다. 바로 이때가 월향이 성공한 시작점이다. 그렇기에 월향의 성공은 인플루언서인 대표와 그의 영향력으로 형성된 인적 네트워크가 이룬 것이라고 볼 수 있다. 만약 2008년에 블로그에 글을 올리지 않고 기자생활을 이어가다가 월향을 차렸다면, 초기 성공을 재현하기는 어려웠을 것이다.

여기에 월향의 성장은 SNS의 붐과 함께했다는 점도 간과할 수 없다. 이 대표는 자신의 책에서 단골을 만든 비결 중 하나로 SNS를 통한 홍보 및 클레임 해결을 꼽지만, 이것은 SNS의 초기 붐이 일었기에 가능했다. 현재 새롭게 사업을 시작하는 사람들에게는 적용이 어렵다.

물론 당시 이 대표가 겪은 문제들과 그것을 해결하기 위한 노력들이 지금의 성장에 영향을 미친 것도 사실이다. 하지만 애초에 출발점이 남달랐다는 사실도 간과할 수 없다. 고가격 정책과 그것을 실현할 수 있었던 것은 그가 인플루언서였으며, 영향력이라는 자산을 자신에게 최적화할 수 있는 방향으로 잘 이용했기 때문이다. 월향이 지금까지 성장할 수 있었던 핵심인 단골도 이런 기반 위에서 형성되었다.

단골과 충성고객은 월향의 성장 원동력이기도 하지만 약한 고리이기도 하다. 충성고객들을 만들었던 특별함이 이 대표의 영향력으로 완성된 것이기 때문이다.

월향을 이용한 사람들의 반응은 반으로 나뉜다. 월향을 좋아하는 사람들은 매우 좋아해서 마치 자신들이 영업사원이라도 된 것처럼 주위에 적극 알린다. 반대로 어떤 사람들은 유명세와 가격에 비해 실속이 없다고 한다. 원래 서비스란 모두가 만족할 수 없는 것이지만, 월향에 열광적인 사람들은 이 대표의 접객과 클레임 해결능력을 이야기한다는 것이 두드러지는 부분이다.

월향이 홍대 앞의 작은 전통주점이었던 시절에는 직접 사람과 만나며 접객을 하고 서비스를 완성하는 것이 가능했다. 하지만 지금은 사업규모가 커진 만큼 과거처럼 하기 어렵다. 소수의 점포를 운영하는 방식과 100명이 넘는 인력을 고용하며 운영하는 방식은 완전히 다르다. 경쟁방식과 환경 자체가 달라진 상황이다. 그만큼 이 대표를 지금의 자리에 있게 만들어준 우위였던 자산들도 영향력이 과거와 같지는 않다.

물론 여전히 이 대표의 경쟁자원들은 많다. 비록 놀부와의 합작 프랜차이즈는 성과가 좋지 못했지만, 우수한 식재료를 생산하는 생산자들과의 인적 네트워크 덕분에 계열 브랜드들은 좋은 품질과 새로운 식재료를 경험할 수 있는 공간으로 알려져 있다. 앞으로 월향은 경쟁자들보다 경쟁자산을 얼마나 더 축적하고 우위를 확보하느냐에 따라 다른 가능성을 보여줄 수 있을 것이다. 지금까지 해온 것은 과거의 일일 뿐이다.

3

프릳츠 커피 컴퍼니 :

인적자본의 축적에도 적절한 시기라는 행운이 필요하다

서울시 마포구 도화동에 위치한 프릳츠 커피 컴퍼니이하 프릳츠는 독특하기 그지없는 곳이다. 일단 위치가 매우 독특하다. 프릳츠 본점이라고 할 수 있는 도화점은 높은 고층건물과 오피스텔, 호텔에 둘러싸여 있다. 일반적으로 점포의 입지에는 가시성도 중요한 고려 요소 중 하나인데, 그런 점에서 높은 점수를 받기는 어렵다.

그렇지만 프릳츠 도화점은 서울에서 가장 인기 있는 카페 중 하나이다. 잘 보이지도 않는 곳에 있는 카페를 다들 알아서 찾아간다. 한번 찾은 사람들은 왜 그런지 이해한다.

프릳츠 도화점은 원래 갈비집으로 쓰였던 낡은 단독주택을 개조한 건물이다. 연남동이나 망원동이라면 단독주택을 개조한 상업시설이 이미 많기에 덜 두드러졌겠지만, 프릳츠 도화점은 고층건물 사이에 있기에 매우 두드러져 보인다. 아울러 오타처럼 보이지만, 오타가 아닌 프'릳'츠라는 브랜드명과, 도대체 커피와 무슨 관계일지 궁금해지는 귀여운 물개 로고는 인상을 더욱 두드러지게 만든다. 그 덕분인지 수많은 이용객들이 이곳을 방문한 흔적을 인스타그램 등 SNS에 남기곤 한다.

이런 열광적인 인기는 숫자상으로도 잘 드러난다. 프릳츠는 2014년에 첫 영업을 시작했는데, 잡코리아에 따르면 2018년 기준 약 77억 원의 매출을 기록했다. 아마 스페셜티 커피업계에서 이 기간 동안 프릳츠보다 빠른 성장세를 기록한 곳은 없을 것이다.

화려한 인적자본

성공의 원인을 '무엇을 했는지'에서 찾는다면, 프릳츠는 그 '무엇'을 발견하기가 참 쉬운 기업이다. 훌륭한 커피와 빵, 멋진 입지, 이제는 프릳츠라고 하면 누구나 떠올리는 멋진 디자인, 트렌드를 정확히 반영한 인테리어, 폭발적으로 성장하는 스페셜티 시장을 내다본 혜안, 직원들에 대한 훌륭한 처우와 교육, 조직문화 등 모든 것이 다 좋아 보인다. 하지만 프릳츠가 다른 카페들과 비교해서 출발점에서 가장 우위에 있었던 자원은 다름 아닌 인적자본이었다.

프릳츠에 대한 기사와 인터뷰에서 공통으로 언급되는 것이 바로 대표들이다. 프릳츠는 여섯 명의 공동대표가 차린 기업으로 그 면모

를 보면 화려하기 그지없다.[14]

우선 김병기 대표는 스페셜티 업계의 스타이다. 우리나라 스페셜티 커피를 이야기할 때 빼놓을 수 없는 커피리브레에서 그린빈 바이어로 활약한 전문가이다. 김도현 대표는 커피리브레와 카페 뎀셀브즈를 거친 로스터이고, 박근하 대표는 2014년 세계 바리스타 대회에 출전한 국가대표 바리스타이며, 송성만 대표도 국가대표 선발전에 파이널리스트로 항상 이름을 올리는 바리스타이다. 그리고 전경미 대표는 최고의 원두를 가리는 'Cup Of ExcellenceCOE'의 심사위원이자 뛰어난 커피 감별사인 커퍼이다.

프릳츠의 또 다른 축인 빵을 담당한 이는 허민수 대표이다. '폴앤폴리나', '오월의 종' 등과 함께 빵 마니아들의 사랑을 받았던 '오븐과 주전자'의 대표였다. 각기 자기 사업을 차려도 될 만한 인물들이 뭉쳐서 이끌어간다는 점에서, 프릳츠가 가진 무시무시한 인적자본의 수준을 알 수 있다.

그런데 이들이 뭉치게 된 데에는 처음에 무슨 대단한 비전이 있었던 것은 아니다. 박근하 바리스타가 고생 끝에 세계 바리스타 대회 국가대표 선발전에서 우승했고, 그의 세계대회 준비를 위해 평소 친분이 있었던 이들이 뭉치게 되었다. 그런데 팀워크가 생각보다 잘 맞았던 것 같다. 대회 준비 정도로 끝난 것이 아니라 동업으로 발전했으니 말이다.

14 "커피업계의 '어벤저스' 스타들이 뭉쳤다", 〈주간조선〉, 2014. 12. 1.

이미 점포를 열 자리는 잡혀 있었다. 지금의 도화점이 있는, 원래는 돼지갈비집으로 쓰였던 낡은 단독주택이었다. 주변에 아파트 단지와 기업들이 있었기에 상권은 좋았지만, 노출도가 낮아 입지가 아주 좋다고 보기는 어려웠다. 하지만 나쁜 입지도 쓰기에 따라 좋은 곳이 될 수 있는데, 결과적으로 프릳츠는 이것을 잘 해냈다.

사실 이것이 가능했던 것도 프릳츠의 인적자본 덕분이었다. 두드러지지 않는 위치가 사람들에게 알려지고 찾아오게 하려면, 그곳의 존재를 알려줄 사람과 직접 찾아올 열의를 가진 사람들이 필요하다.

프릳츠 대표들의 조합은 창업 당시 화제가 될 정도로 화려했고 코어 팬들이 있었다. 또한 사람들이 훌륭한 커피와 바리스타를 찾아 방문할 만큼 시장이 발전하고 있었다. 여기에 힘을 더한 것이 빵을 담당한 허민수 대표의 합류이다. 커피만으로는 수익이 크지 않을 듯해서 평소 김병기 대표와 친분이 있던 그가 합류하게 된 것이다.[15] 이것은 허대표의 가게였던 '오븐과 주전자'가 이름처럼 빵오븐과 커피주전자를 팔던 곳이었기에 가능한 조합이기도 했다.

이렇게 대표들의 인적자본과 그에 기반한 팬층은 허름한 단독주택을 고층건물과 현대적 건물 사이에 위치한 환상적인 공간으로 만들었다. 그것이 기반이 되어 고객을 부르고, 그렇게 온 고객들이 새로운 고객들을 불러온 것은 물론이다.

프릳츠 매장은 단순히 빵과 커피를 파는 공간에 그치지 않는다.

15 "나, 너, 우리 그리고 프릳츠", 〈커피앤티〉, 2017. 7.

원두 판매를 위한 쇼룸의 성격도 있다. 애초에 원두 농가와의 직거래가 프릳츠 커피의 핵심이므로 매장 소비뿐만 아니라 도소매로 팔지 못할 이유가 없다. 김병기 대표가 원래 이 사업을 해왔던 터라 시작부터 방향성은 결정되어 있었던 셈이다.

인적자본의 시너지

대표들의 인적자본은 직원들의 인적자본으로도 연결된다. 일반적으로 업계에서 높은 실력과 명성을 가진 대표가 창업한 곳에는 그만큼 경쟁력 있는 인력들이 몰린다. 업계의 스타와 함께 일하면 훌륭한 레퍼런스가 되고 더 많은 것을 배울 수 있기에 열의가 넘치는 인력들이 오기 때문이다.

프릳츠도 마찬가지였다. 대표들의 화려한 경력과 잘 축적된 인적자본을 보고 커피에 남다른 열의를 가진 인력들이 몰렸다. 어디나 마찬가지겠지만, 소기업일수록 인력풀이 크지 않아 좋은 직원을 채용하기 어렵고, 직원의 열의가 높지 않다는 점을 감안하면 이것은 매우 큰 강점이다. 여기에 더해 대표들의 주도로 진행되는 교육은 직원들의 역량 향상으로 이어져 더욱 강력한 인적자본을 구축할 수 있게 만든다. 대표들의 인적자원이 직원들에게로 이어지는 셈이다.

하지만 뛰어난 역량을 가진 대표들의 동업이 결코 쉬운 일은 아니다. 동업은 종종 분쟁을 낳는다. 의견, 책임, 권한, 주도권의 차이 등으로 인해 감정의 골이 생기고 서로 다투고 분열하기도 쉽다. 오죽하면 동업 시 세세한 상황과 분쟁 등을 고려해서 문서화하라는 조언을 할 정도이다. 또한 공동대표들과 일하는 직원들도 혼란스러워하기 쉽다. 대표들의 요구사항이나 의견이 서로 다를 경우 어느 쪽을 따라야 할지 혼란스럽다. 그래서 동업, 특히 공동대표의 경우 대표 간의 조직화가 필수적이다.

프릳츠는 이 점에서 매우 재미있는 곳이다. 공동대표가 한 명도 아니고 여섯 명이나 되지만, 분업과 책임분담이 매우 잘 되어 있다. 분야에 따라 가장 잘하는 사람에게 맡기고 믿고 따른다. 단순히 커피, 빵 정도의 분류가 아니라 세부적인 부분까지 서로의 영역이 다르다. 예를 들어 인테리어는 김병기 대표가 맡고 있으며, 매장에서 트는 음악의 선곡은 박근하 대표가 담당하는 식이다. 여기에 더해 대표들 사이의 커뮤니케이션을 매우 중요시하여 의사전달에서 발생할 수 있는 오류를 최소화한다.

이처럼 철저한 책임과 영역분담, 협업, 그리고 끊임없는 의사소통이 있었기에 공동대표로 운영되는 기업의 장점을 극대화할 수 있었다. 특히 공동대표들이 커피 관련 업계 최고의 인적자본이었기에 전 분야에서 매우 뛰어난 경쟁력을 유지했다. 이 정도로 뛰어난 역량을 전방위적으로 펼치는데 잘되지 않기란 어렵다.

프릳츠의 성공 사례는 꽤 매력적인 이야기이다. 대표들은 각자의 영역에서 바닥에서부터 일을 배우며 역량을 쌓아왔고, 이들이 하나로 뭉친 사업은 매우 성공적으로 커가고 있다. 그러나 이들은 아무것도 없던 맨바닥에서 갑작스럽게 등장한 존재들이 아니다. 국내 커피

산업의 발전과 함께 성장해온 인물들이다. 그래서 프릳츠의 성공을 이해하기 위해서는 우리나라 커피시장의 발전을 대략적으로나마 살펴볼 필요가 있다.

화려한 인적자본의 토양

우리나라 커피시장은 참으로 놀라운 시장이다. 고종 황제가 덕수궁의 정관헌에서 가배를 즐겼다는 기록이 있으며, 구한말에 커피하우스가 있었지만, 실제로 커피가 널리 확산된 것은 미군의 보급품으로 지급되던 인스턴트 커피 덕분이었다.

1990년대까지 우리나라에서 '커피'라고 하면 인스턴트 커피를 말했다. 원두를 볶고 커피를 내리던 커피하우스가 있긴 했지만, 매우 드물었고 대중적으로 거의 알려지지 않았다. 원두 커피는 비싼 호텔 카페나 잘 알려지지 않은 카페에서만 겨우 볼 수 있었다.

심지어 스타벅스가 진출한 1999년에도 인스턴트 커피가 차지하는 비중이 90%가 넘을 정도였다. 그래서 이 새로운 커피를 부를 표현이 마땅치 않아서 '원두 커피'라고 부르게 되었다. 그런데 이제 과거에 원두 커피라 부르던 것을 '커피'라고 하고, 커피라고 부르던 것을 '인스턴트 커피'라고 하는 것을 보면, 지난 20년 동안 얼마나 큰 변화가 일어났는지 짐작할 수 있다.

이러한 성장 동안에 등장한 몇몇 커피 전문점들만 보더라도 그 발전의 궤를 읽을 수 있다. 1999년 스타벅스 1호점 등장 이후 중요한 해를 꼽자면 2002년이 아닐까 싶다. 2002년은 강릉에서는 테라로사, 서울 종로에서는 카페 뎀셀브즈, 신림에서는 '나무사이로'내자동으로 이전가 문을 열었다. 모두 커피 마니아들에게 유명하고 각각의 의미를 가진 곳이지만, 그중에서도 뎀셀브즈의 등장은 조금 더 특별하다.

뎀셀브즈는 '커피업계의 사관학교'라는 별명을 가지고 있다. 로스팅에서부터 커피를 내리기까지의 과정에 걸쳐 뎀셀브즈 출신이라는 것이 하나의 이력이 되어 수많은 커피업계 종사자들을 배출해왔다. 2002년 오픈한 이 카페들은 뒤이어 등장할 카페들의 좋은 레퍼런스가 되었고, 이 시장이 질적으로 발전하는 데에도 크게 기여했다.

2000년대 후반에는 현지 농장과 직접 거래하며 원두의 특징을 살린 스페셜티 커피가 주목받기 시작했다. 대표적인 곳이 바로 2009년 서울 연남동에서 문을 연 '커피 리브레'이다.

커피 리브레는 2008년 국내 최초로 원두를 감별하고 등급을 판단하는 큐그레이더 자격을 가진 서필훈 대표가 차린 곳이다. 이곳이 스페셜티 커피를 국내에 알린 최초의 업체라고 할 수는 없지만, 현지 농가와 거래하며 원두의 특징을 최대한 살려 로스팅을 했다는 점에서 특별하다. 커피 리브레의 등장은 국내에서 스페셜티 커피의 등장을 상징하는 사건이라고 할 수 있다.

프릳츠의 커피를 담당하는 5인의 대표들은 이런 커피시장의 발전 과정을 함께해왔다. 김병기 대표는 서필훈 대표와 함께 커피 리브레의 창업 멤버 중 한 명이며, 나머지 대표들도 커피 리브레, 카페 뎀셀브즈 등에서 일했거나 직간접적으로 연결점이 있었다.

예를 들어 송 대표는 뎀셀브즈의 에스프레소를 마시고 제대로 된 커피의 맛을 알게 되었고, 바리스타 대회 참가를 꿈꾸게 되었으며, 원두에 대해 제대로 공부하고자 스페셜티와 로스팅으로 명성이 자자했던 엘카페에서 일하게 되었다. 엘카페는 뎀셀브즈의 블렌드 마스터로 일하던 양진호 대표가 2010년에 차린 카페이다.

프릳츠의 대표들은 이처럼 우리나라 커피시장을 선도하던 업체들이 쌓아온 토양에서 꽃을 피웠다. 스폐셜티 시장은 당시 우리나라에서 가장 빠르게 성장하며 성장 잠재력도 높다고 평가받았던 시장이었다.

프릳츠가 몇 년 뒤에 오픈했다면 성공했을까?

프릳츠가 오픈한 2014년은 스타벅스 리저브가 국내에서 영업을 시작한 해이기도 하다. 앞서 말했듯 스페셜티 시장이 본격적으로 열리기 시작했을 때, 프릳츠 대표들은 충분한 경쟁력과 인적자본을 축적한 상태였다. 많은 사람들이 간과하는 사실이지만, 시장이 꽃피기 시작하는 시점에 사업에 필요한 역량과 경쟁력을 획득하는 것도 운이 필요하다.

스타벅스가 1999년에 진출하면서 커피 전문점의 붐을 일으켰지만, 국내에 진출한 최초의 외국계 커피 전문점은 일본의 도토루이다.

도토루는 1988년 서울 종로 2가에 1호점을 오픈하며 야심차게 진출했지만, 8년 만인 1996년에 경영부진으로 철수했다. 도토루는 왜 반향을 불러일으키지 못했을까? 여러 가지 이유를 들 수 있겠지만, 가장 큰 이유는 시장의 성숙도이다.

1988년은 해외여행 자유화 이전이었으며, 인스턴트 커피가 압도적인 시절이었고, 에스프레소 커피는 낯설기 짝이 없었다. 그렇다고 도토루가 우리나라 소비자들에게 잘 알려져 있거나 선망받던 브랜드도 아니었다. 즉, 시장이 커피 전문점을 제대로 받아들일 만큼 성숙하지 못했던 것이다.

비슷하지만 다른 예로, 시나몬롤로 유명한 디저트 브랜드인 시나본을 들 수 있다. 미국 시애틀의 시나본은 2001년 국내에 처음 진출했지만 소비자들에게 반응을 이끌어내지 못하고 철수했다. 하지만 2017년에 다시 들어왔을 때는 열광적인 반응으로 한때나마 사람들을 줄 세울 정도였다. 일본과 괌을 여행하는 사람들이 시나본 가게에서 인증 사진을 올릴 정도로, 소비자들의 태도가 달라졌기 때문이다.

소비자들이 상품과 서비스를 대하는 태도는 이처럼 시기에 따라 변한다. 그래서 상품과 서비스가 소비자들에게 관심을 받으며 인기를 얻는 시점과, 공급자가 경쟁력 있는 수준에 이르는 시점이 겹치는 데에는 운이 필요하다.

운은 어떻게 준비된 자를 선택하는가?

한번 상상해보자. 만약 프릳츠의 대표들이 스페셜티 커피시장에 진입한 시점이 2년 정도 늦었고, 공동창업을 결정한 시점도 2~3년 정도

뒤였다고 말이다. 그렇다면 현재와 같은 성공을 거둘 수 있었을까?

물론 실패하지는 않았을 것이다. 탄탄한 인적자본과 업계 영향력을 바탕으로 세운 업체이기 때문이다. 하지만 성공의 규모는 지금보다 작았을 것이다. 혹은 다른 업체가 지금의 프릳츠 자리를 차지했을 수도 있다.

경쟁력은 상대적이기에, 시점에 따라 가장 경쟁력 있는 누군가가 항상 있기 마련이다. 시장이 폭발적으로 성장하는 상황에서는 가장 경쟁력 있는 사업자가 가장 큰 혜택을 보게 된다. 그래서 표면적으로는 '준비된 자가 운을 잡는 것'처럼 보인다. 하지만 준비와 수련에는 시간이 필요하며, 시장이 폭발하는 시점은 내가 정하지 못한다.

그렇다면 내가 준비되었기에 운을 쟁취한 것인가, 아니면 운이 특정 시점에서 준비된 나를 선택한 것인가? 흥미롭게도 프릳츠에서 빵을 맡은 허민수 대표도 비슷한 이야기를 한 적이 있다.

〈BNC월드〉의 2016년 인터뷰에서 허 대표는 "후암동에서 합정으로 이전한 것 외에는 위기랄 것도 없었고, 윈도우 베이커리 시장이 팽창하던 때였고, 그 붐을 타고 '오븐과 주전자'도 큰 사랑을 받았다"라고 말했다. 겸손의 표현이라고 생각할 수도 있겠지만, 시기의 중요성을 언급했다는 점에 주목해야 한다.

허민수 대표는 19세에 베이커리에 입문하여 대학을 졸업하기도 전에 SPC그룹에 입사했다. SPC그룹에서 처음 들어간 곳은 샤니였지만, 몇 개월도 되지 않아 파리크라상연구소로 발령을 받았다. 파리크라상은 상품의 균질성을 중시하는 프랜차이즈의 특성과 철저한 계량이 중시되는 베이킹의 특성을 결합하여, 모든 것을 계량화하고 온도·습도 등의 변수들을 조절함으로써 빵에 관한 가장 뛰어난 기술력을 갖추고 있다는 평가를 받았던 곳이다. 커리어를 빨리 시작한 덕분에 동년배보다 긴 경력을 가졌고, 국내 최고의 베이킹 기업에서 기술과 노하우를 배운 셈이다.

2010년 2월 허 대표는 자신의 빵을 만들고 싶다는 생각으로 회사를 나와 '오븐과 주전자'를 열었다. 이 시기는 매우 특별한 시기였다. 1990년대와 2000년대는 프랜차이즈 베이커리의 전성시대였고, 기존 골목 빵집들을 하나씩 장악해가던 시기였다. 하지만 2000년대 후반 들어 프랜차이즈 베이커리에 싫증을 느낀 소비자들이 조금씩 등장했고, 2010년대에 들어서는 소비자들의 관심이 윈도우 베이커리로 옮겨가기 시작했다. 허 대표의 '오븐과 주전자', '오월의 종', '폴앤폴리나' 같은 빵집들이 인기를 얻기 시작한 시점도 바로 이때이다. 시장의 타이밍도 허 대표가 오픈하기에 좋은 시점이 된 것이다.

만약 프랜차이즈에 대한 소비자들의 선호도가 매우 높고 골목 빵집들이 밀려나던 2000년대 초반이었다면 어땠을까? 지금이야 허 대표가 베이커리 업계의 스타지만, 당시에는 유명세가 없었기에 소비자들의 관심을 얻기가 매우 어려웠을 것이다.

허 대표가 트렌드를 포착하는 예리한 눈을 가져서 일찌감치 변화를 감지하고 가게를 연 것일 수도 있다. 하지만 윈도우 베이커리 붐이 열린 덕분에 새로운 커리어를 시작하기 좋은 30대 초반이라는 나이에 남들보다 긴 업계의 경력과 경험으로 가게를 성공적으로 열 수 있었던 것이다.

만약 허 대표가 40대에 윈도우 베이커리 시장이 붐을 맞았다고 하자. 40대에 퇴사를 결정하고 가게를 차리는 결정은 쉽지 않았을 것이다. 그는 '오븐과 주전자' 창업 초기에 매일 새벽 4시에 일어나 16시간씩 일한 것으로 알려져 있는데, 40대의 체력으로는 그런 노동을 감당하기도 어려웠을 것이다. 그러므로 충분한 인적자본을 축적했을 때, 그에 걸맞은 시장이 열리는 것은 그야말로 행운이다.

겉으로 보면 그만큼 열심히 노력하고 준비했기에 운이 다가온 것으로 보인다. 하지만 운은 그런 것이 아니다. 운은 본질상 통제와 관리가 불가능하다. 사업의 시작은 내가 결정할 수 있지만, 알맞은 트렌드의 발생 시기는 내가 정할 수 있는 것이 아니다. 그래서 비즈니스의 성공에서는 운의 선택을 받는 것 또한 중요하다.

프릳츠의 성공을 통해 알 수 있는 것

프릳츠는 스페셜티 커피시장의 발전과 함께 빠르게 성장해왔다. 그리고 현재 중요한 기점을 맞이했다. 스페셜티 시장도 무한하지는 않기에 언젠가는 성장의 벽에 부딪히게 되어 있다. 그나마 커피농장과의 직거래는 관계가 중요하므로 아무나 막 뛰어들기 힘들다는 점이 경쟁에서 긍정적이기는 하지만, 경쟁이 갈수록 격화될 것이라는 점은 부인할 수 없다. 시장과 트렌드의 중심에 서 있을 때 얻게 되는 혜택이 끝난 이후가 문제이다.

규모의 문제도 있다. 소기업과 중기업의 운영은 많이 다르다. 소기업은 상대적으로 수평적이고 자유분방한 분위기와 자율성을 추구하기 쉽다. 기업을 궤도에 올리기 위해 눈앞의 문제를 해결하기에도 바쁘고, 업무영역을 명확하게 나눌 필요가 없기 때문이다. 하지만 규모가 커질수록 조직과 구조가 체계적이어야 하며 책임에 따라 위계를 형성할 수밖에 없다. 괜히 일정 규모 이상의 기업들이 관료제를 채택한 것이 아니다.

뛰어난 기업가이자 스타트업 투자자인 벤 호로위츠는 그의 책 『하드씽』에서 어느 회사든지 언젠가는 직위를 만들 수밖에 없는 가장 중요한 이유로 1) 직원들이 원한다, 2) 직원들끼리 누가 누구인지를 알아야 하기 때문이라고 한다. 회사가 성장할수록 직원들이 늘어나고 누가 누구인지를 알 수 없는 순간이 오게 된다. 직위는 그가 무슨 일을 하며 어떤 위치인지 알려주기에, 결국 관리를 위해서라도 직위를 만들게 된다는 것이다.

프릳츠는 대표들의 인적자본과 이를 통한 직원들의 인적자본 양성, 뛰어난 조직문화를 강점으로 삼고 있다. 월 1회 진행하는 '잘 되어가시날'이라는 이벤트가 대표적이다. 모두 한곳에 모여 서로를 확인하며 지난날을 점검하고 앞으로의 일을 준비하며 원활한 의사소통을 해나가는 자리이다.

프릳츠가 성장을 포기하고 현 수준을 유지한다면 이런 수평적이고 훌륭한 조직문화를 계속 유지할 수 있을 것이다. 하지만 규모가 커진다면 필연적으로 관리 문제가 발생한다. 대표들이 관리할 수 없는 영역이 발생하고, 위임을 해야 하는 순간이 오고, 책임관리 직원과 일반직원이라는 위계가 탄생한다. 또한 지금은 정기적으로 도화점에 직원들이 모여 프릳츠의 지향점과 가치를 공유하는 시간을 갖고 있지만, 성장을 지속한다면 점점 더 모이기가 어려워지고 그 효과도 낮아질 것이다.

프릳츠는 지금까지 분명 잘해왔고 가시적인 성과를 거두었다. 그러나 앞으로도 가시적인 성과를 이어나갈지는 두고 보아야 한다. 매장을 늘리거나 원두를 더 판매하는 것에도 한계가 있다. 따라서 더 많은 성장을 위해서는 가장 자랑스럽게 여겨왔던 장점을 포기해야 하는 순간이 올 것이다. 성장은 늘 그만한 대가를 요구하기 때문이다.

그렇다면 우리가 프릳츠의 성공을 통해 알 수 있는 것은 무엇일까?

인적자본의 축적을 통한 실력의 증진은 사업과 경쟁에서 필수적인 부분이다. 하지만 나의 인적자본으로 주도할 수 있는 시장이 열리는 시점은 내가 결정할 수 있는 부분이 아니라는 점이다. 그것은 어디까지나 운의 영역이기 때문이다.

노력하고 열심히 하면 그만큼 더 잘할 수 있다는 것을 모르는 사람은 없다. 하지만 내가 가장 잘할 수 있는 순간에 시장이 폭발적으로 성장하거나 열리지 않는다면 그 시장의 주도권을 쥐기는 힘들다. 프릳츠의 대표들이 대단한 점은 그 점을 명확하게 인지하고 다음을 준비하고 있다는 점일 것이다.

4

마켓컬리 :
아이디어가 좋으면 성공할 수 있는가?

'샛별 배송'. 이보다 마켓컬리를 잘 대변하는 단어가 또 있을까? 2015년에 등장한 마켓컬리는 신선식품 배송이라는 분야에서 큰 획을 남겼다. 지금은 새벽에 물건을 배송하는 이커머스 기업을 찾기가 어렵지 않다. 심지어는 이마트도 새벽 배송을 해주는 시대이다. 하지만 마켓컬리의 등장 이전에는 이런 서비스가 없었다.

마켓컬리는 신선식품 배송의 스타이며, 가장 핫한 기업인 만큼 매출 성장세도 어마어마하다. 창업 첫해인 2015년 매출은 29억 원이었지만, 2016년 174억 원, 2017년 465억 원, 그리고 2018년에는 1,571억 원을 기록했다. 4년 만에 약 50배 성장했으니 실로 대단한 성장세라고 할 수 있다.

어떤 점이 특별했을까?

많은 사람들이 샛별 배송이 마치 마켓컬리의 정체성인 것처럼 이야기하지만, 사실 샛별 배송은 그다지 특별하지 않다. 그렇게 특별한 서비스라면 경쟁자들이 뒤이어 새벽 배송 시스템을 구축하는 데에도 오랜 시간이 필요했을 것이다. 그러나 실제로는 얼마 되지 않아 새벽 배송 서비스를 복제해내는 데 성공했다.

마켓컬리가 특별했던 것은 어디에서도 보기 힘든 상품들이 있었기 때문이다. 예약조차 힘들다는 마장동의 프리미엄 한우 전문점 본앤브레드의 고기, 일찍 가서 줄을 서지 않으면 구경조차 힘들던 이태원 '오월의 종'의 빵 등이 바로 그것이다.

유통 채널의 특별함은 일차적으로 취급하는 상품에 달려 있다. 따라서 이렇게 특별한 프리미엄 상품들이 마켓컬리를 다른 이커머스 쇼핑몰보다 특별하게 만들었다고 할 수 있다.

또 하나는 상품들이 왜 특별한지를 설명해준다는 점이다. 다양한 선택권은 소비자에게 즐거움을 주지만, 이는 선택이란 것을 할 수 있을 때의 이야기이다.

올리브유를 사기 위해 대형마트에 갔던 기억이 난다. 국내 회사 제품부터 병에 담긴 수입제품까지 수십여 종이 있었는데, 어떤 차이가 있는지 도무지 알 수가 없었다. 선택을 도와줄 상품 간의 차이는 용기 모양과 라벨 디자인, 가격표의 숫자뿐이었다. 뭐가 뭔지 알 수 없는데 어떻게 선택을 하겠는가?

올리브유만 그런 것이 아니다. 대형마트에서 야채나 과일을 고를 때, 똑같아 보이는데 가격표만 달리 붙어 있는 상품들을 보며 고민해 본 적이 다들 한 번쯤은 있을 것이다. 물론 육안으로 차이점을 탐색하다 지쳐 결국 저렴한 물건을 고르는 것이 보통이지만 말이다.

온라인 쇼핑몰도 크게 다르지 않다. 온라인 쇼핑몰은 오프라인 매장에 비해 훨씬 다양한 상품군을 갖추고 있는데, 그래서 더 문제이다. 가짓수는 훨씬 많은데, 상품들의 차이를 알 수 없어서 결정을 내리기가 곤란하다.

과일, 채소, 축산, 수산물의 경우 그 곤란함이 더욱 커진다. 설명은 읽으나 마나이다. 모두가 신선하고 최고의 등급이며 맛이 좋다고 한다. 마치 관광지의 유명음식을 먹으러 갔더니 가게들이 하나같이 'XX년 전통', '원조'를 외치고 있는 것과 다름없다. 소비자의 선택을 돕기는커녕 더 어렵게 만드는 경우가 많다.

마켓컬리는 이러한 곤란을 해소해주었다. 제품군별 브랜드 수를 제한하여 선택지를 좁히고 각 상품에 설명과 스토리를 붙인 것이다. 상품을 골라 담는 과정이 덜 피곤하다. 뭐가 뭔지도 모르는 상품 중에서 하나를 고르는 것과, 설명 및 스토리가 더해져 특색과 차이가 생긴 상품 중 하나를 고르는 것은 큰 차이가 있다. 상품에 붙은 설명과 스토리는 선택을 좀 더 즐겁게 만드는 원천이기도 하다. 바로 이것이 마켓컬리를 더욱 특별하게 만든 것이다.

사업 기회를 만든 '불편'의 이면

마켓컬리의 성공을 이야기할 때는 두 가지가 반드시 거론된다. '불편을 사업 기회로 만든'과 '억대 연봉 직장을 버리고 창업한'이다. 전자는 여러 인터뷰를 통해 밝혀온 김슬아 대표의 창업 계기 때문이고, 후자는 화제성과 더불어 도전적인 기업가 정신의 면모를 보여주기에 좋은 스토리이다. 여기에 샛별 배송을 예로 들며 좋은 아이디어와 도전정신이 어우러지면 사업에 성공할 수 있다는 사례로 활용되기도 한다.

불편을 기회로 바꾸어 사업을 시작한 점은 대단한 일이고, 억대 연봉의 일자리를 포기한 것도 대단한 결정이다. 그러나 성공에 대해 좀 더 심도 깊은 이야기를 하려면 그 결정에 의문을 던져야 한다.

김 대표가 마켓컬리를 창업한 계기는 한국에서 맞벌이 주부, 워킹맘으로 살면서 장 보는 일이 너무 힘들었기 때문이라고 한다. 그녀의 전 직장들이 엄청난 근무강도를 자랑하는 기업들이니 그럴 법도 하다. 한편 온라인으로 주문하더라도 못 미더운 부분이 많았다고 한다. 신선식품의 경우 택배를 받는 시간과 퇴근 시간의 차이가 클수록 신선도를 잃는 문제가 있었다. 그래서 이런 부분을 자신이 해결하겠다는 생각으로 창업했다는 것이다. 직장생활을 하면서 장을 보는 사람들이라면 충분히 공감할 수 있는 이야기이다.

그런데 이는 사실 김 대표가 남들보다 훨씬 까다로운 사람이었기 때문이기도 하다. 그녀는 미식가이다. 미식가란 음식에 대해 특별한 기호와 성향을 가지고 좋은 음식을 즐기는 사람을 말한다. 좋은 레스토랑을 찾아다니고 음식의 맛과 조화를 중시하는 등 말이다. 하지만 김 대표는 그 정도가 아니었다. 장 보는 습관도 완전히 달랐다. 채소, 고기, 과일 등 품목별로 품질이 좋은 곳을 체크해두고 장을 보러 다녔고, 배우자인 정승빈 넥스트키친 대표가 "어떻게 매번 이렇게 할 거냐"라고 해서 서로 다투었다고 할 정도였다.[16]

일을 하면서 장을 보는 사람들은 많고 그로 인한 불편함은 누구나 있지만, 대부분은 각자 불편함을 감수할 수 있는 정도에서 타협한다. 하지만 김 대표는 스스로 번거로움과 불편함을 극대화했기에 불편의 수준이 남달랐다.

또 다른 이유는 김 대표가 무농약·유기농 식품을 먹는 사람이라는 것이다. 골드만삭스 재직 시 아토피 피부염과 부종이 생기고부터 식재료를 무농약·유기농 식품으로 바꾼 것이 시작이었다.[17] 거기에 남편인 정승빈 대표도 높은 업무강도로 인해 해치기 쉬운 건강을 유지하고자 무농약·유기농 과일로 클렌즈 주스를 만들어 먹는 사람이었다.[18]

지금도 그렇지만, 우리나라에서 유기농산물 시장은 대중적인 시장이 아니다. 가격이 비싸고 판매처도 제한적이며, 과거에는 더 심

16 "김익환이 만난 혁신 기업가(8) 김슬아 마켓컬리 대표", 〈포브스코리아〉, 2019년 10호.
17 "[人사이드 人터뷰] 워킹맘 '내일 뭐 먹지' 고민… '한밤의 식재료 배송'으로 날렸죠", 〈한국경제신문〉, 2016. 11. 4.
18 아이러니하게도 유기농산물의 건강에 대한 효과는 여전히 제대로 증명된 바가 없다. 유기농산물이 건강에 도움이 된다는 논문이 나오면 반박 논문도 곧이어 등장하기에, 증명되지 못한 논쟁거리로 머물고 있다. 물론 지속 가능성이란 측면에서는 인정을 받고 있다.

했다. 게다가 김 대표는 품질을 매우 깐깐하게 따졌기에, 주말에 장을 봐서 일주일을 보내는 일반적인 맞벌이 부부의 생활 패턴을 용납할 수 없었을 것이다.

이런 점에서 불편에서 사업 기회를 발굴한다는 말은 물론 맞지만, 그 불편의 크기는 사람에 따라 매우 다를 수 있다. 개인적 기질뿐만 아니라 경제적 지위와 여건도 반영된다. 음식과 맛을 즐기고 미식에 대한 열정을 보이는 것은 김 대표의 개인적인 기질이지만, 그것을 제대로 추구하기 위해서는 높은 소득이 뒷받침되어야 한다. 무농약·유기농 식품도 마찬가지다. 유기농 식품시장은 건강과 환경에 관심이 많은 고학력, 고소득자가 대상이며, 비싼 가격 때문에 소득이 낮을수록 관심을 가지기 힘들다.

그렇기에 사업 기회를 만든 그 '불편'은 경제적 지위와 개인적 기질의 결합이라고 할 수 있다. 아무에게나 보이는 것이 아니라 김 대표였기에 보인 불편이다. 고소득자가 아니라면 장볼 때의 불편보다 생활 속의 다른 불편이 머릿속을 차지할 가능성이 크고, 고소득자로서 고강도 노동을 하며 미식을 즐기더라도 장을 볼 때마다 구매처를 달리하는 번거로움을 감수하지는 않을 것이다. 거의 대부분의 사람들은 불편을 적정선에서 줄이는 것으로 삶과 타협하기 때문이다.

만약 당신이 김 대표만큼의 불편을 느껴서 사업 기회를 발견했다고 하자. 하지만 실행하는 것은 또 다른 문제이다. 자금, 인력 등은 어떻게 조달할 것인가?

누가 그 사업을 실행했는가?

마켓컬리는 2015년 5월에 랜딩했지만, 기업인 더파머스는 그해 1월에 설립되었다. 창업 자본금 5억 원 중에서 3억 원은 옐로우모바일 이상혁 대표의 투자금이었다.[19] 그리고 마켓컬리가 아직 콘셉트로만 존재하던 창업 2개월의 시점에서 DSC인베스트먼트로부터 50억 원을 투자받는 기염을 토한다.

당시 벤처업계에서 화제였던 이상혁 대표에게서 초기 자본금을 지원받은 것이나, 아직 콘셉트만 있는 상황에서 50억 원을 투자받은 것이나 절대 일반적인 경우가 아니다. 만약 이것을 보고 '마켓컬리의 아이디어가 그 정도로 훌륭했고, 아이디어를 알아보는 투자자들이 있었기 때문'이라고 생각한다면, 나는 이를 '인과관계의 오류'라고 말하고 싶다.

황장석 기자가 쓴 『실리콘밸리 스토리』에는 실리콘밸리가 본격적으로 탄생한 계기가 된 페어차일드 반도체의 공동 창립자이자 전설적인 벤처투자가인 유진 클라이너의 이야기가 소개되어 있다.

클라이너의 벤처투자 방식은 '제품만 아니라 사람을 보고 투자하라'이다. 사업 아이템과 아이디어보다 누가 그 사업을 실행하는지가 중요하다는 것이다. 실제로 그는 창업자의 배경과 경험 등을 파악하

19 "[마켓인사이트] 2개월 스타트업에 50억 베팅한 VC… 마켓컬리 '식품배송 혁신' 밑거름", 〈한국경제신문〉, 2018. 4. 23.

고 난 후에 사업 아이템을 면밀히 검토하도록 권했다. "말보다 기수가 중요하다"라는 실리콘밸리 벤처투자계의 격언도 이 연장선에 있는 셈이다.

우리도 클라이너의 조언대로 창업자의 배경과 경험을 살펴보자.

마켓컬리의 얼굴인 김슬아 대표의 이력은 널리 알려진 대로 매우 특별하다. 울산의 의사 부부 집안에서 장녀로 태어나 중학교 수석 졸업 후 민족사관고등학교 진학, 17세에 보딩스쿨인 루미스 채피 스쿨로 유학, 힐러리 클린턴의 모교인 웰슬리 칼리지에서 정치학을 전공하며 글로벌 컨설팅 기업인 BCG 인턴십에 참여하고, 골드만삭스 홍콩에서 첫 커리어를 시작하여 싱가포르 국부펀드 테마섹, 맥킨지 홍콩을 거쳐 베인앤컴퍼니 서울까지, 매우 화려하다.[20] 바로 이 특별한 이력이 그녀가 사업을 할 수 있었던 배경이기도 하다.

누구와 함께했는가?

김 대표의 커리어를 크게 둘로 쪼개면 투자골드만삭스, 테마섹와 컨설팅맥킨지, 베인앤컴퍼니으로 나눌 수 있다. 특히 컨설팅 업계의 주된 일이 기업의 문제를 해결하는 비즈니스 솔루션의 제공이란 것을 생각해보자.

기업으로부터 매우 비싼 컨설팅 비용을 받기 위해서는 사업 추진

20 "[그녀의_창업을_응원해]〈1〉 유엔서 일하고 싶었던 소녀, '한국의 홀푸드' 꿈꾸다", 〈서울경제신문〉, 2016. 11. 14.

과 계획, 숫자가 잘 갖추어진 보고서를 써야 한다. 이를 바탕으로 남이 하도록 제안하고 설득하면 컨설팅이 되고, 내가 하면 사업이 된다. 마켓컬리뿐만 아니라 요기요, 위메프맥킨지, 리멤버, 파운트BCG, 어메이징브루어리베인앤컴퍼니 등 2010년대 들어 탄생한 스타트업 중에 컨설팅 업계 출신들이 차린 회사가 흔한 것은 결코 우연이 아니다.

특히 컨설팅 업계 출신들은 투자업계와 서로 이직이 잦아서 자산운용사, 사모펀드 업계 등에도 다수 포진해 있다. 당장 김 대표부터가 투자와 컨설팅을 오갔다. 이러한 인적 네트워크는 자금 유치에 유리하게 작용한다.

옐로모바일 이상혁 대표에게 창업 자본금으로 3억 원을 받은 것이나, 콘셉트 단계에서 1~2억 원도 아닌 50억 원을 투자받을 수 있었던 데에는 이러한 배경을 빠뜨릴 수 없다. 더군다나 이상혁 대표가 지분 매각 전까지 대주주였던 만큼 그의 영향력도 있었을 것으로 추측할 수 있다이에 관해서는 뒤에 자세히 서술하겠다.

이는 투자금에만 국한된 것이 아니다. 인력 확보에서도 마찬가지다. 우선 공동 창업자인 박길남 이사는 김 대표와 베인앤컴퍼니 시절부터 함께한 동료로서 식품, 유통 분야의 컨설팅 경험이 풍부했다. 사내 맛집 동호회에서 함께 활동했고 음식에 관한 비슷한 취향과 성향을 공유했다. 적합한 인물이 가장 가까이에 있었던 셈이다.

마켓컬리의 핵심이라고 할 수 있는 물류 부분도 그랬다. 남편인 정승빈 대표는 김 대표보다 반년 정도 먼저 퇴사하여 유기농 클렌즈 주스를 배달하는 콜린스그린이라는 기업을 차렸다. 그런데 냉장운송

부분은 작은 주스업체가 직접 할 수 없었기에 데일리쿨이라는 업체를 이용했고, 이 업체의 이성일 대표를 김 대표에게 소개해준다.

당시 더파머스는 사업자등록증과 사무실, 사업 콘셉트가 전부였지만, DSC인베스트먼트로부터 50억 원을 유치받은 상태였다. 더파머스는 콜드체인 물류를 위해 데일리쿨을 인수하여 80여 대의 냉장차량을 운영하는 한편, 물류를 총괄할 로지스틱 리더로 이성일 대표를 임명한다. 이 외에 마켓컬리의 초기 인력들도 비슷한 방식으로 지인이거나, 지인의 지인이었다.

물론 창업가가 첫 기업을 차릴 때의 구성원은 지인들 위주일 수밖에 없기는 하다. 그리고 사람들은 대부분 자신과 비슷한 사람들과 주로 교류하고 어울린다. 출신 대학이나 밟아온 커리어, 소속 집단군이 어떻게 되느냐에 따라서 구할 수 있는 인력의 질도 달라진다. 그래서 김 대표의 특별한 커리어는 마켓컬리가 등장하기 위한 가장 중요한 자원이었다고 할 수 있다.

스타트업, 벤처기업은 생존율이 극히 낮기 때문에 기업의 성장과 생존에 도움이 되는 요소들을 모두 활용한다. 벤처투자가들이 투자에서 아이디어를 부수적인 요소로 여기는 것도 바로 이런 이유 때문이다.

지금도 수많은 스타트업들이 사업을 시작하지만, 대부분은 알려지지도 못하고 사라지고 묻힌다. 서비스가 좋으면 소비자들이 알아볼 것이라고들 하지만, 알지도 못하는 서비스를 어떻게 쓰겠는가? 먼저 사람들에게 알려져야 써볼 것 아닌가? 그래서 스타트업에는 멋진 스토리가 반드시 필요하며, 그 스토리를 만드는 것은 기업의 얼굴이 되는 인물들이다.

당장 떠오르는 기업 및 대표의 이름을 검색해보면 알 수 있다. 학벌이 좋다면 'XX대를 나와서 이런 일을 한다'라는 설명이 달리고, 커리어가 화려하면 '억대 연봉을 포기하고…'라는 설명이 붙는다. 자신의 일과 회사를 알려야 하는 기업의 대표와, 콘텐츠를 팔아야 하는 언론/미디어의 이해관계가 일치하기 때문이다.

특히 남의 돈을 투자받는 입장이라면 더 열심히 홍보해야 하는 상황이다. 레깅스로 유명한 애슬레저Athleisure 브랜드 '안다르'는 2018년 12월 220억 원의 투자 유치에 성공해 화제가 되었다. 공교롭게도 신애련 대표의 경우 이전까지는 패션 트렌드나 유통 기사에서 주로 이름과 발언 인용 정도가 나왔는데, 투자 유치를 기점으로 인터뷰와 방송 출연이 급증했다. 이를 단순한 우연이라고 보기는 어렵다.

다시 마켓컬리로 돌아오자. 마켓컬리는 사업 아이디어만큼이나 스토리도 훌륭하다. 30대 초반의 젊은 여성, 화려한 커리어, 맞벌이 부부, 맞벌이 생활에서 겪은 불편함을 사업 아이템으로 승화, 화려한 커리어에서 비롯되는 고액 연봉 포기 등. 좋은 아이디어와 서비스에 좋은 스토리의 결합이다. 이렇게 되면 서비스도 더 많은 사람들에게 쉽게 알려지고 이용을 유도할 수 있다.

마켓컬리의 성공은 비즈니스의 냉정한 현실을 잘 보여준다. 김 대표는 사업 아이디어뿐만 아니라 자원도 갖춘 사람이었다. 커리어를 쌓아오면서 사업 아이디어를 사업 모델로 발전시킬 수 있는 능력을 축적해왔고, 본인이 엘리트였기에 자금 및 인력 조달 측면에서 보통 사람들보다 더 나은 조건을 갖추고 있었다.

물론 사업에서 아이디어는 중요하지만, 이것을 발전시키고 실행할 자원이 없다면 머릿속에서 끝나버릴 수밖에 없다. 그래서 아이디어가 아니라 누가 실행하느냐가 중요한 것이다.

마켓컬리는 국내에서 현재까지 꾸준히 성장해온 대표적 유니콘 기업 중 하나로 꼽힌다. 현재까지의 상황으로 보자면 매우 성공적인 브랜드이고, 기업인 ㈜컬리도 성공을 거두었다고 볼 수 있다. 그렇다면 앞으로는 과연 어떨까?

취약한 지배력

마켓컬리의 취약점 중 하나를 꼽으라면 김슬아 대표의 지배력이 그다지 강해 보이지 않는다는 것이다. 이는 지분 때문이다.

더파머스의 2016년 감사보고서를 보면 보통주는 총 116,930주로 여기에 액면가 5천 원을 곱하면 5억 8,465만 원이다. 좀 더 상세히 살펴보면 2014년 12월 설립 당시 자본금은 3억 원으로 6만 주이나, 이듬해 2월과 3월에 걸쳐 세 번의 유상증자를 단행하여 총 116,930주가 된다. 그리고 2019년에 액면 분할하기까지 보통주의 주식 수는 유지되었다.

보통주의 지분율을 보면, 김슬아 대표가 최대주주가 아님을 알 수 있다. 옐로모바일의 이상혁 대표는 보통주 64,064주를 보유하고

마켓컬리의 주식 구성 기준: 2015년 12월 출처: 전자공시시스템(Dart)

	보통주	지분율	우선주
이상혁	64,064주	54.8%	
김슬아	32,221주	27.6%	
기타 주주	20,645주	17.7%	81,042주
합계	116,930주	100%	81,042주

보통주 증자 내역		
	날짜	주식수
기초	2015년 1월 1일	60,000주
유상증자	2015년 2월 14일	47,000주
유상증자	2015년 2월 17일	9,630주
유상증자	2015년 3월 18일	300주
합계		116,930주

있고, 김 대표는 32,221주를 보유하고 있다. 여기에 액면가 5천 원을 곱하면 김 대표가 납입한 자본금이 얼마인지를 알 수 있다. 1억 6,110만 5천 원이다. 수억 원의 연봉을 받은 전직 컨설턴트치고는 금액이 다소 소박하다. 이미 남편이 사업을 시작했기에 여유자금이 없었을 수도 있지만, 그것을 감안하더라도 지분 비율이 이상하다는 느낌이 든다. 스타트업/벤처기업의 창업자가 최대주주가 아닌 경우가 얼마나 되는가? 일반적인 상황이라면 창업가는 자신의 통제력인 지분율을 놓치지 않기 위해서 애쓰기 때문이다.

예를 들어 아마존은 1997년 8월 7일에 상장되었는데, 상장 전에 제프 베조스의 지분율은 48.3%였고 상장 후에는 43.1%로 하락한다. 현재는 증자와 이혼 등으로 인해 12%까지 낮아졌으나 여전히 최대주주이다. 그런데 마켓컬리는 사업을 시작할 때부터 김 대표가 최대주주가 아니었다. 매우 이례적인 일이다.

이것은 마켓컬리의 초기에 이상혁 대표의 영향력이 매우 컸을 가능성을 보여준다. 초창기에 이례적일 정도로 큰 투자금을 유치한 것에도 그의 영향력이 있었을 것이라고 추정할 수 있다. 주식의 60% 이상을 보유한 당시 스타트업계의 이슈메이커가 아무런 역할을 하지 않았을 것이라고 보기는 어렵다.

2017년에 이상혁 대표가 지분을 매각한 후 김 대표가 2018년 연말 보통주 기준으로 27.4%의 지분율로 최대주주가 되었지만, 이는 우선주를 포함하지 않은 경우이다. 우선주는 의결권이 없는 대신에 배당을 우선적으로 더 받는 주식이다. 그런데 스타트업 투자기업이 받는 우선주는 전환우선주와 전환상환우선주로서 보통주로 전환할 수 있으며 의결권이 포함되어 있다. 문제는 이 회사가 그동안 발행한 우선주가 보통주의 두 배 가까운 224,527주나 되기 때문에, 보통주와 우선주를 합쳐서 계산할 경우 김 대표의 의결권 비율은 9.56%까지 하락한다.

물론 2018년까지 총 여섯 번의 스톡옵션이 부여되었으므로 이것을 모두 행사할 경우, 김 대표가 가진 의결권의 비율은 커질 수 있다. 하지만 2019년에도 1천억 원과 350억 원의 투자를 받은 것을 감안한다면 의결권이 그리 커지지는 않았을 것이다. 대표이사의 의결권이 낮을 경우 기업에 미치는 영향력이 약하며, 다른 주요 주주들에게 쉽게 영향을 받는다. 더구나 주요 투자자들인 벤처캐피탈들의 목표는 몇 년 안에 엑시트Exit, 투자 후 출구전략를 통해 자금을 회수하고 투자수익을 거두는 것이다. 더브이씨The VC에 따르면 마켓컬리가 2019년까지 투자받은 금액은 총 2,228억 원이 넘는다. 투자사마다 진입 시점과 입장이 다르긴 하지만, 총 투자금액과 시간 등을 고려하면 적어도 4천억 원 이상으로 매각하지 않으면 아쉬울 수밖에 없다.

2019년 마켓컬리가 1,350억 원의 투자를 유치하면서 평가된 기업가치는 약 6천억 원이지만, 기업가치는 매우 변동적이며 그 가격으로 살 구매자가 없으면 폭락한다.

기업가치와 실제 매각가는 엄연히 다르다. 공유 오피스 플랫폼인 위워크WeWork는 2019년 초 기업가치가 무려 470억 달러로 평가되었지만, IPO기업공개 추진과정에서 사업모델과 지배구조에 대한 의문이 일어서 무산된 결과 100~120억 달러 정도로 추정될 정도로 폭락했다. 그래서 '위워크의 기업가치 470억 달러는 투자자인 소프트뱅크가 만든 소설'이라는 평가가 나오기도 했다.[21] 2019년 초와 그해 말의 기업가치가 이처럼 극단적으로 변한 것은 위워크의 정보가 공개되면서 그 값에 사줄 구매자가 사라졌기 때문이다.

엑시트의 다른 방법으로는 주식시장 상장을 위한 기업공개인 IPO가 있다. 그러나 여기서도 대표이사의 낮은 지분율은 문제가 될 수 있다. 투자자들은 기업이 상장 후 크게 성장할 것을 기대하고 투자하기에, IPO에 참여한 기업가의 강력한 카리스마도 필수적이다. 이커머스의 대표주자인 아마존과 제프 베조스가 그 예이다.

제프 베조스는 아마존이 IPO를 하고 상장한 1997년에 발행한 주주서한에서 단호하고 신념에 찬 문구로, 아마존의 목표가 단기적

21 "WeWork's $47 billion valuation was always a fiction created by SoftBank", CNBC, 2019. 10. 22.

성과가 아닌 장기적 가치임을 강조했다. 현재 시각으로 보면 그 주주서한에서 목표로 하고 있는 가치들을 달성하기도 했다.

아마존이 장기적 관점으로 주주들에게 비전을 제시할 수 있었던 것은 제프 베조스의 지배력이 매우 강했기 때문이다. IPO 직후 그의 지분율은 43.1%로, 자신이 원하는 것을 실행할 지분율과 지배력이 있었다. 만약 지분율이 작았다면 아무리 장기적 비전을 가진 훌륭한 경영자라고 하더라도 장기적 목표를 추진하기가 사실상 불가능했을 것이다. 그러므로 김 대표의 지분율이 상대적으로 낮다는 점은 마켓컬리의 장기적인 성장과 성공이란 측면에서 불리한 요소이자 취약점이라고 볼 수 있다.

차별성이 왜 약화되는가?

마켓컬리의 또 다른 취약점은 그동안 장점으로 내세워온 강점들이 약점으로 변하고 있다는 것이다. 마켓컬리의 아이디어 콘셉트를 최대한 단순히 요약하면 '상품에 까다로운 CEO가 직접 고른 좋은 상품들을 소비자들에게 최고의 품질 상태로 편하게 배송한다'였다. 프리미엄 상품 큐레이팅도, 샛별 배송도 모두 이러한 콘셉트에서 이루어진 서비스들이다.

프리미엄 상품들은 마켓컬리를 매우 특별한 곳으로 만들었다. 실제로 마켓컬리의 매출이 급격하게 신장한 시점은 유기농 채소가 아니라 본앤브레드, 커피 리브레, 오월의 종을 차례로 입점시키면서부터였다. 이런 프리미엄 브랜드를 직접 찾아가지 않아도 만나볼 수 있다는 점에서 초창기부터 '강남 엄마들의 필수 앱'이라는 별명으로 알려질 수 있었다.

그러나 프리미엄 상품의 공급량은 제한적이기에 늘리는 데 한계가 있다. 공급의 한계는 마켓컬리가 성장할수록 취약점이 되어버린다. 초기 이용자가 적을 때에는 프리미엄 상품을 원하는 때 필요한 만큼 구매할 수 있었다. 하지만 공급량은 한정적인데 이용자가 늘어나면서 문제점이 노출되기 시작했다. 프리미엄 상품의 구매에서 소비자들끼리의 경합이 발생해서 품절되어 못 사는 현상이 일어난 것이다.

2018년 하반기부터 소비자들 사이에서 하나둘 불만이 나오다가, 그해 전지현 배우를 모델로 한 광고가 방송되고 가입자와 이용자가 폭증하면서 불만 또한 폭발해버렸다. 특히 초창기부터 이용해오던 이용자들의 불만은 더 클 수밖에 없었다. 그래서 품절된 상품을 구하기 위해 경쟁사의 홈페이지로 몰려가는 현상까지 벌어졌다. 오죽하면 '전지현 광고'의 진짜 승자는 광고 한 번 안 하고 이용자를 확보한 경쟁사라는 이야기까지 나왔을 정도이다.

물론 마니아층을 대상으로 한 서비스가 대중적인 서비스가 되면 기존 마니아층이 떨어져나가는 것은 매우 흔한 일이다. 마치 인디밴드가 대중적인 가수가 되면 골수팬을 자처하던 사람들이 "나만 좋아하던 밴드였는데 이제 다들 좋아하는 걸 보니 마음이 떠난다"라고 하는 것처럼 말이다. 그러나 마켓컬리는 인디밴드가 아니라 유통업체이다. 성장하면 할수록 경쟁자와의 차별성이 사라지는 문제가 있기 때문에 이는 취약점이 된다.

플랫폼 비즈니스의 균형

쿠팡, 넷플릭스, 아마존 같은 플랫폼 비즈니스는 시장에서 지배적인 과점 경쟁자가 되어 강력한 영향력을 가지는 것을 목표로 한다. 시장에서 지배력을 가질 정도로 거대해지면, 규모의 경제가 생겨 경쟁자보다 싸게 팔아도 수익이 나며, 경쟁자의 시장 진입이 어려워져 경쟁적 우위를 계속 누릴 수 있다. 그래서 대부분의 플랫폼 비즈니스는 초기의 적자를 감수하더라도 계속 성장을 추구한다.

플랫폼들의 경쟁은 경제학에서 과점시장 모델로 분석할 수 있다. 그중에서도 물류/유통의 경우는 동질적 재화의 과점시장 모델에 가깝다. 이는 물류와 유통의 성격 때문이다.

잘 알려져 있다시피, 물류/유통망 구축에는 매우 큰 비용이 든다. 우리는 유통과 물류를 기껏해야 물건을 실어 배달하는 것이 뭐가 어렵냐며 우습게 여기는 경향이 있다. 하지만 이것은 "책상에 앉아 키보드나 두드리는 것이 뭐가 어렵냐"라고 하는 것과 같다.

단순하게 생각해봐도, 물류는 차량과 창고 등의 장비 및 시설비라는 고정비뿐만 아니라 포장비·인건비 등의 변동비도 높으므로 흑자를 달성하는 규모의 경제를 이루기가 매우 어렵다. 또한 규모의 경제를 이루더라도 차량의 배차와 운행코스 등을 최적화하고, 상품의 분류와 집하·보관에서 효율을 높여야 하는 기술산업이자 대규모 자본이 드는 산업이다. 더구나 택배비를 기준으로 보자면, 물류업은 15년 동안 제대로 된 가격 인상을 하기도 어려웠다.

유통에서 물류는 필수적이지만, 이러한 특성으로 인해 어지간한 규모의 기업이 아닌 이상 직접 물류를 운영하는 것은 엄두조차 내기 힘들다. 게다가 물류를 처음부터 구축하는 경우라면 엄청난 투자와 비용이 든다. 쿠팡이 물류에 많은 돈을 투자하고 있으면서도 여전히 적자를 내고 있는 것도 그런 이유에서다.

따라서 기껏 비싼 돈을 들여 구축한 물류망으로 특정한 소수의 상품만 취급한다면 이는 낭비이다. 그래서 다양한 상품을 취급하다 보면 중장기적으로는 취급하는 상품들이 비슷해져서 사실상 동질적 재화를 취급하는 것이나 다름없게 된다. 물류 플랫폼 기업들이 동질적 재화를 판매하는 과점시장 모델을 따르는 것은 바로 이 때문이다.

동질적 재화를 판매하는 시장에서 경쟁자들은 가격경쟁인 버트란드 모델Bertrand Model, '베르트랑 모델'이라고도 한다대로 흘러간다. 판매하는 상품들이 비슷하다면 차별성을 내세울 수 있는 부분은 가격밖에 없기에 더 싸게 팔지 않으면 이길 수 없다. 그래서 상품의 가격은 기업의 한계생산비용 수준까지 하락한다.

실제로 우리는 이러한 현상을 목격한 적이 있다. 1990년대 말과 2000년대 초반에 벌어졌던 대형마트 사이의 가격경쟁이 그것이다. 당시 대형마트들은 경쟁사에 비해 더 비싼 상품이 있으면 차액을 보상해주는 서비스를 운영하면서까지 극한의 가격경쟁을 했다. 판매하는 상품들 간에 차이가 전혀 없었기 때문이다.

이론상으로는 한계생산비용이 가장 낮은 기업이 가장 낮은 가격 수준을 유지할 수 있으므로, 그보다 가격이 높은 기업들은 가격경쟁력에서 밀려 도태되기 마련이다. 하지만 현실의 기업들은 그렇지 않다. 대형마트마다 입지와 접근성에 따라 이용에 차이가 있다. 그래서 기업 차원에서 보면 한계생산비용이 차이가 나더라도, 대형마트 회사 하나가 시장 전체를 장악하는 것이 아니라 3개 사가 적당히 규모를 유지한 상태로 돌아갈 수 있었다.

또한 극한의 가격경쟁을 계속하는 것은 시장의 경쟁자들 모두가 피곤한 방식이기에 상품의 차별화를 추구하게 된다. 다른 곳에 없는 제품을 팔아야 소비자들이 오기 때문이다. 이런 점에서 보면 대형마트에서 PB상품과 PB브랜드가 등장하는 것은 필연적일 수밖에 없었다. 그런데 이는 오프라인 유통 플랫폼의 이야기이다. 온라인 플랫폼은 상황이 다르다. 온라인 유통 플랫폼은 입지라는 것이 존재하지 않으므로 훨씬 더 동질적 재화시장에 가깝다. 따라서 '누가 먼저 규모를 달성하느냐'의 경주가 펼쳐지고, 가격과 서비스 경쟁이 일어난다.

다만 온라인 유통 플랫폼들은 오프라인 유통 플랫폼과는 달리 초기에는 사업자 간의 차이가 있기 마련이다. 그것은 스타트업의 성장 방식 때문이다. 경쟁자보다 하나라도 강점이 있어야 더 높은 성장성을 인정받아 더 많은 투자를 유치할 수 있고, 그 투자금을 연료로 더 파격적인 가격과 서비스 경쟁을 펼쳐 시장을 장악해나갈 수 있다. 쿠팡의 로켓 배송, 마켓컬리의 샛별 배송과 프리미엄 상품을 이용한 차별화를 떠올리면 이해가 쉬울 것이다. 마켓컬리의 이야기로 다시 돌아와보자.

마켓컬리의 미래는 어떨까?

분명 마켓컬리는 초기에 이러한 차별화를 통해 소비자와 투자자로부터 주목을 받았다. 하지만 비싼 돈을 들여 물류망을 구축하고 이용자도 늘어났지만, 폭발적인 성장을 이어갈수록 프리미엄 상품은 쉽게 품절되고, 이제는 그보다 일반적인 다른 상품들도 취급함으로써 경쟁사와의 차별적 요소를 점점 잃게 된다.

이러한 문제를 해소하기 위해서는 대형마트들과 동일한 선택을 할 수밖에 없다. PB상품 등의 독자상품을 키우는 것이다. 실제로 마켓컬리는 초기부터 센트럴키친이라는 자회사를 만들어 PB식품을 만드는 데 주력해왔고, 현재도 PB상품의 비율을 계속 늘려가고 있다.

하지만 이러한 차별화보다 성장에 따른 동질화가 더 빠르게 진행되고 있다. 이미 경쟁자들은 새벽 배송 시스템을 도입했고, 오프라인 유통 기업들도 온라인화를 진행하고 있다. 현재 시점에서 신세계의 SSG와 마켓컬리가 큰 차이가 있다고 할 수 있을까?

마켓컬리는 2019년 9월 국토교통부로부터 택배화물 운송사업자 지정을 받았고, 그해 10월에 열린 주주총회에서 통신판매 중개업과 물류 컨설팅 및 물류 관련 서비스업 등의 사업 목적을 추가했다. 이는 오픈마켓과 3자 물류업을 염두에 둔 움직임이다.

오픈마켓을 추진하는 경우, 마켓컬리의 경쟁자로 11번가, G마켓,

네이버쇼핑 등이 추가된다. 서비스는 갈수록 동질화되는데, 새로운 경쟁자는 더 거대하고 보유 자원도 많은 상황이다. 또한 마켓컬리가 자랑하는 콜드체인 유통도 물류를 담당하던 이성일 리더가 나와 팀프레시를 창업하면서 경쟁자로 등장한 상황이다.

마켓컬리가 현재까지의 성공을 거둔 것은 김슬아 대표와 인적 및 물적 자원들이 경쟁자에 비해 특별했고, 그 자원들이 마켓컬리만의 특별한 아이디어를 실행하는 데 밑바탕이 되었기 때문이다. 그 차별화된 특별함이 마켓컬리를 지금의 위치로 이끌어왔다. 하지만 아이러니하게도 성장할수록 시장에서 존재감이 옅어지고 동질화로 강점이 상실되는 취약점이 드러났다.

물론 이것은 지금까지의 이야기일 뿐이다. 언제나 문제에는 해결책이 존재하기 마련이고, 어떻게 대처하고 해결하느냐에 따라 취약점은 다시 강점이 될 수 있다. 사람의 미래를 쉽게 단정 짓기 어려운 것처럼, 기업의 미래 또한 마찬가지다.

우리는 마켓컬리의 성공사례를 통해 비즈니스의 성공에서 아이디어는 부차적인 요소라는 것을 알 수 있다. 마켓컬리의 아이디어가 훌륭한 것은 사실이지만, 이 아이디어가 실행될 수 있었던 것은 김슬아 대표와 마켓컬리가 초기에 보유한 자원들이 충분했고 그 자원들을 잘 활용했기 때문이다. 그리고 앞으로 마켓컬리가 당면한 문제들을 어떻게 대처해나갈지 살펴본다면 성공을 이해하는 데 도움이 될 것이다.

5

스타일난다 :
재능이 시대를 제대로 만났을 때 벌어지는 일

스타일난다의 성공에서 키워드를 꺼내자면 다음과 같을 것이다. 온라인 쇼핑몰 1세대, K-뷰티 붐의 선두주자, 로레알, 그리고 6천억 원.

스타일난다는 처음 등장했을 때부터 10~20대 여성들로부터 높은 인기를 얻으며 고공행진을 했고, 당시 인터넷 쇼핑몰 매출 순위에서 항상 1위를 달렸다. 비슷한 시기에 등장한 인터넷 쇼핑몰들이 무척 많았고, 그중에는 연예인이 자신의 이름을 걸고 운영하는 곳도 있었지만 이후 대부분 사라졌으며, 스타일난다만큼 오랫동안 인기를 유지한 곳은 없었다.

2세대 이후도 마찬가지다. 스타일난다가 시장에서 큰 성공을 거두면서 수많은 후발주자들이 등장했지만, 스타일난다처럼 성공한 곳은 없다. 시야를 벤처와 스타트업까지 확장해도 이 업적은 흔들리지 않는다. 21세기에 우리나라에서 등장한 거의 모든 벤처, 스타트업들을 발아래에 둘 수 있을 정도로 어마어마한 획을 그은 기업이다.

그러나 스타일난다의 성공에서 6천억 원이라는 금액에 포커스를 두면 그 성공을 제대로 이해할 수 없다. 김소희 대표 개인과 그 시대를 같이 보아야 한다.

우선 언론을 통해 알려진 스타일난다의 궤적과 성과를 살펴보자. 다음의 이야기는 지금까지 나온 김 대표의 인터뷰 기사 내용을 바탕으로 재구성한 것이다.

신화가 되기까지

김소희 대표는 인천에서 상업고등학교를 나와 전문대학을 다니다가 비서로 취직했다. 그런데 일한 지 일주일도 되지 않아서 사장님에게 "너는 회사일이 맞지 않는다"라는 말을 들었다고 한다.

특이한 것은 김 대표 또한 이 말을 듣고 '나는 직장인을 할 타입은 아니다'라며 같은 결론에 도달했다는 것이다. 이는 좋아하는 것은 죽어라 파지만, 싫어하는 것은 죽어도 못하는 성격 탓이었다고 한다. 중학교 때 공부에 흥미를 잃은 것도, 취직을 하고 일주일도 안 되어 그만둔 것도 그런 성격 때문이었다.

그런 김 대표가 정말 좋아하던 것이 바로 옷이었다. 어릴 적부터 옷을 직접 골라 입었고, 집에 있는 재봉틀로 강아지 옷을 만들기도 했으며, 용돈을 받으면 동대문으로 달려가서 몇 시간씩 옷을 고르느라 여념이 없었다고 한다.

직장생활은 안 맞고 어릴 적부터 옷을 무척이나 좋아했으니, 하고 싶은 일은 하나로 좁혀질 수밖에 없었다. 바로 옷 장사였다. 지하상가에 가게를 얻어 옷 장사를 하고 싶다고 며칠을 어머니에게 울고불고 하며 졸랐다. 그러나 속옷 장사를 하셨던 어머니는 장사, 그것도 옷 장사가 얼마나 어려운 일인지 알고 있었기에 극구 만류했다.

직장생활은 도저히 못 하겠고, 옷 장사는 어머니가 막은 상황. 앞으로 무얼 하고 살아야 할지 고민할 수밖에 없었다. 그러던 어느 날, 어머니를 따라 동대문에 갔다가 본인이 입으려고 베이지색 트위드 재킷을 하나 사왔는데, 주변인들의 반응이 "중고로라도 사고 싶다"라고 할 정도로 아주 좋았다. 그래서 중고상품을 팔 수 있는 인터넷 쇼핑몰 옥션에 트위드 재킷을 올려보았더니 7만 원에 팔렸다.

트위드 재킷이 팔리는 것을 보고 신기했던 김 대표는 그때부터 동대문에서 자신이 고른 다른 옷들을 하나씩 올려보았다. 역시 빠른 속도로 팔려나갔다. 지하상가에서 옷을 팔고 싶어 했던 그녀는 그보다 훨씬 좋은 인터넷이란 자리를 얻었다. 그렇게 2004년부터 동대문에서 옷을 떼어다 옥션에 올려 팔기 시작했고, 어떤 달은 1천만 원을 벌 정도로 잘 팔렸다. 이때 김 대표는 자신의 감각에 시장성이 있다는 것을 깨달았다고 한다. 무엇을 할지는 이제 확실하게 정해졌다.

매일 8시면 동대문으로 가서 옷을 고르고 다시 집으로 돌아와서 옷 사진을 찍어서 옥션에 올리고, 팔리는 대로 포장을 하고 배송을 맡겼다. 이 모든 것을 혼자 하려니 쉽지 않았다. 잠도 하루 세 시간 정도밖에 못 잤다. 옷 장사를 반대했던 어머니도 점차 일을 거들어 옷을 접고 개는 일을 시작했다. 그리고 2005년 1월에 김 대표는 드디어 옥션을 벗어나 독립적인 쇼핑몰 사이트를 오픈한다. 그게 바로 '스타일난다'였다.

스타일난다의 이후는 우리가 모두 잘 아는 바이다. 2007년 개인사업자에서 법인으로 전환하고, 2009년에는 이후의 성공에 가장 큰 역할을 하는 코스메틱 브랜드 3CE3 Concept Eyes를 런칭한다. 2010년에는 다국어 사이트를 오픈하여 해외판매를 본격화했고, 2012년에는 홍대 상권에 오프라인 매장을 세우고, 롯데백화점 영플라자 명동점에 입점하면서 오프라인 진출의 해로 만들었다. 2013년부터는 수많은 오프라인 매장과 해외 진출을 이루어냈으며, 2018년 로레알이 스타일난다를 6천억 원에 인수하면서 이 거대한 성공은 말 그대로 신화가 되었다.

| 제2의 스타일난다는 왜 나오기 어려울까? |

스타일난다의 성공이 특이한 점은 다른 성공 사례에 흔히 등장하는 전략, 목표, 비법 같은 것이 무의미하다는 것이다. 그리고 누구보다도 김소희 대표 본인이 성공의 비결을 명확하게 잘 알고 있다는 것이다.

2016년의 인터뷰 기사를 보면, 김 대표는 "내 힘이나 전략 때문에 거둔 성과가 아니니, 성공이란 말과 목표란 말을 자제해달라"라고 말한다.[22] 사업계획서도 없고, 매출 목표도 없으며, 노하우에 관해서는 '정말로 없다', '항상 즐겁게 하고 있다'라고 답하는 것이 전부이다.[23] 심지어 성장의 비결에 대해서는 "협력사에 줄 것을 주고, 고객에 받을 거 받고, 국가에 낼 거 내면 성장하던데요?"라고 답할 정도이다.[24]

이 모든 것이 겸손이나 이미지를 위한 대답이라고 생각한다면 잘못 생각한 것이다. 겸손이 아니라 솔직한 이야기이고, 들여다볼수록 패션과 스타일에 관한 김 대표의 순수한 재능이 관찰되기 때문이다.

애초에 김 대표가 사업을 시작하게 된 계기부터가 그렇다. 본인이 입으려고 산 옷인데, 너무 예쁘니 팔라는 말에 판 것이 시작이다. 이후에 김 대표가 골라온 옷들도 잘 팔릴 것 같은 옷이 아니라, 자신이 입으면 예쁘겠다고 생각되는 옷들이었다. 본인의 취향과 당시의 시장성이 완벽히 일치하는 경우였다.

더군다나 옥션에서 사업을 시작한 2004년에 김 대표는 21세였다. 본인이 20대 초반이었기에 자기 취향으로 고른 옷들이 20대 초반, 혹은 10대 후반 여성들에게 잘 맞았다. 가격적인 측면에서도 본인이 아르바이트로 번 돈으로 옷을 사왔던 만큼, 비슷한 연령대의 여성들이 살 수 있는 적당한 가격대를 제시했음은 물론이다.

정형화된 스타일이나 콘셉트가 있는 것도 아니었다. 오히려 그때

22 "[J가 만난 사람] 6개월 만에 립스틱 70만 개, 여성 입술을 훔친 이 여성", 〈중앙일보〉, 2016. 8. 24.
23 "'스타일난다' 제3 전성기 연다!" 〈패션비즈〉, 2017. 12.
24 "국내 여성의류 쇼핑몰 1위 스타일난다 김소희 대표", 〈포브스코리아〉, 201609호

그때의 트렌드에 맞는 예쁜 옷을 가장 빠르게 파는 쪽이었다. 이 부분은 사람에 따라 다소 의외로 여길 수 있는 부분이다. 일반적으로 알려진 스타일난다의 콘셉트와 스타일은 속칭 '센 언니' 스타일로 꽤나 과감한 스타일이었다. 하지만 그것은 스타일난다가 창업할 당시에 이효리와 패리스 힐튼의 스타일이 유행일 때라서 그런 옷들이 많았던 것이다.[25]

지금이야 인스타그램이나 유튜브, 다양한 패션 채널들이 활성화되어 소비자들이 다양한 방법으로 패션에 대한 정보를 얻을 수 있다. 하지만 2000년대 중반에는 지금과 상황이 많이 달랐다. 스마트폰도 없었고[26], SNS란 개념도 없었으며, 블로그는 전성기를 맞이하기 전이었고, 싸이월드 미니홈피가 더 대중적이던 시절이었다. 10대 후반, 혹은 20대 초반의 여성들이 패션 잡지를 제외하면 패션에 대한 정보를 접할 곳이 별로 없었다. 꾸미고 싶어도 어떻게 꾸며야 할지 참고할 만한 것도 부족한 상황이었다. 그런 상황에서 등장한 것이 바로 스타일난다였다.

소비자군과 비슷한 나이, 소비자들을 리드할 수 있는 패션 감각과 센스는 김소희 대표의 재능이자 강점이었다. 그런 감각을 트렌드에 맞게 녹여내 옷을 골랐으니, 소비자들이 마니아가 되는 것은 당연한 일이었다. 시장조사를 할 필요도 없었다. 김 대표가 가진 스타일과

25 "[Why] 그녀가 고른 동대문 옷, K패션이 되다", 〈조선일보〉, 2018. 2. 3.
26 제대로 된 스마트폰이 국내에 처음 보급된 시점은 아이폰3GS가 판매를 시작한 2009년 12월의 일이다.

재능에 소비자들이 끌리는 것이었으니 말이다. 그러니 김 대표가 말한 대로 "노하우는 없다", "항상 즐겁게 하고 있다"가 답이 될 수밖에 없다. 김 대표는 옷을 팔아서 돈을 많이 버는 것보다는 자신이 고른 옷들이 소비자들의 취향을 제대로 충족하는 것에 정말로 즐거움을 느꼈던 것이다.

흥미롭게도 일부 전문 투자자들에게도 이러한 성향이 발견된다. 대부분의 투자자는 돈을 버는 것이 목표지만, 일부 투자자들은 자신의 전망과 시장의 방향이 일치하는 데에서 즐거움을 얻는다. 투자가 성공하여 버는 돈은 전망이 들어맞은 것에 대한 증거물이자 보상인 셈이다.

인터뷰를 통해 확인할 수 있는 김 대표의 성향도 이와 비슷해 보인다. 자신의 안목과 취향이 소비자들의 요구와 일치하는 것을 가장 큰 즐거움으로 여기고 있으니 말이다. 이를 이해하면 더 이상 제2의 스타일난다가 등장하기 어려운 이유도 이해할 수 있을 것이다.

옷이 아니라 스타일을 판다

스타일난다는 라벨갈이를 하지 않는 것으로 유명하다. 라벨갈이는 온라인 쇼핑몰 업계의 관행 중 하나로서, 쇼핑몰 업체가 다른 곳에서 상품을 매입한 후 자신의 브랜드명이 찍힌 라벨로 갈아 끼워 더 비싼 가격에 판매하는 것이다.

2019년 인플루언서들이 운영하는 쇼핑몰들이 논란이 되었던 것도 바로 이런 부분이었다. 하지만 더 많은 수익이 아니라 소비자들의 취향을 저격하는 즐거움이 목표라면, 여기에 굳이 매달릴 필요가 없다. 2018년 김 대표가 〈조선일보〉와 진행한 인터뷰에서 "우리 옷이 동대문 옷인 걸 다 아는데 라벨갈이를 왜 하나요?"라는 반응을 보인 것도 그런 이유로 볼 수 있다.

또한 스타일난다가 쇼핑몰 업계의 또 다른 관행 중 하나인 디자인 카피에서 비교적 자유로웠던 것도 이와 관련이 있다. 업체들 중에는 해외 명품의 디자인을 그대로 베끼거나, 다른 곳에서 잘 팔리는 디자인을 동일하게 흉내내는 경우도 있었다. 그러나 스타일난다가 이런 행위를 굳이 하지 않았던 것은 옷이 아니라 김소희 대표의 스타일을 파는 곳이었기 때문이다.

이런 재능과 행적은 스타일난다가 장기간 인터넷 쇼핑몰 1위를 유지하고 해외에까지 통할 수 있었던 기반이 되었다. 다른 곳의 디자인을 베끼는 쇼핑몰이라면 자신만의 스타일이 희박하다는 이야기이다. 이는 인플루언서들을 기반으로 하는 쇼핑몰들에서 더욱 두드러진다. 어디서 본 듯한 디자인을 인플루언서 개인의 영향력과 호감으로 덮으며 판매한다면, 판매도 온전히 인플루언서의 영향력 내로 한정될 수밖에 없다. 더군다나 해외 명품을 베껴온 것이라면 다시 해외로 팔 수도 없다. 이것이 바로 스타일난다와 견줄 만한 곳이 없는 이유이다.

| 룩북 형태는 어떻게 새로운 사업 기회가 되었을까? |

지금이야 거의 모든 여성의류 인터넷 쇼핑몰들이 홈페이지를 마치 잡지나 화보처럼 꾸민 룩북Look Book 형태[27]가 일반적이지만, 스타일난다가 처음 등장했을 때는 그렇지 않았다.

스타일난다는 쇼핑몰 홈페이지를 룩북처럼 꾸며 자신만의 스타일을 표현해왔다. 단순히 옷 사진을 올려둔 것이 아니라 옷을 입은 스타일을 전시했기에, 옷을 사지 않아도 들어가서 볼 것이 많았다. 일종의 인터넷 패션 잡지의 기능까지 했던 것이다.

룩북 형태의 쇼핑몰을 꾸민 최초의 사업자가 누구인지는 알 수 없지만 그것을 가장 잘 활용한 곳은 스타일난다였다. 이는 스타일난다에 새로운 사업 기회를 안겨주었다.

김 대표의 말에 따르면, 초기 스타일난다의 스타일은 2000년대 중후반 이효리와 패리스 힐튼의 트렌드를 따른 과감한 스타일이었다. 그런데 그 옷만 입으면 스타일난다의 그 느낌을 연출할 수 있을까?

개인적인 흑역사인데, 나는 20대 초반 군복무 시절에 남성 잡지에 나온 특정 스타일에 제대로 꽂힌 적이 있다. 굉장히 화려한 드레스 셔츠가 베이스가 되는 스타일이었다. 그게 인상에 제대로 박혀서 제대 후에 옷을 사러 갔을 때, 한번 그와 비슷한 스타일의 셔츠를 입어 보았다. 그리고 거울을 보고 나서야 '눈 버렸다'는 말이 무슨 말인지

27 특정 브랜드나 디자이너의 성향, 스타일, 성격 등을 보여주는 홍보용 사진집.

를 깨달았다. 내 머릿속의 멋진 이미지와는 전혀 다른, 끔찍한 패션 테러리스트가 거울 앞에 서 있었다.

지금에 와서 이야기하는 것이지만, 그 셔츠를 살리기 위해서는 신발, 구두, 머리, 심지어는 피부색까지 맞추어 총체적으로 스타일링을 해야 했다. 그런데 군인 머리에 얼굴은 갈색으로 탔고, 바지와 신발까지 갓 제대한 군인 티가 나도록 입었으니 어울릴 리가 없었다.

스타일난다의 과감한 스타일의 옷을 시도해보는 것도 크게 보면 비슷하다. 옷과 신발, 액세서리, 화장까지 더해져야 그런 스타일이 나온다. 그래서 실제로 소비자들이 먼저 스타일난다에서 액세서리와 화장품도 팔아달라고 요청했다.[28] 사업을 시작할 때와 똑같은 일이 다시금 반복된 것이다.

어떤 전략이 있었던 것도 아니고, 목표를 가지고 추진한 것도 아니다. 재능을 발휘했더니 수요가 발생했다. 김 대표는 그 수요에 따라 상품을 공급했을 뿐이다.

옷 쇼핑몰에서 왜 화장품을 만들었을까?

액세서리야 모든 게 다 있는 동대문에서 떼어다 팔면 되기에 판매에 별 문제가 없었다. 화장품도 특정한 제품을 썼다면, 고객들에게 해당 상품을 안내해주거나 도매로 떼와서 쇼핑몰에서 판매하는 것으로 끝

28 "온라인 의류 쇼핑몰 1위 '스타일난다' 김소희 대표", 〈매일경제〉, 2010. 3. 8.

났을 것이다.

그런데 김소희 대표는 자신이 원하는 색을 내기 위해서 2~3가지 화장품들을 섞어서 사용해왔다. 그래서 그 색을 다시 구현하려면 새로운 화장품을 만드는 것 외에는 답이 없었다. 하지만 화장품을 만드는 일은 옷이나 액세서리 유통과는 완전히 다른 일이었다.

지금은 인플루언서와 인터넷 쇼핑몰들의 중소 화장품 브랜드들이 무척 많다. 직접 제조하는 것은 아니고 화장품 제조업체와 ODM 계약을 맺고 생산하는 것이다. 이러한 사업 모델을 최초로 만든 곳이 바로 스타일난다이다.

물론 순탄하지만은 않았다. 김 대표가 스타일난다 고객들의 요청에 따라 화장품 사업을 시도할 생각을 한 시점은 2007년이다. 이 사업을 본격적으로 추진하기로 결정하고 처음 찾아간 곳은 한국콜마였다고 한다. 1등 화장품 제조기업이라는 이야기를 듣고 무작정 찾아갔고, 당연하게도 거절당했다.

그도 그럴 것이, 스타일난다는 가입자가 폭발적으로 증가하고 쇼핑몰 업체 중에서 1위였긴 했지만, 아직은 인지도가 낮을 때였다. 생긴 지 겨우 3년 된, 동대문 옷을 떼어다 인터넷으로 파는 작은 의류기업이 자체 브랜드의 화장품을 출시한다는 것은 전례가 없었다. 더구나 그때 김 대표의 나이는 26세에 불과했다.

그래도 포기하지 않고 50번 넘게 찾아가서 설득한 끝에 겨우 생산허가를 받을 수 있었다고 한다. 기사를 보면 한국콜마에서 결국 생산을 했다는 것과, 거절 끝에 코스맥스에서 생산했다는 것으로 조금 다른 내용이 검색된다. 다만 공통적인 부분은 ODM 생산을 하기로 하고 샘플을 받고서도 어마어마하게 수정사항을 요구했다는 사실이다. 이런 과정 끝에 2009년에 다섯 가지 립스틱 1만 개를 납품받게 된다. 그리고 스타일난다의 역사를 바꿀 3CE의 첫 상품은 단 5일 만에 완판된다. 아무도 예상치 못한 결과였다.

스타일난다의 성공을 이야기할 때 빼놓을 수 없는 해외 진출도 같은 방식으로 이루어졌다. 일반적으로 기업들이 해외 진출을 할 때는 시장분석과 전략적 결정이 가미되지만, 스타일난다는 아니었다. 스타일난다의 쇼핑몰로 찾아와 구매를 하고자 하는 외국인들이 늘었기에 다국어 홈페이지를 만들었고, 중국인 관광객유커들을 빨아들였던 백화점 진출이나 세포라, 면세점 등의 해외 진출마저도 모두 먼저 요청이 온 것을 받아들였을 뿐이었다.

심지어 초창기에는 상대국 기업에서 입점 제안 내용을 담은 메일을 8개월 동안 보냈는데 읽지도 않았다고 한다. 그 이유인즉, 당시 그 메일을 받은 직원이 영어로 된 낯선 메일을 보고 넘겨버렸기 때문이었다.[29]

이런 과정을 보면 김 대표와 스타일난다는 시종일관 시장을 주도하는 쪽이었다는 것을 알 수 있다. 자신이 좋아하는, 자신이 입고 싶은 스타일을 소비자들에게 제안했고, 그때마다 소비자들은 그 스타일의 모든 것을 원했던 것이다.

29 "'스타일난다' 제3전성기 연다!", 〈패션비즈〉, 2017. 12.

시장조사가 왜 필요없었을까?

김 대표는 시장조사나 데이터를 통한 분석 등은 하지 않았다고 이야기한다. 사실 그럴 필요도 없었다. 언제나 트렌드의 첨단에 있었기에, 그녀가 좋아하는 것은 소비자들도 좋아했다. 해외 진출 브랜드들이 반드시 하는 시장조사와 현지화도 하지 않았다. 해외 소비자들도 애초부터 그녀의 스타일을 좋아하고 추종했기에 바꿀 필요가 없었던 것이다.

김 대표는 가장 좋아하는 일과 가장 잘하는 일이 일치했다. 좋아하고 잘하는 일이 시장 전체를 놓고 봐서도 잘하는 수준이면, 경제성이 생긴다. 만약 그 시장이 규모도 크다면 그 시장에서 빛나는 스타가 될 수 있다.

그런데 김 대표는 그냥 잘하는 정도가 아니라 가장 잘하는 수준이었다. 본인이 가장 잘하는 것에 시장이 크게 반응하고 움직이는 것, 이를 재능이라 말하지 않으면 무엇을 재능이라고 할 수 있을까?

여기에서 의아한 분들도 있을 것이다. 앞에서는 "성공은 노력이나 재능 같은 단일 요소로 설명할 수 없다"라고 일관되게 주장하다가, 갑자기 재능 이야기만 하니 이상할 법도 하다. 하지만 정말로 하고자 하는 이야기는 지금부터다.

재능이 시대를 만났을 때

김소희 대표는 패션과 스타일에서 대단한 재능을 가진 사람이었다. 일반적인 기업가들이 하는 일들을 하지 않고도 성공한 것은 그만큼 대단한 재능이 있었던 덕분이다.

그러나 좀 더 시야를 넓혀서 스타일난다가 성공의 궤도를 따라가던 시기와 환경을 살펴보면, 그 재능이 극대화될 수 있는 시기를 만났기 때문에 그 효과가 크게 나타난 것임을 알 수 있다.

스타일난다의 성공과 동대문 시장

우선 동대문 패션타운이 국제적으로도 경쟁력을 가지고 있었던 점이 커다란 배경이다. 내국인에게는 의외일지 모르겠으나, 동대문 패션타운은 연간 800만 명 이상의 외국인 관광객이 찾는 우리나라의 대표적인 관광지이다. 이렇게 많은 사람들이 찾는 이유는 간단하다. 고급은 아니어도 만만한 가격대에서 꽤 좋은 품질의 상품이 나오기 때문이다.

여느 저개발국가들이 그렇듯, 우리나라의 섬유/의류 산업도 저렴한 인건비 때문에 시작된 산업이자 대표적인 수출산업이었다. 그런데 임금이 오르기 시작하면서 글로벌 패션산업의 생산기지가 개혁개방을 선언한 중국으로 옮겨가기 시작했다. 그리고 그 공백을 채운 것이 1980년대부터 폭발적으로 성장하기 시작한 국내 기성복 시장이다.

동대문 의류시장은 기성복 시장에서 디자인·생산·판매를 모두 자체적으로 할 수 있는 독특한 특징을 바탕으로 빠르게 성장했다. 글로벌 시장에서는 의류업의 디자인·생산·판매가 철저하게 분업화되어 있음을 감안하면 매우 이례적이지만, 그만큼 주문과 요청에 빠르게 대응할 수 있다는 강점이 있었다.

동대문 의류시장이 급격하게 변화한 계기가 바로 1997년 외환위기다. 수많은 기업이 도산하고 일자리를 구하기 어려운 상황에서 패션을 공부한 대졸자와 패션업계의 젊은 인력들이 동대문으로 흘러들어왔다. 덕분에 동대문 의류시장은 디자인과 기획 차원에서 급격하게 경쟁력을 갖추게 된다.

또 한 가지 중요한 변화가 있다. 외환위기로 인한 환율상승이 수출산업에는 기회가 되었다. 덕분에 동대문은 디자인·생산·판매가 모두 한자리에서 이루어지는 통합구조에 고환율로 인한 저렴한 수출가격, 그에 비해 훌륭한 품질로 해외 의류시장에서 주목받는 대형 클러스터로 변모한다.

한편 외환위기로 인해 원래 도매시장으로 쓰려고 했던 한 신축건물이 의류 소매를 위한 건물로 목적을 바꾸어 1998년에 개장했다. 그곳이 바로 동대문 밀리오레다. 대형 패션몰 열풍을 일으키며 국내 패션 유통시장을 바꾸어 놓은 혁명이 이곳에서 벌어졌다. 밀리오레의 개장 이후 동대문 시장은 내수 도매 중심에서 도소매와 내수, 수출까지 아우르는 공간으로 탈바꿈한다.

밀리오레가 오픈하고, 동대문이 일반 소비자에게도 문을 열기 시작한 1998년에 김 대표는 15세였다. 평소 옷을 좋아하고 부모님을 따라 동대문에 가던 김 대표에게는 자신과 비슷한 소비자층에게 어울리는 패션감각을 익히기에 가장 좋은 상황이었던 것이다.

스타일난다의 성공과 벤처 붐

한편 1990년대 말에 불기 시작한 벤처 붐은 스타일난다를 오픈할 수 있는 가장 강력한 인프라가 되었다. 단적으로 김 대표가 사업을 시작한 계기부터가 그렇다.

원래 그녀가 하고 싶었던 것은 지하상가에서 옷을 파는 것이었다. 원래 좋아하던 일인 만큼 지하상가에서 옷 장사를 해도 잘했겠지만, 룩북 형식을 갖춘 인터넷 쇼핑몰이 없었을 테니 스타일난다의 대성공을 이끈 3CE도 없었을 것이고, 매출도 온라인으로 파는 것에 비하면 한참 못 미쳤을 것이다.

김 대표가 처음 옷을 팔았던 옥션이 국내에서 서비스를 시작한 시기는 1998년이었으며, 스타일난다뿐만 아니라 이후 등장할 수많은 온라인 쇼핑몰들의 플랫폼이 될 카페24는 2000년에 서비스를 시작했다. 인터넷 시대에 온라인 쇼핑이 본격적으로 활성화되기 시작했던 시기인 셈이다.

결과론적이긴 하지만, 1990년대의 시대적 환경은 김 대표가 옷을 파는 재능을 발휘할 수 있도록 변화하고 인프라를 갖추어가고 있었다. 그리고 나쁘지 않은 가격에 꽤 훌륭한 품질을 자랑했던 우리나라의 섬유/패션 산업은 K-뷰티 산업에도 간접적으로 영향을 준다.

| 마스크팩은 어떻게 K-뷰티의 싹이 되었을까? |

때는 2007년, 홈쇼핑 방송에 한 마스크팩이 소개되었다. 배우 하유미가 광고모델이었기에 '하유미팩'이란 별명이 붙었던 ㈜제닉의 '셀더마 하이드로겔 마스크팩'이 바로 그것이다. 이 상품은 홈쇼핑 덕분에 초대박을 쳤다. 얼핏 보면 그저 평범한 홈쇼핑 대박 사례 같아 보이지만 이후 K-뷰티 산업의 지형과 영향력을 바꾼다.

예나 지금이나 사람들은 피부에 닿는 것에 대해 민감하다. 화장품도 피부에 닿는 것이니만큼, 소비자들은 어떤 상품보다도 까다롭게 평가한다. 이것은 마스크팩 시장 또한 마찬가지였다.

2000년대 초반까지 마스크팩 시장은 프리미엄 화장품 브랜드에서 내놓은 장당 1만 원이 넘는 상품들이 주류였다. 효과가 좋다는 것은 알지만, 가격이 가격이니만큼 자주 사용하지는 못하고 할인할 때 큰맘 먹고 구입해 가끔씩 쓰는 상황이었다.

그런데 제닉의 하유미팩은 완전히 다른 상품이었다. 먼저 기존의 부직포를 액상 앰풀로 적신 타입이 아니라 마스크팩 자체가 겔로 된 형태라, 팩을 하는 동안에 액상이 흘러내리지도 않고 고르게 피부로 잘 스며드는 장점이 있었다.

더 충격적인 것은 가격이었다. 박스 단위로 수십 장을 주면서도 고작 99,000원이었다. 홈쇼핑 방송에 주부들의 입소문이 더해져 하유미팩은 폭발적인 인기를 끌었다. 비싼 팩을 가끔 하는 것이 아니라, 저렴하면서 좋은 품질 덕분에 1일 1팩을 할 수 있는 상황으로 시장이 변화했기 때문이다.

하유미팩의 이 거대한 성공으로 인해 중소 브랜드들의 신규 시장 진입이 붐을 이루게 된다. 마스크팩은 코스메틱 제품 중에서도 가장 만들기 쉬운 편이어서 중소 브랜드들도 진입이 쉬웠다. 그리고 마스크팩 시장에서 성공을 노리는 수많은 신규 브랜드의 진입으로 기존의 앰플 타입 마스크팩 또한 더 많은 투자로 품질이 높아졌다.

그런데 마스크팩의 시트는 종이가 아니라 직물인 만큼, 원단의 질과 기술에 따라 얼굴에 붙는 밀착력 측면의 품질과 원가가 결정된다. 우리나라의 섬유업은 일반적으로 고가 원단은 미국 등 섬유 선진국에 밀리고, 저가 원단은 중국 등에 밀린다는 평가를 받고 있다. 하지만 이 애매함이 마스크팩에서는 오히려 장점이 되었다.

얼굴에 붙이는 것을 저품질로 쓸 수는 없는 노릇이니 그보다는 좋은 것을 써야 하는데, 우리나라 섬유는 가격이 높지 않으면서도 품질이 꽤 괜찮았다. 그래서 가격도 가격이거니와, 밀착력도 좋고 품질도 좋은 마스크팩으로 글로벌 시장을 파고들 수 있는 강점을 차지했다. 덕분에 2000년대 후반 전성기를 맞은 로드숍에서도 마스크팩은 필수 아이템으로 자리잡았고, 수많은 외국인 관광객들의 소비를 이끌어낼 수 있었다.

3CE 색조 화장품은 왜 대박이 났을까?

마스크팩이 K-뷰티 붐의 선봉을 차지하고 나선 후, 곧 매스티지

Masstige 상품군도 뷰티 붐의 대열에 합류했다. 그중에서도 두각을 보인 것이 색조 화장품 분야이다.

화장품을 기능에 따라 크게 두 가지로 분류하면, 피부의 기초를 다지는 기초 화장품과 색을 입히는 색조 화장품으로 나눌 수 있다. 기초 화장품은 말 그대로 피부의 기초를 다지는 것인 만큼 사람들이 선택과 사용에 보수적이고, 되도록 더 좋은 것을 쓰려는 경향이 있다. 그러나 색조 화장품의 경우에는 색을 내고 꾸미는 데 쓰기에 되도록 다양하게 상품을 구비하고자 하는 경향이 있다.

스타일난다의 마니아층 고객들의 연령대는 10대 후반에서 20대 초중반까지였다. 이제 막 화장과 꾸밈에 관심을 가지는 이 고객층이 먼저 선택하는 것은 기초 화장품이 아니라 색조 화장품이다.

이 고객층은 주머니 사정이 여유롭지 않기에 비싼 색조 화장품 한두 개를 사기보다는, 저렴한 제품을 테스트해보고 여러 개를 구비한다. 그래서 로드숍에서도 가장 치열한 경쟁이 벌어지는 상품군은 마스크팩과 색조 화장품 계열이고, 고급 색조 화장품군과는 다른, 좀 더 다양한 색감을 뽐냈던 것이다. 스타일난다가 뛰어든 시장이 바로 이 시장이었다.

김소희 대표는 색에 대한 감각이 매우 뛰어났고, 옷 스타일만큼이나 색조 화장품의 색감도 과감하게 잘 연출했으며 미묘한 색의 표현을 잘 해온 것으로 평가받는다. 그런 인물이 만들어낸 상품인 데다가 이미 확고한 마니아층이 있으니 안정적인 판매를 기대할 수 있었다.

3CE의 첫 상품이었던 립스틱 초도물량 1만 개가 5일 만에 완판된 것도 그러한 배경 덕분이었다. 그 덕분인지 3CE의 색조 화장품들은 가격에 비해 좋은 품질과 화려한 컬러를 자랑했다. 이는 애초에 대형 화장품 제조사들인 한국콜마와 코스맥스에 생산을 맡겼으니 가능했던 일이다. 수많은 화장품들을 ODM으로 생산해온 한국콜마와 코스맥스라면 어느 정도 품질은 보장되기 때문이다. 그리고 이러한 3CE의 성공적인 런칭은 이후 확실한 마니아층을 보유한 인플루언서들이 코스메틱 산업에 뛰어들 수 있는 안정적인 비즈니스 모델이 되었다.

마스크팩으로 인정받은 K-뷰티의 가격경쟁력과 품질은 그대로 색조 화장품으로도 이어졌다. 이들은 이후 외국인 관광객, 그중에서도 유커들이 가장 열심히 찾아다니는 품목이 된다. 김 대표는 그저 스타일난다의 고객들이 필요로 하는 것을, 그들이 접근할 수 있을 정도의 가격으로 만들어 팔았을 뿐이지만, 이 결정이 이후 외국인 관광객들이 열광하는 선택이 되었다. 해외시장이 그렇게 움직이고 있었기 때문이다.

해외에서 왜 인기가 있었을까?

스타일난다를 더욱 특별하게 만든 것이 바로 해외시장에서의 인기다. 김소희 대표는 인터뷰에서 "한국은 옷에 보수적이다"라고 평가한 바 있는데, 정말로 그랬다. 국내 소비자에게는 다소 과해 보였던 스타일도 중국인들과 동남아 소비자들은 좋아하고 열심히 구매했기 때문이다. 그리고 스타일난다의 패션에 대한 관심과 인기는 고스란히 3CE에 대한 관심과 인기로도 이어졌다.

중국과 동남아는 공통적으로 1990년대 이후부터 경제성장이 본격화되었고, 2000년대 후반부터 한류의 영향을 받기 시작했다. 그리고 소득이 증가하면서 코스메틱에 대한 관심도 높아졌다. 그런데 프리미엄급 화장품은 접근하기가 어려우므로 매스티지 라인이 인기를 얻기 시작했다. 그리고 매스티지 부분에서 가격과 품질의 조화가 가장 잘 이루어진 것이 바로 우리나라의 화장품이었다.

해외 소비자들 중에서 가장 큰 비중을 차지하는 중국을 좀 더 살펴보자. 중국은 덩샤오핑이 추진한 개방정책의 효과로 1990년대부터 고성장을 기록하기 시작했는데, 이러한 고성장과 소득의 증가에 따라 코스메틱과 뷰티 분야에 대한 관심도 폭발적으로 증가했다. 이런 중국의 화장 붐에 우리나라의 모든 코스메틱 기업들이 수혜를 얻어, 1등 기업인 아모레퍼시픽부터 시작해 많은 기업들이 2010년대에 급격한 매출 신장을 기록했다.

스타일난다도 여기에서 예외가 아니었다. 3CE의 출시가 2009년이니 실로 절묘한 타이밍이라고 할 수 있다. 2012년까지 300억 원대에 머물렀던 매출은 2013년에 674억 원, 2014년에는 1,151억 원을 기록하여 인터넷 쇼핑몰 중에서는 처음으로 1천억 원 매출의 고지를 달성한다. 그리고 2017년에는 1,674억 원을 기록하기에 이른다.

보통 화장품을 살 때는 기초 제품을 먼저 사고, 그 이후에 필요나 욕구에 따라 색조 제품에 관심을 가지게 마련이다. 그리고 중국에서 화장에 관심이 많은 젊은 소비자들은 한국의 색조 화장품에 많은 관심을 가지고 있었다. 즉, 스타일난다가 색조 화장품 사업에 뛰어든 시기에 주변 국가의 경제/문화적 발전상황에 따라 거대한 시장이 열린 것이다.

로레알이 스타일난다를 인수한 이유도 바로 이 때문이다. 로레알은 매스티지 라인업에서 색조에서 취약점을 보이고 있었다. 그런데 중국인들의 화장에 대한 관심이 늘어날수록 성장 잠재력이 가장 큰 분야가 매스티지 색조 화장품 분야이다. 그리고 2010년대 후반을 기준으로 이 분야에서 중국인들에게 가장 인기 있는 브랜드 중 하나가 바로 스타일난다의 3CE였다. 로레알이 6천억 원을 지불한 데에는 이유가 있다.

재능과 시대가 만나다

스타일난다가 거둔 대단한 성공을 살펴보면, 김소희 대표가 자란 시대적 환경이 자신의 재능을 살려 온라인으로 옷을 팔기에 여러모로 최적의 조건이 되어주었고, 소비자들의 요청에 따라 무언가를 팔기 시작할 때마다 얼마 되지 않아 그에 맞는 시장이 열리기 시작했음을 확인할 수 있다.

김 대표의 재능과 실력에는 의심의 여지가 없다. 그러나 시대를 정말 잘 만났기에 그렇게 큰 성공을 거둘 수 있었던 것이다. 만약 김 대표가 2005년이 아니라 1995년, 혹은 2015년에 사업을 시작했다면, 아무리 훌륭한 재능이 있더라도 성공의 규모는 훨씬 더 작은 수준에 머물렀을 것이다.

스타일난다의 등장과 성공은 인터넷 쇼핑몰과 커머스 산업에서 훌륭한 성공 모델이 되었다. 그래서 제2의 스타일난다와 같은 성공을 거두고자 무수히 많은 사람들이 진입했고, 스타일난다의 모델을 일부 차용하기도 했다.

나이와 성별은 기업가의 능력과 무관하다

그렇다면 제2의 스타일난다와 같은 기업은 등장할 수 있을까? 적어도 한동안은 어려울 것이다.

우선 김소희 대표에게는 자신의 재능과 잘 맞아떨어진 시대를 만난 엄청난 행운이 있었다. 이러한 운을 얻은 쇼핑몰이나 커머스 기업은 적어도 현재로서는 보이지 않는다. 그래서 김 대표가 지금 사업을 해도 쉽지 않을 것이다.

두 번째로 정체성의 차이다. 스타일난다의 정체성은 스타일난다에서 볼 수 있는 스타일이 핵심이었지, 김소희 대표라는 개인이 아니었다. 반면 이후에 등장한 수많은 쇼핑몰들의 정체성은 대표들 개인이라고 할 수 있다. 대표가 모델을 하고, 대표가 스타이고, 대표 본인이 쇼핑몰의 정체성 그 자체이다. 따라서 이런 쇼핑몰은 비즈니스와 대표를 분리할 수 없기 때문에 확장성에 한계를 가진다.

로레알의 인수 건도 마찬가지다. 만약 김소희라는 대표 개인의 정체성이 스타일난다라는 브랜드를 압도하는 수준이었다면, 로레알은 3CE를 인수하지 않거나 훨씬 낮은 금액을 제시했을 것이다. 그것은 스타일난다가 개인 브랜드가 아닌 기업이었기 때문에 가능했던 일이다.

스타일난다의 성공을 그저 운 때문이라고 치부하는 사람이 있다면, 그것은 부당한 평가이다. 김 대표는 20대 초반이던 2000년대 중반에 사업을 시작해 14년 동안 자신의 재능을 최대한 발휘했고 사업을 꾸준히 이끌었다. 그녀가 안정적으로 사업을 성장시키고 다시 재투자하여 확장해나가는 모습은 마치 경영 시뮬레이션 게임 같다는 느낌이 들 정도이다.

어떤 성공을 거두었을 때, 사람들은 그 성공이 온전히 자신의 실력과 노력의 결과라고 여기는 경우가 많다. 스타일난다의 성공처럼 재능과 운이 모두 극적인 시너지를 일으켜 잘 풀린 상황이라면, 그 모든 것을 자신의 능력이라고 떠벌리고 과시할 만도 하다. 하지만 김 대표의 인터뷰는 그녀가 누구보다도 자신의 성공을 명확하게 이해하고 있다는 것을 잘 보여준다. 어쩌면 그런 통찰력이 14년 동안 사업을 큰 위기 없이 이끌어온 원동력일지도 모른다.

김소희 대표는 나이 어린 여자 대표라고 무시를 많이 당했다고 한다. 하지만 그런 통찰력을 갖추고 있었다는 점에서 그 누구보다도 더 훌륭한 기업가이다. 큰 행운과 큰 성공을 누릴 만한 사람이다.

6

무신사 : 압도적인 자원은 사업을 시작하기에도, 성공하기에도 유리하다

2019년 기준으로 인터넷에서 아재를 판별하는 기준은 여러 가지가 있겠지만, 그중의 하나로 '무신사를 아느냐?'를 들어도 될 것 같다.

30대 이상의 남성 중에서 무신사라는 브랜드를 들어본 사람들은 경제 뉴스를 꼼꼼하게 살펴보는 이들이거나 어릴 때부터 패션에 관심이 많았던 사람들, 20대 이하 청년층과 일로서 접촉을 많이 하는 이들뿐이다. 나머지 대부분의 성인 남성들에게 무신사는 일본 기업인가 싶을 정도로 미지의 영역이다.

실제로 무신사를 주로 이용하는 계층은 10~20대이며, 이들이 전체 가입자의 약 80%를 차지한다. 가입자 중에는 나이가 들어 30대가 된 사람도 있을 테니, 사실상 10~20대의 브랜드라는 무신사의 정체성을 잘 보여주는 셈이다.

기성세대에게는 낮은 인지도에도 불구하고, 무신사는 2019년 현재 국내에서 가장 핫하면서 규모가 큰 패션 커머스 기업이다. 2019년 10월 기준으로 가입자가 550만 명, 입점 브랜드는 3,500개이며, 2018년 기준 판매 수수료 포함 매출금액은 1,081억 원, 상품 거래총액은 약 4,500억 원이다. 2019년에는 거래액 1조 원을 무난하게 넘어설 것으로 전망된다. 2013년의 거래액이 약 100억 원, 2015년에는 약 1,070억 원이었다는 것을 생각해보면 실로 엄청난 성장률을 기록하고 있는 셈이다.

물론 다른 커머스 기업들의 거래액을 생각하면 무신사는 아직 규모가 작은 편이다. 2018년 기준으로 거래액 1위 기업인 G마켓은 약 10조 원, 2위인 11번가는 9조 원, 3위인 쿠팡은 8조 원이 좀 넘는 것으로 추정된다. 하지만 패션이라는 좁은 영역에서 이 정도 규모를 키워냈으며 높은 성장률을 기록하고 있는 것이 무신사의 대단함이라고 할 수 있다.

| ‘무지하게 신발 사진 많은 곳’에서 커뮤니티로 |

무신사는 조만호 대표가 고등학교 3학년이었던 2001년에 (지금은 사라져버린) 포털사이트인 프리챌에서 신발 커뮤니티를 만든 것이 시작이 되었다. 그 커뮤니티가 바로 ‘무지하게 신발 사진 많은 곳’이라는 이름을 줄인 ‘무신사’였다.

이름대로 무신사는 신발 사진이 중심이 되던 곳이었다. 조 대표는 〈무신사 매거진〉의 2015년 기사에서 10대 시절부터 나이키와 아디다스의 스니커즈를 매우 좋아했으며 신발을 수집해왔다고 직접 밝혔다.[30] 무신사는 바로 그렇게 수집한 신발 사진을 올리고, 해외 웹사이트에 게시된 한정판 신발 사진을 설명과 함께 올려두는 신발 사진 갤러리의 역할을 했다. 2000년과 2001년 당시에는 프리챌에서 운영하는 커뮤니티 서비스를 통해 다양한 취미활동에 대한 커뮤니티들이 만들어졌기에, 무신사 역시 그렇게 등장했던 셈이다.

패션으로서의 신발에 관심이 많았던 만큼, 그와 매치할 스트리트 패션 또한 조 대표의 관심사였다. 이는 러닝화를 만들던 나이키가 곧 스포츠 어패럴 산업에도 진출했다는 점에서 어쩌면 정해진 수순이었을지도 모른다. 조 대표는 운동화와 함께 동대문의 스트리트 패션 사진도 올리게 되었는데, 덕분에 무신사는 신발뿐만 아니라 다양한 패션을 아우르는 공간이 될 수 있었다.

신발 사진과 정보교환의 장이었던 무신사가 커뮤니티로 발전하는 것은 당연한 일이었다. 예를 들어 현재 네이버 카페에서 독보적인 패션 커뮤니티인 '디젤매니아'도 처음에는 디젤과 트루릴리전 청바지의 해외 구매대행 카페로 시작했다가 패션뿐만 아니라 다양한 주제를 소화하는 커뮤니티가 되었다. 무신사보다 늦게 등장한 곳들도 이용자가 늘어남에 따라 그들이 체류하고 활동하는 커뮤니티로 변했다. 제조업으로 돈을 많이 번 기업들이 그 돈을 관리하기 위해서 금융업의

30 "일하는 사람들", 〈무신사 매거진〉, 2015. 1. 12(https://www.musinsa.com/magazine/9096).

성격을 가지기도 하는 것처럼, 늘어난 온라인 이용자 수가 커뮤니티화라는 결과를 낳은 것이다.

커뮤니티에서 닷컴 독립 사이트로

다만 무신사는 커뮤니티로 계속 머문 다른 패션 커뮤니티들과는 방향이 달랐다. 2003년에 무신사닷컴이라는 독립 사이트로 출발한 것이다.

여기에는 나름의 배경이 있다. 커뮤니티 붐을 일으켰던 프리챌은 2002년 10월에 유료화 정책을 발표한다. 이는 늘어나는 이용자와 동호회로 인한 비용을 감당하기 위한 것으로, 커뮤니티 운영자가 월 3천 원의 비용을 지불하면 운영을 위한 서비스와 편의를 제공하는 정책이었다.

문제는 당시 프리챌 측이 유료화를 하지 않으면 커뮤니티의 자료가 모두 삭제될 것이라고 이용자들에게 엄포를 놓은 것이었다. 여기에 거부감을 느낀 이용자들이 다음 카페 등으로 대거 이탈하는 사태가 발생했고, 이것이 바로 프리챌 유료화 대란이다.

무신사도 프리챌에서 시작했기에 당시에 이전해야 하는 상황이었다. 그런데 무신사는 다른 커뮤니티들처럼 다음 카페로 옮겨가는 것이 아니라 독립 사이트를 오픈하는 선택을 한다. 2000년대 초반에는 개인 홈페이지 만들기가 붐이었고, 그것을 뒷받침해주던 저가 호스팅 서비스들도 있었지만, 1년 넘게 운영해오던 커뮤니티를 독립적인 사이트로 운영하는 것은 조금 다른 문제였다. 그 정확한 이유에 대해서는 어떠한 인터뷰에서도 거론된 바가 없어서 알 수 없다. 다만 호스팅 비용을 내기 위해 1년 휴학을 하고 대학 등록금을 거기에 모두 넣었다는 점과 이후의 행적을 보건대, 어느 정도 영향력이 생긴 커뮤니티를 통해 무언가를 하고 싶었던 것은 분명해 보인다. 그 대표적인 행보가 2006년에 시작한 매거진 서비스이다.

매거진 서비스, 그리고 스토어

무신사의 커뮤니티에는 패션에 관한 글들이 계속 올라오고 있었는데, 매거진 서비스는 이를 편집하여 읽기 좋게 가공한 것이다. 덕분에 무신사는 단순한 커뮤니티가 아니라 일종의 웹진 역할을 병행할 수 있었다. 다음이나 네이버 카페 등으로 옮겨갔더라면 할 수 없었던 서비스였다. 이로 인해 무신사는 스트리트 패션과 도메스틱 브랜드스트리트 브랜드 중에서 국내 브랜드를 일컬음에 대한 정보를 얻기에 가장 좋은 인터넷 홈페이지가 될 수 있었다.

물론 이용자들과 마니아들도 많았기에 아디다스로부터 홍보 글을 올려달라는 제안을 받기도 하고, 나이키, 아디다스 등의 한정판 신발에 관한 소식을 발 빠르게 올릴 수도 있었다.[31] 어쩌면 조만호 대표

31 "[큐레이더가 온다] ③'잘나가는 스타일, 여기 다 있다' 1020세대 홀린 무신사", 〈조선일보〉, 2019. 1. 21.

는 무신사의 이용자가 자신의 큰 자산이라는 것을 이때 알았을지도 모른다.

2009년에 문을 연 '무신사 스토어'는 이용자라는 자원이 있었기에 시작할 수 있었다. 웹진을 통해 소개해오던 도메스틱 브랜드들을 스토어를 통해서 판매하기 시작한 것이다. 편집숍으로서 스토어가 출범한 것은 무신사의 사업에서 중요한 기점으로 작용했다.

무신사는 그 누구보다도 스트리트 패션을 널리 소개하는 주체였고, 스트리트 패션에 관심이 많은 사람들을 끌어모으는 구심점이었다. 더불어 도메스틱 브랜드들에 관한 다양한 정보와 이야기를 소개한다는 점에서 매우 훌륭한 정보의 연결점이었다. 생산자와 소비자를 정보로 연결할 수 있다면, 상품으로 연결하지 못할 것도 없다.

물론 초기에는 여느 기업이 그렇듯 시행착오도 많았다. 구하기 힘든 해외의 한정판 신발을 판매한 것도 한 예이다. 이것은 신발 마니아들의 욕구 충족에는 도움이 될지 몰라도 돈이 되기는 힘든 비즈니스였다. 한정판은 고객들의 관심을 끌고 유인하기에는 좋지만 수익을 내기는 어렵다. 특히나 럭셔리 상품이 아니라면 더욱 그렇다.

비싼 럭셔리 상품을 판매하는 것은 멋있어 보일지 몰라도, 실제 이익은 보편적인 상품에서 나온다. 전 세계를 살펴보아도 거대기업은 보편적인 상품을 판매하는 기업이지, 사치재를 취급하는 기업이 아니다. 심지어 럭셔리 분야의 거대그룹인 LVMH루이뷔통모엣샹동헤네시조차 다른 경쟁 브랜드에 비하면 희소성보다는 판매에 더 신경을 써서, 보편성이 강하다는 평가를 받고 있을 정도이다.

경쟁자가 없는 무신사

무신사가 빛을 보기 시작한 것은 그동안 소개해오던 도메스틱 스트리트 브랜드들을 무신사 스토어를 통해 내놓으면서부터이다. 무신사는 3년 동안 웹진 운영을 통해 브랜드와 상품을 재료로 편집하여 이야기를 만드는 능력을 쌓아왔다. 그 경험을 스토어에 녹여내고 반영한 것이다. 요즘 말로 하면 룩북과 큐레이팅이다.

따라서 무신사의 인터넷 편집숍 운영은 다른 개인 인터넷 쇼핑몰 운영과는 차원이 다른 일이었다. 여성의류 쇼핑몰의 경우 사업가가 스스로 모델이 되고 스타가 되어 팬층을 만들고 이들을 대상으로 비즈니스를 펼치는 것이지만, 남성 쇼핑몰은 이러한 방식이 애초에 가능하지 않다. 남성 소비자는 남성 쇼핑몰을 운영하는 '남자 사장님'의 팬이 되는 경우가 사실상 없기 때문이다.

바로 이런 차이로 인해서 스타일난다를 필두로 한 여성의류 쇼핑몰에서는 2000년대 중후반부터 룩북화와 큐레이팅이 이루어지며 치열하게 경쟁한 데 반해, 남성 의류 쇼핑몰에서는 이런 경우가 매우 드물었다. 물론 디젤매니아 등과 같은 다른 패션 커뮤니티들도 있었지만, 이들은 무신사처럼 브랜드 차원에서 정보를 가공해 제공하는 것이 아니라 회원 간의 정보공유를 주로 하는 커뮤니티에 머물렀다.

다시 말해 무신사는 당시에 제대로 된 경쟁자도 존재하지 않았던 상황에서 후발주자들이 쉽게 따라잡을 수 없는 독자적인 영역을 이미 완전히 구축한 상태였다.

스토어를 오픈하기 전에 이미 가입자가 25만 명을 넘어섰고, 수많은 정보가 머무르고 가공되어 제공되는 곳이었음을 감안하면, 지금도 무신사의 영역을 넘보는 경쟁기업이 없는 상황을 쉽게 이해할 수 있을 것이다.

| 스트리트 패션의 강자가 되기까지 |

무신사는 가진 자원들도 많고 탄탄했지만 운도 따랐다. 2010년대는 스포츠웨어가 패션의 중심으로 성장한 시기이자, 스트리트 패션도 럭셔리 브랜드에서 트렌드의 변화를 감지하고 그들의 패션에 반영하던 시기였다. 즉, 무신사가 강점을 가지고 있었던 영역이 어마어마하게 성장한 것이다. 이 영역에서 무신사는 어디보다도 훌륭하게 자원을 축적한 곳이었고 비교할 만한 경쟁자도 드물었다. 이러한 상황에서 자신이 강점을 가진 분야에서 붐이 일어나니 커다란 성장을 할 수 있었던 것이다.

이 모든 것을 조만호 대표가 예상하고 시작한 일은 아니었다. 조 대표가 과연 2010년대에 이 시장이 붐을 맞을 것을 알고, 2000년대 중반부터 웹진을 운영하며 자원과 영향력을 축적했을까? 늘어나는 이용자를 바탕으로 무언가를 하고자 하던 시기에도, 시장이 이렇게 성장하는 것은 예상 밖의 영역이었다. 그 점에서 운이 매우 잘 따랐다고 볼 수 있다.

운이 따랐다고 해서 무신사가 아무것도 안 했는데도 잘되었다는 의미는 아니다. 무신사는 스토어에 입점한 브랜드와 상품을 큐레이팅하고 스토리를 만들었으며, 웹진과 연계하여 다양한 방식으로 소비자들에게 알리고 판매해왔다. 무신사의 스토어에 입점하면 홍보와 스토리를 만들어 판매를 해주니, 도메스틱 브랜드 입장에서도 트렌드를 포착하고 더 좋은 상품을 만드는 데 전념할 수 있었다.

실시간 베스트 랭킹은 왜 성공했을까?

무신사는 2014년에 '실시간 베스트 랭킹'이라는 서비스를 출시했다. 이는 무신사에 날개를 달아주었다. 실시간으로 잘 팔리는 옷과 패션 아이템의 순위를 보여주는 서비스로, 덕분에 소비자들은 현재의 패션 트렌드를 좀 더 손쉽게 파악할 수 있었다.

무신사의 주요 이용자가 10~20대 소비자, 그중에서도 남성의 비중이 높은 편이라는 사실을 기억하자. 10대와 20대 초중반 남성 소비자들은 주머니는 가볍고 패션에 대한 관심은 있는 편이지만, 무엇을 입어야 할지에 대한 감이 없는 소비자들이다. 자신만의 패션감각과 안목을 가지려면 그만큼 많이 보고 입어봐야 하지만, 주머니 사정은 그런 경험을 허용하지 못한다. 또한 또래들 사이의 동질성을 강조하는 문화는 남들이 안 입는 옷이 아니라 가장 잘나가는 옷을 선호하게 만든다. 이 점을 정확하게 저격한 것이 바로 실시간 베스트 랭킹 서비스였다.

실시간 베스트 랭킹 서비스는 이후 패션에 관심이 많은 마니아들 사이에서 '무신사에서 랭킹에 있는 것들만 거르면 된다'라는 농담이 나올 정도로 효과가 좋았다. 10~20대가 많은 번화가에서는 무신사의 랭킹에 오른 옷과 아이템을 착용한 이들을 보는 것이 어렵지 않았기 때문이다.

압도적 영업이익률의 기반

덕분에 무신사는 브랜드를 중개해서 판매하는 중개판매업임에도 불구하고 높은 수수료를 받을 수 있었다. 무신사의 입점 수수료율은 30%로, 백화점의 입점 수수료율과 비교해도 차이가 크지 않다. 이토록 높은 수수료를 받을 수 있었던 것은 무신사의 상품 홍보와 스토리텔링이 매출을 확실하게 견인했기 때문이다.

중소 도메스틱 브랜드 입장에서도 무신사에 입점하여 입소문이 나면 이전에는 상상도 할 수 없었던 매출을 올릴 수 있었다. 따라서 높은 수수료율을 내고서라도 입점할 만한 가치가 있었다. 그리고 이런 높은 수수료율은 높은 영업이익률로 이어졌다.

무신사의 감사보고서를 살펴보면, 2015년에는 영업이익률이 29.2%였고, 2016년에는 45.9%, 2017년에는 34.5%, 2018년에는 24.9%를 기록했다. 엄청나게 빠르게 성장하면서도 매년 20% 이상의 영업이익률을 찍고 있다는 것이 핵심이다. 쿠팡이나 마켓컬리처럼 빠르게 성장하는 기업들도 영업이익은커녕 영업손실을 기록하고 있다. 우리가 알 만한 유명 대기업들의 영업이익률도 대부분 10%를 넘기기 어렵다. 그렇기에 무신사가 높은 평가를 받는 것이다.

물론 이것은 패션산업의 특성 때문이기도 하다. 패션 분야에서는 같은 원단으로 만들어도 디자이너와 브랜드의 역할에 따라 소비자들이 완전히 다른 상품으로 인식한다. 또한 어떻게 파느냐에 따라서도 결과가 매우 달라진다. 그래서 부가가치를 붙여 판매하는 것이 다른 보편재화에 비해 쉽다. 무신사는 여기에서 독보적인 위치를 차지하고 있었기에 이런 사업 모델이 가능한 것이다.

제대로 된 경쟁자가 보이지 않는다는 것도 무신사가 높은 평가를 받는 또 다른 이유이다. 이는 앞서 말한 태생적 차이 때문이다. 여성의류 쇼핑몰의 경우 대표가 곧 그 브랜드이다. 젊고 아름다운 여성 대표는 멋지고 예쁘고 옷도 잘 입으며 누구나 선망하는 생활을 보여준다. 여성 소비자들의 워너비가 되고 인플루언서가 된다. 그래서 여성 의류 쇼핑몰들은 팬에 기반한 비즈니스의 특성이 강한 편이다. 젊고 예쁘고 패션에 대한 감각이 있다면 쇼핑몰을 차릴 수 있다. 그렇게 등장한 1세대 인터넷 쇼핑몰만 해도 수천 개였다.

하지만 앞에서도 이야기했듯, 남성 소비자는 남자 사장님의 팬이 되지 않는다. 그렇다고 남자 옷을 파는 여자 사장님의 매출이 더 높은가 하면 그렇지도 않다. 원래 모든 콘텐츠와 상품시장에서 남성 팬은 여성 팬에 비해 돈을 안 쓰는 경향이 뚜렷하다는 것을 생각하면 이해할 수 있을 것이다. 그래서 구조적으로 남성 쇼핑몰 시장은 규모 있는 쇼핑몰이 등장하기가 어렵다.

이런 이유 때문에 무신사의 성공은 그동안 축적해온 자원이 만들어낸 성공으로 볼 수 있다. 그저 수집한 신발과 희귀한 한정판 신발 사진을 올리기 위해 만들었던 커뮤니티가 의도치 않게 신발과 패션에 대한 정보를 공유하는 커뮤니티로 발전했고, 그곳에서 공유되던 정보를 가공하여 이용자들에게 매거진 형태의 서비스를 제공했으며, 이 모든 서비스 덕분에 스트리트 패션 커뮤니티에서 가장 앞설 수 있었다.

스타일난다와 무신사, 어떻게 다를까?

앞에서 사례로 다룬 스타일난다의 성공과 비교해보는 것도 좋을 것 같다. 스타일난다는 보세의류를 기반으로 하여 스타일링과 큐레이팅을 통해 성장한 곳이다. 물론 보세의류의 특성상 많은 이윤을 붙이기는 힘들기에 3CE를 출시하기 전까지는 매출은 높아도 영업이익률은 낮은 상태였다. 그렇지만 3CE 출시에 가장 밑바탕이 된 자원은 바로 스타일난다의 소비자들이었다.

소비자들이 스타일난다의 스타일을 좋아하고, 그만큼 홈페이지에 오래 머물고 있었음을 생각해보자. 그 점에서 스타일난다는 홈페이지가 이후 룩북과 웹진의 역할을 겸하면서 더 많은 가입자를 만들었고 이를 기반으로 코스메틱으로 영역을 확장한 경우이다.

반대로 무신사는 커뮤니티에서 시작하여 웹진으로 발전했고, 온라인 스토어까지 추가된 경우이다. 스타일난다와 무신사는 방향은 서로 달랐지만, 가입자와 잠재적 구매자의 수를 계속 늘려왔기에 이후 핵심적인 사업을 추진할 수 있었던 것이다.

왜 어떤 취미는 사업이 되고, 어떤 취미는 안 될까?

무신사는 취미가 거대한 사업으로 변한 대표적인 사례라고 할 수 있다. 그저 좋아서 커뮤니티를 시작했던 것이, 국내에서도 손꼽히는 비즈니스 모델로 발전했다.

사람들은 이런 사례를 들어 취미라도 열심히 하기만 하면 사업의 기회가 된다고들 한다. 하지만 이것은 성공에 대한 보편적인 조언은 될 수 없다. 그 취미가 높은 사업성을 가진 영역일 때에나 해당되는 이야기이기 때문이다.

무신사가 등장했던 2000년대 초반에는 수많은 20대 초반의 창업가들이 나타났다. 그들 중 많은 이들이 자신들이 좋아하는 취미 영역의 아이템으로 사업을 시작했다. 심지어 그중에는 지도를 좋아하는 사람이 차린 지도 쇼핑몰도 있었다. 하지만 지도에 대한 취미로는 아무리 열심히 해도 돈을 벌기가 어렵다. 지도와 관련된 비즈니스 자체가 수익성이 낮은 분야이기 때문이다. 어떤 의미에서는 돈이 되는 분야의 취미를 갖는 것도 행운이라고 할 수 있다.

무신사의 산업적 해자(Moat)

우리가 무신사의 성공에서 주목해야 하는 부분은 무신사와 조만호 대표가 커뮤니티 시절부터 가입자와 영향력을 바탕으로 모색을 계속했다는 것이다.

조 대표는 커뮤니티의 이용자 수가 활용할 수 있는 자원이라는 것을 알고 있었던 것으로 보이며, 꾸준히 무언가를 시도해왔다. 그러는 동안 무신사는 스트리트 패션 분야에서 어디보다도 앞서게 되었지만, 그때까지도 여전히 사업 모델이 명확하게 정해진 것은 아니었다. 그러나 무신사가 머무르고 있던 시장이 전 세계적인 패션 트렌드에 따라 폭발적인 성장을 기록했다.

따라서 우리는 무신사의 성공을 통해 사업에서 활용할 수 있는 자원을 계속 확장하고 늘려가야 한다는 점을 배울 수 있다. 무신사는 그런 측면에서 다른 모든 경쟁자들을 압도했다. 비교할 만한 곳도 찾기 힘들다. 아무리 훌륭한 패션감각을 가지고 있고 이를 통해 온라인 편집숍을 연다고 하더라도, 무신사만큼의 이용자와 인지도가 없기에 경쟁할 수 없다. 스토어를 오픈하기도 전에 25만 명이 넘는 가입자를 자랑하는 곳과 어떻게 경쟁할 수 있겠는가? 이처럼 경쟁은 철저한 자원의 싸움이다.

무신사의 홈페이지를 보고 많은 사람들이 '혼란스럽다'라고 이야기한다. 실제로 홈페이지를 보면 깔끔하거나 예쁘다고는 하기 힘들다. 오히려 복잡하고 투박하다. 대부분의 인터넷 편집숍과 쇼핑몰들이 UX사용자경험를 아주 멋지고 예쁘게 디자인하는 것을 감안하면 매우 이례적이다.

심지어 원하는 상품을 찾는 데에도 시간이 오래 걸린다. 어떻게 보면 오직 판매에만 목적을 둔 기능적인 면모라고 할 수도 있다. 다른 곳에서는 통하기 힘든 방식이지만, 이렇게 해도 판매가 가능한 것은 무신사가 그만큼 압도적인 경쟁우위를 차지하고 있기 때문이다.

이것은 재무상태표를 살펴보아도 잘 드러난다. 폭발적인 성장을 기록하는 대부분의 스타트업과 유니콘 기업의 재무상태표를 뜯어보면 인건비, 배송비, 광고선전비 등의 항목에서 한 군데 이상 과도하게 지출이 발생한 흔적을 발견할 수 있다. 아직 확고한 경쟁우위를 잡지 못했기에 그 우위를 잡고 시장을 주도하고자 해당 항목에서 과도한 비용을 쓰는 것이다. 그러나 무신사의 재무상태표에서는 과도하다고 할 만한 지출은 보이지 않는다. 이것 역시 이미 시장을 장악하고 주도하고 있으며, 경쟁자라고 할 만한 업체조차 없는 상황이기 때문이다. 무리하게 홍보 등에 돈을 쓸 이유가 없는 것이다.

결국 우리가 할 수 있는 것은 경쟁에 필요한 자원을 더 많이 확보하고 지속적으로 늘려가는 것이다. 팬이 있다면 팬을 늘려야 하고, 운영하는 플랫폼이 있다면 이용자를 늘려야 한다.

무신사가 사업의 일환으로 시작했던 웹진은 그 자체로는 큰 수익이 되지 않았지만, 이것이 훌륭한 자원이 되었음은 부인할 수 없다. 이렇게 최대한 더 많은 자원을 확보하고 늘려나간 상태에서 운을 기대해야 한다. 그 점에서 무신사에게는 운도 작용했다. 웹진은 스토어와 맞물려 시너지를 발휘했고, 무신사가 몸담았던 스트리트 패션은 현대 패션을 주도하는 트렌드가 되었으니 말이다.

무신사의 미래는 어떨까?

과연 무신사의 미래는 어떨까? 현재로서는 알 수 없지만 경쟁자가 존재하지 않는 압도적인 위상을 차지하고 있다는 점에서 결코 어둡지 않다. 여전히 폭발적인 시장에서 다양한 도메스틱 브랜드를 소개하며 시장에서 지위를 강화해나가고 있으며, 무신사라는 브랜드를 바탕으로 PB상품까지 출시하고 있기 때문이다.

적어도 국내 기반에서 지배적인 위치가 흔들리려면 패션산업에서 격변에 가까운 큰 변화가 일어나야 한다. 스트리트 패션의 인기가 갑자기 식어버리는 등 커다란 변화 말이다. 그런 점에서는 만일 경쟁자가 등장한다면 해외에서 나타날 가능성이 크다.

무신사는 아직 알려진 것보다 알려지지 않은 것이 많은 기업이다. 언론이 무신사에 대해 조망하는 내용들은 '고3이 차린 커뮤니티가 거래액 1조 원의 기업이 되었다'라는 스토리뿐이다.

조 대표에 관한 이야기는 그 흔한 인터뷰조차도 보기 드물다. 그가 어떤 이유로 2003년에 다음 카페가 아닌 독립 홈페이지를 차렸는지, 그리고 중요한 결정들을 어떻게 내렸는지 등에 대해서는 공개적으로 알려져 있지 않다. 또한 커뮤니티를 제외하면 그가 가졌던 환경적, 배경적 자원에 대해서도 알려진 바가 없다. 만약 이런 내용들이 더 많이 공개되고 알려진다면, 무신사의 성공에 대해 더 자세한 것을 알 수 있을지도 모른다.

하지만 현재의 내용으로도 무신사의 성공을 배우고 이해할 수 있는 점은 충분히 존재한다. 그것은 경쟁을 위한 자원을 더 많이 획득할수록 사업을 시작하기에도 경쟁하기에도 매우 유리해진다는 사실이다.

★★★★★

지금까지 여섯 기업들의 성공을 살펴보고, 각 기업들이 사업을 시작하고 운영할 때 가지고 있었던 자원들이 무엇인지를 알아보았다.

각각의 기업들은 가진 자원이 분명했다. 기업가로서의 능력도 있지만, 출발점에서부터 경쟁자들보다 훨씬 우월한 요소들이 있었다는 것도 부정할 수 없다. 운의 영향력도 빼놓을 수 없다. 아무리 뛰어난 재능을 가지고 있어도 그것이 꽃필 수 있는 시대를 맞는 운을 얻지 못하면 제대로 발현되기 어렵다. 이렇게 각각의 위치에서 성공을 이루어나가는 기업들은 자신들이 가진 자원을 최대한 활용했다. 이것이 바로 성공을 추구할 때 중요한 부분이다.

아무것도 없는 맨바닥에서 이룬 성공만이 훌륭한 성공은 아니다. 애초에 성공이라는 것 자체가 거두기 힘든 것이며 유지하고 발전시키기는 더욱 힘들다. 따라서 자신이 가진 재능과 금전적 자본, 인적 네트워크, 소비자에 대한 영향력과 정보력 등을 모두 쏟아부어야만 쟁취할 수 있는 것이다. 그리고 이러한 자원들이 충분히 많다고 해도, 반드시 성공을 담보할 수 있는 것도 아니다. 우리를 둘러싼 불확실성과 운 때문이다.

우리는 아무것도 없이 맨땅에서 실력과 노력으로 이루어낸 성공을 높게 평가하는 경향이 있다. 하지만 그것은 환상일 뿐이다. 우리의 환상과는 달리, 성공한 기업들의 실제 모습은 성공이 매우 현실적인 것임을 잘 보여준다. 이는 논리적으로 생각해보아도 쉽게 알 수 있다.

아무것도 없는 '평범한 사람'의 성공은 대단한 감동을 주는데, 이는 그런 일이 매우 드물기 때문이다. 드문 일이란 것은 말 그대로 예외적인 사례로서 절대 보편적인 경우가 아니며, 절대 일반화할 수 없다는 의미이기도 하다. 그런 예외적인 사례에는 엄청난 운이 개입된 경우가 많다.

우리는 환상 속의 성공이 아니라 지극히 현실적인 성공을 생각하고 추구해야 한다. 기업들의 성공 사례가 우리에게 시사하는 바가 바로 그것이다.

3장

성공을 가로막는 잘못된 조언들

*****

앞에서 성공한 사업가들이 오직 진실만을 말하지는 않는다는 점, 그리고 성공을 이해하는 우리 뇌의 한계에 대해 살펴보았다. 또한 기업들의 사례를 통해 성공한 사업가들이 충분히 경쟁할 만한 자원들을 이미 갖추고 있었다는 것도 확인했다. 이런 사항들을 명확하게 인지한다면, 성공에 대해 흔히 알려진 조언 중에도 잘못되거나 경계해야 할 것들이 많다는 것을 알 수 있다.

심지어는 성공한 사업가들이 자신의 성공에 대해 잘못된 분석을 내리기도 한다. 그들도 자신이 거둔 성공의 후광효과에 빠진 채로 성공 과정을 분석하기 때문이다.

나는 자신의 사업을 꾸려나가는 사업가들이 대단하다고 생각한다. 하지만 그것은 그들이 리스크와 변동성을 감수하며 불확실성 속에서 사업을 추진해나가기 때문이지, 그들이 성공의 정답을 알고 있는 완전무결한 존재라서가 아니다.

3장에서는 성공에 대한 잘못된 조언들과 우리가 경계해야 할 태도에 대해서 이야기하고자 한다. 잘못된 조언과 태도도 성공에 대한 인식을 현실에서 멀어지게 만드는 주된 원인이기 때문이다.

1

절박해야 성공한다 :
과도한 리스크 테이킹을 권하는 조언

성공한 사업가들이 대중 강연이나 책을 통해 '배수진을 치는 마음으로 사업을 하라'라는 내용의 이야기를 하는 것을 종종 본다. 배수진이란 단어를 직접 사용하는 경우도 있고, 그러한 의미를 담은 설명을 하는 경우도 있다. 아무래도 나이가 어느 정도 있는 사업가들이 배수진이란 단어를 직접적으로 언급하는 경우가 많다. 상황이 안정적이면 그 상황에 만족하고 도전을 기피하게 된다는 주장으로, 절박하고 간절한 상황을 조성함으로써 스스로 기회를 모색하게 만들어야 한다는 이야기다.

성공을 거둔 사람이 그렇게 말하면 꽤 그럴듯해 보인다. 그 방법으로 성공을 거둔 사람이 말하는 것이니 설득력이 있을 수밖에 없다.

그러나 과연 그렇게 절실한 상황을 조성해야 성공할 수 있는 것일까?

'배수진을 친다'라는 말의 오류

많은 사람들은 배수진이라는 말을, 물을 등지고 진을 쳐서 도망갈 길을 일부러 끊음으로써 임전무퇴의 마음으로 사기를 높여 싸우는 것이라고 알고 있다. 그래서 그처럼 일부러 도망갈 길을 차단하고 더 간절한 마음으로 성공과 목표를 쟁취하라고 권유한다. 하지만 배수진의 실제 의미를 안다면 절대 그렇게 말하지 못할 것이다.

배수진은 중국의 초한전쟁 당시 조나라를 멸망시킨 정형전투의 일화에서 나온 고사이다. 『손자병법』의 저자인 손무부터 시작해서 고대 중국의 병법가들은 하나같이 강이나 물을 등지지 말 것을 권했다. 퇴로가 차단된 상태에서는 잘못하면 모두 전멸하는 매우 위험한 상황에 빠질 수 있기 때문이다. 그런데 이 정형전투를 이끈 한신은 왜 조나라 군대를 상대로 배수진을 쳤을까?

당시 한신은 3만의 병력으로 조나라 정벌에 나섰는데, 정예병은 초나라를 상대하기 위해 빠진 상태였다. 반면 조나라의 병력은 자칭 20만 명이었는데, 그들은 지형이 매우 험해서 지키기는 쉽지만 함락하기는 어려운 정형관에 진을 치고 있었다. 즉, 당시 한신의 군대는 병력의 규모에서 밀리고 병사의 질에서도 뒤졌으며, 지형과 병사의 피로도, 정보 등 모든 상황에서 열세인 상황이었다.

한신은 기병 2천 명을 쪼개어 매복시켜두고는, 이들에게 조나라

병력이 한신의 본대를 치기 위해 나오느라 정형관을 비우면 함락하라고 지시했다. 또한 1만 명을 떼어 강을 등지고 배수진을 치게 하고, 본대를 이끌고 조나라의 병력이 몰려 있는 정형관을 치러 갔다.

예상대로, 조나라 군대는 한신의 보잘것없는 본대를 보자 섬멸하기 위해 관문을 열고 공격했다. 병력차가 압도적이므로 당연한 선택이었다. 한신의 본대는 조나라의 대병력을 정형관에서 끌어내기 위해 배수진으로 후퇴했다. 그러자 조나라 군대는 정형관을 비우고 추격하기 시작했다.

여기서 한신이 배수진을 친 진짜 목적이 드러난다. 그의 목적은 물을 등지고 싸우는 것이 아니었다. 자신이 따로 떼어둔 2천 명의 기병이 비어 있는 정형관을 차지할 때까지 시간을 버는 것이 목적이었다.

적은 병력이 많은 병력과 허허벌판에서 싸울 경우에는 포위당하기 쉽기 때문에, 병력이 적은 쪽은 적에게 노출될 수 있는 면적을 최대한 줄이는 것이 기본이다. 더구나 한신의 병력은 훈련이 안 된 병사들이 많았으므로 이들이 두려움에 빠져 진형을 이탈하기 시작하면 손실은 어마어마하게 커질 터였다. 배수진은 이처럼 단기전투에서 적과의 접촉을 줄이고 진형이 무너지는 것을 막기 위한 매우 예외적인 상황의 전술이라고 할 수 있다.

실제로 배수진을 친 한신의 부대는 조나라의 공격을 효과적으로 막아냈고, 2천의 기병대는 그 사이에 요충지였던 정형관을 점령했다. 그리고 조나라군은 한신의 본대를 공략하는 데 실패하고 돌아갔지만, 이미 정형관이 점령된 것을 보고 혼란에 빠져 너도나도 도망치기 시작했고, 한신은 이를 추격해 궤멸시켰다. 조나라의 총대장 진여와 조왕 조헐이 전사했으며 결국 조나라는 한나라에 복속되었다.

전투가 끝난 후 축하연 때 부하들이 왜 배수진을 쳤는지를 묻자, 한신은 "사지에 빠진 후에야 살고, 망할 곳에 놓여야 생존한다陷之死地而後生, 置之亡地而後存"라고 대답했다. 그러나 이는 배수진을 친 이유이지, 정형전투에서 이기기 위한 비법이 아니었다. 그가 배수진을 친 목적은 훈련이 안 된 적은 병력으로 시간을 끌며 버티기 위한 것이었고, 승리의 비결은 조나라 군대가 정형관을 비우고 나왔을 때 매복해둔 기병으로 함락시켰던 것에 있다.

그럼에도 사람들은 핵심과 맥락을 빼버리고, 그 말만 따와서 '망할 곳에 놓여야 생존한다'라든지, '절박해야 성공한다'와 같은 용도로 잘못 사용하고 있다. 하지만 실제로는 그렇지 않다는 것은 수많은 역사의 사례들이 잘 보여준다. 배수진을 잘못 쳐서 군대가 전멸당하거나 당할 뻔한 사례를 찾아보기는 어렵지 않다.

임진왜란 당시에 신립은 탄금대에서 배수진을 친 것으로 알려져 있다. 결과적으로 정예로 평가받던 경군은 전멸했다. 괜히 병법가들이 함부로 물을 등지고 진을 치지 말라고 한 것이 아니다.

배수진을 직접적으로 언급하든, 혹은 비슷한 의미를 담은 말이든, 그러한 내용의 발언을 쉽게 하는 사업가들을 볼 때마다 깜짝 놀란다. 만일 배수진이란 말의 진짜 맥락을 모르고 하는 말이라면, 그들이 사업에서 선택했다는 그 배수진의 결과는 순전히 운이었다는 의미이다. 혹시 알고 한 발언이라면, 맥락을 제대로 이야기하지 않고 정신력에 관한 내용만 일방적으로 얘기했다는 점에서 더 문제이다.

'망할 곳에 놓여야 생존한다'와 '절박해야 성공한다'와 같은 배수진은 확실한 다른 수단이 병행될 때 의미가 있으며, 그것이 없다면 함부로 배수진을 쳤다가 전멸한 수많은 군대들처럼 생존을 장담하기 어렵다는 사실을 명심해야 한다.

리스크를 더 많이 감수하는 기업가가 성공할까?

배수진은 그저 비유일 뿐, 실제로는 '절박해야 살아남는다'라는 주장이 좀 더 그럴듯하다고 생각할 수도 있다. 하지만 반례가 너무나도 많다는 것이 문제이다. 우리가 아는 유명한 기업가들 중에서는 절박한 상황이 아니라 회사를 다니며 안정적인 소득을 기반으로 창업했던 사람들이 생각 이상으로 많다.

스티브 워즈니악은 이런 이야기에서 단골로 거론된다. 그는 애플의 공동창업자가 된 이후에도 꽤 오랫동안 휴렛-패커드HP를 퇴사하지 않고 다녔다. 그뿐만이 아니다. 이베이e-Bay는 창업자 피에르 오미디야르가 제너럴 매직을 다니면서 만든 기업이며, 나이키는 공동창업자인 필 나이트가 PwC의 회계사와 대학에서 회계학 강의를 병행하면서 운영한 기업이다. 그래서 필 나이트는 나이키를 설립하고서도 6년 동안 급여를 받지 않고 버틸 수 있었으며, 회계사와 회계학 강의도 그 후에야 그만두고 전업 사업가가 되었다. 심지어 다른 공동창업자인 빌 바우어만 코치는 미국에서 손꼽히는 육상코치였다.

더 과거로 올라가도 사례는 많다. 포드 사의 전신인 디트로이트 자동차회사는 헨리 포드가 에디슨 일루미네이팅 컴퍼니의 기술자로 일하면서 투자자를 모아서 설립한 회사로, 그가 퇴사하고 전업을 한 것은 나중의 일이다.

심지어 미국의 경영잡지인 〈Inc.〉가 선정하는 '빠르게 성장하는 500대 기업Inc. 500'의 CEO 중에서 20%는 창업 후에도 한참 동안 월급쟁이 생활을 유지했다고 한다. 사람들이 일반적으로 이야기하는 배수진과는 거리가 있다. 오히려 이들은 안정적인 상황에서 기업을 차리고 충분히 성장시킨 뒤에야 비로소 전업을 한, 안정 지향형 기업가들이었다.

위스콘신-메디슨 대학의 조지프 라피와 지에 펭은 이 부분을 좀 더 깊게 파고 들어갔다. 기업가의 리스크에 대한 태도에 따라 기업의 생존과 성과에 영향이 있는지 살펴본 것이다. 연구 결과, 창업과 동시에 전업한 전업 사업가보다 본업을 그만두지 않고 창업한 사업가의 기업이 생존율이 더 높았고 더 오랜 기간 존속했다. 라피와 펭은 이에 대해 비즈니스 자체가 불확실성과 위험이 높으므로 리스크에 민감한 사업가들이 기업 생존과 유지에서 더 두각을 드러낸 것이라고 해석했다.[01]

이 결과는 당시 실리콘밸리의 기업인들 사이에서도 화제가 되었다. 아무래도 더 많은 리스크를 부담하는 기업인이 더 뛰어나며 잘될 것이라고 믿는 일반적인 통념과는 전혀 다른 결과였기 때문일 것이다.

배수진에 얽힌 한신의 고사와 라피, 펭의 연구를 보면, 스스로를 절박한 상황으로 몰아넣어서 더 열심히 성공을 추구해야 한다는 주장은 이제 기각하는 것이 좋을 것 같다.

왜 절박해서는 안 될까?

성공한 사업가들이 파멸할 가능성이 높다는 것을 뻔히 알면서도 배수진을 남에게 권유하는 것은 아닐 것이다. 적어도 본인은 그것이 효과가 좋은 방법이라고 믿기 때문일 것이다. 그러나 실제로는 운이 좋았거나 혹은 자신도 모르는 다른 수단이 있었기에, 그렇게 스스로를 절박하게 몰았던 것이 성공한 것이다. 어떻든 그런 발언을 하는 사업가라면 자신의 성공 요인을 본인도 모른다고 자백하는 것이나 다름없다.

사업을 절실하고 절박한 마음으로 해서는 안 된다. 또 배수진은 단기결전을 위한 임시적 방법일 뿐이지 장기전을 위한 방법이 아니다. 사업을 한 달 정도만 하고 말 생각이 아니라면 그런 생각은 멀리하는 것이 좋다. 그리고 그런 절실한 마음으로 성공했다는 사람들이 어떤 자원을 가지고 있는지도 잘 살펴보자.

01 Joseph Raffiee, Jie Feng, "Should I Quit My Day Job? : A Hybrid Path to Enterprenuership", Academy of management Journal, 2014.

그들은 우리처럼 맨손이 아니다. 맨손임에도 아무 대책 없이 일을 벌려서 성공했다면 운이 무척 좋았다는 이야기이기도 하다. 그 사람에게 따랐던 운이 나에게도 똑같이 일어난다는 보장은 없다.

2

출발점의 차이를
인정하지 않는 이야기

비즈니스에서 노력은 빠질 수 없는 요소 중 하나이다. 사업가가 일정 수준 이상의 성취를 이루기까지 들인 노력과 험난한 여정, 그리고 극복은 그 이야기를 듣는 사람들에게 절로 감동을 준다.

그런데 한 가지 재미있는 부분이 있다. 수많은 성공한 기업가들이 성공을 이야기할 때 자신이 들인 노력을 빠뜨리는 경우는 별로 없지만, 의외로 재능을 언급하는 일은 거의 없다는 사실이다. 대부분은 자신의 평범성과 얼마나 노력했는지를 강조한다.

각 분야에서 재능의 존재를 일정 수준 이상으로 인정하고 있으며, 대부분의 사람들이 그런 인식을 공유한다는 것을 생각하면, 유독 비즈니스 분야에서만 재능에 대한 이야기가 빠져 있다는 것이 신기할 정도이다. 특히 대중 강연 등에서는 '재능'이란 표현을 더욱 듣기 어렵다. 마치 함부로 재능이란 단어를 발설하면 안 된다는 암묵적인 규칙이라도 있는 것 같다.

물론 이해는 된다. 일반인을 대상으로 한 강연에서 노력을 강조하면 '여러분도 할 수 있습니다'라는 희망적인 메시지를 줄 수 있지만, 재능을 입에 담는 순간 그 강연은 '별 방법이 없습니다. 다시 태어나야 합니다'라는 이야기가 되어버리기 때문이다. 비즈니스에서 재능의 존재를 믿든 믿지 않든, 적어도 성공의 방법을 알고 싶어 하는 사람들 앞에서 쉽게 꺼내기 어려운 이야기인 것은 분명하다. 어쩌면 그렇기 때문에 노력만을 강조하는지도 모르겠다.

그런데 이와 거의 비슷할 정도로 금기시되는 주제가 바로 자신의 출발점에 대한 것이다. 기회의 평등은 정치인들이 유권자들에게 종종 내세우는 말이지만, 실제로는 성립하기가 매우 힘든 것 중의 하나이다. 특히나 비즈니스에서는 더더욱 그렇다.

성공한 사업가는 왜 자신의 출발점을 감출까?

누가 뭐래도 출발점이 명확하게 다른 사람들이 존재한다. 부모의 지원으로 사업자금을 확보하기에 유리한 사람도 있고, 주변의 인적자원이 남들보다 훨씬 풍부한 사람도 있다. 그리고 이 출발점의 차이가 비즈니스에서 초반의 유불리를 가르는 요소가 되기도 한다.

예를 들면 학벌이 대표적이다. 가끔 언론이나 사석에서 "명문대 학벌? 그런 거 필요 없어~"라고 호기롭게 이야기하는 사람도 있다. 하지만 그런 말을 하는 사람들은 학벌이 좋은 경우가 많다. 아마도 자기가 좋은 학벌을 가져봤지만, 딱히 이득을 얻은 것도 없다는 뜻일 것이다. 그러나 이 주장의 함정은 그들이 그 학벌이 없는 환경을 경험해보지 못했다는 것이다. 학벌로 인해 얻을 수 있었던 혜택을 자신의 노력으로 쟁취한 것, 혹은 당연한 것 정도로 믿는 경우이다.

대표적으로 비즈니스가 미디어에 실리는 경우를 생각해보자. 당신이 고졸, 혹은 별로 이름 없는 대학 출신의 사업가라면, 미디어가 주목하는 시점은 당신이 운영하는 기업이 눈에 띄는 성장을 기록하고, 소비자들 사이에서도 일정 수준 이상 알려진 이후일 것이다. 그 이전까지 미디어는 당신과 당신의 기업의 존재조차 알지 못할 것이고, 안다고 하더라도 별 관심을 보이지 않을 것이다. 별 볼 일 없는 사업가가 차린 별 볼 일 없는 기업은 뉴스거리가 되지 못하기 때문이다.

하지만 당신이 명문대 출신이라면 상황이 다르다. 특히 명문대 출신으로서 남들이 하지 않는 사업을 하면, 시작 단계부터 주목을 받을 가능성이 높다. 일단 '이야기'가 되기 때문이다.

명문대 출신 사업가의 보기 드문 도전은 그 자체로 관심을 끌 수 있는 매력적인 이야기이다. 어떻게든 미디어의 레이더에만 들어가면 얼마든지 마사지를 해서 내놓기 좋은 소재이다. 서울대 졸업장의 가치가 예전 같지 않다고들 하지만, 사람들은 여전히 서울대 출신의 누군가가 무언가를 했다는 이야기에 관심을 가진다. 여기에 더해 미디어 산업의 종사자들도 명문대 출신들이 많다 보니, 기왕이면 같은 명문대 출신이 벌이는 비즈니스가 기사 소재를 찾는 이들의 정보망에 걸리기 더 쉬울 것이다.[02]

남들보다 더 나은 출발점을 가졌다는 것은 명백한 우위이다. 비즈니스는 남들보다 우위를 가진 요소로 경쟁하여 승리하는 일이란 것을 생각해보자. 우위가 있다면 최대한 활용하고, 그것을 통해 경쟁을 유리하게 끌어가는 것은 지극히 당연한 일이다. 따라서 자신의 출발점이 남들보다 앞서 있다는 것을 애써 부정하는 사업가나, 앞선 출발점 자체를 비판하는 사람들의 반응은 말 그대로 괴상하기 짝이 없는 모습이다.

출발점이 다른 사업가들은 엄연한 출발점의 차이를 애써 감추거나 부정한다. 마치 자신이 거둔 성취가 부정당할 것이라고 생각하는

02 명문대 출신 중에서는 자신이 그 학벌을 얻기 위해 얼마나 노력했는지를 이야기하며, 학벌로 얻는 혜택을 당연한 것이라고 주장하는 사람들도 있다. 앞서 언급한 에릭슨의 '의식적 연습'을 기억하는가? 의식적 연습도 그것을 할 수 있는 환경이 주어져야 제대로 수행할 수 있는 것이다. 학생의 성적과 부모의 사회적 지위 및 교육투자가 유의미한 상관관계가 있다는 것은 널리 알려진 사실이다.

것이 아닐까 싶을 정도의 거부감이다.

심지어 노력이 과대평가되었다고 하는 사람들조차도 종종 출발점이 다른 이들의 성공을 비판한다. 개인적으로 이러한 사람들에게 묻고 싶다.

"대체 비즈니스와 경쟁과 성공이 뭐라고 생각하십니까?"

비즈니스에서 출발점이 다른 것을 우위로 받아들이지 않고, 반칙이나 불법 혹은 편법으로 바라보는 사람들이 있다. 분명히 말하지만, 이는 잘못된 시각이다.

사람들은 마치 사업가 본인이 오롯이 혼자 이룬 성취가 아니면 모조리 폄하할 듯한 태도를 취하는 경우가 많다. '사업가가 혼자의 힘으로 이루어낸 성공이 가장 순수하고 아름다운 성공이며, 출생이나 다른 이점을 통해 이룬 성공은 별로 가치 있는 것이 아니다'라는 암묵의 평가기준이 존재하는 것처럼 대한다. 언제부터 성공을 평가하는 데 예술 점수가 생겼는지 궁금하다. 이것은 망상이다.

비즈니스에서 성공에 영향을 미치는 요소는 다양하다. 또한 최근 들어 노력을 모든 것의 해결방법으로 보는 시각에서 점점 벗어나고 있다. 그렇다면 사업가가 본인의 힘과 노력만으로 거둔 성공만을 가장 가치 있게 평가하는 시각에서도 벗어나야 한다. 성공에 영향을 미치는 요소가 다양하다는 것을 인정하면, 성공을 평가할 때에도 그 모든 요소들을 인정해야 한다.

출발점의 평등은 현실적으로도 불가능하다. 이를 달성하자면 유전적 우위도 허용하지 말아야 하므로 우리는 모두 복제인간으로 태어나야 하며, 양육방식의 차이를 허용해서는 안 되므로 부모에 의한 개별 양육이 아니라 국가의 통제 아래 집단 양육을 실시해야 할 것이다. 또한 교육의 차이도 허용해서는 안 되므로, 교육기관에서 모두 똑같은 교육을 받고 자라게 해야 할 것이다. 이마저도 양육자와 교육자에 따라 차이가 생길 수 있으므로 인간을 배제하고 정형화된 프로그램으로 진행해야 할 것이다. 디스토피아를 그린 SF소설에 나올 법한 설정이다.

물론 성공 스토리에서 출발점의 차이를 최대한 배제하는 것에는 미디어의 영향도 없지 않다. 특히 극적인 성공 스토리로 독자를 유혹하고자 하는 미디어는 의도적으로 출발점의 차이를 지워버리기도 하며, 숨길 수 없는 경우에는 그 영향을 최대한 축소하려고 노력한다. 그래야 더 매력적인 이야기 구조가 완성되기 때문이다.

쿠촐로 이야기

대표적인 사례로 서울 용산의 해방촌을 대표하는 가게인 쿠촐로를 들 수 있겠다. 쿠촐로는 이탈리아식 포장마차를 콘셉트로 한 가게로, 오픈 초기부터 유명세를 치르며 매우 빠른 속도로 성장했다.

오픈한 지 1년도 되지 않아 이탈리아 가정식을 콘셉트로 한 2호점을 열었고, 2년 반이 되자 5호점까지 늘어났다. 가격이 저렴하느냐 하면 그렇지도 않다. 메뉴의 질이 좋긴 하지만, 메뉴당 가격이 2~3만 원이고 양은 적은 쪽에 가까워서 저렴한 것과는 거리가 멀다. 그래서 배고픈 상태로 방문했다면 위장을 채우는 대가로 통장 잔고가 텅텅 빌지도 모른다.

쿠촐로가 널리 알려진 것은 오너 셰프인 김지운 셰프의 이력 때문이다. 그는 쌍용건설 회장의 둘째 아들이다. 우리나라에서 재벌가의 자녀들은 일반적으로 경영수업을 받고 경영을 승계하는 코스를 밟는다. 재벌가의 2, 3세가 외식산업에 손을 대는 경우도 경영 차원에서지, 직접 셰프가 되는 경우는 적다.

미디어는 사람들이 관심을 가질 만한 주제에 눈독을 들인다. 이런 좋은 이야깃거리를 놓칠 리가 없다. 그래서 김지운 셰프의 이야기는 정말 다루기 좋은 소재이다. 생각해보라. '재벌 3세 출신의 셰프가 차린 성공적인 가게'라는 타이틀은 제목만으로도 관심을 끈다.

실제로 김 셰프를 다룬 기사들은 그 배경을 빼놓지 않으며, 아예 제목부터 배경을 강조하는 경우도 많다. 요리를 다루는 〈올리브 매거진〉 정도가 '김지운과 볼피노'라는 소박한 제목을 사용했을 뿐이다.

"[셰프와 한끼] 재벌가 둘째 아들, 해방촌 촌장 되다, '쿠촐로' 김지운 셰프"
〈조선비즈〉, 2016. 3. 26.

"요리가 금수저의 취미? 제 모든 걸 걸었죠" 〈매일경제〉, 2017. 10. 23.

"[friday] 재벌 3세로 태어났지만… 지금 나는 '셰프 1세'"
〈조선일보〉, 2017. 11. 10.

기사 제목만 보아도 김 셰프의 이야기를 어떻게 풀어낼지 짐작할 수 있다. 특별한 출신임에도 남들과 다른 선택으로 이러이러한 성과를 이루어냈다는 구조이다. 원래 예상 밖의 이야기가 좀 더 흥미로운 법 아니겠는가? 그리고 실제 기사 내용도 그렇게 진행된다.

〈매일경제〉 기사는 "그는 아버지로부터 큰 도움을 받지 않고 홀로서기를 했으며…"라고 했고, 〈조선비즈〉 기사는 "2015년 3월 이태원에서 12평짜리 작은 식당 쿠촐로를 열기 위해, 대기업의 둘째 아들도 다른 청년들처럼 아버지에게 손을 벌려야 했다"라는 표현을 사용했다. 대기업 자제임에도 불구하고 도움 없이 자신의 힘으로 사업을 일구어낸 청년 사업가로 소개하고 있다.

아마 모든 사람들이 본인의 사업보다 출신에 초점을 맞추고 있으니, 김지운 셰프로서는 섭섭함을 느낄 수도 있을 것이다. 그것은 매우 인간적인 감정이다. 그래서 〈조선일보〉의 2017년 11월 인터뷰를 살펴보면, 부모님의 도움은 극히 제한적이었고 자신은 취미나 재미로 하는 것이 아니라 '죽기 살기'로 하는 것이라고 김 셰프 본인이 어필하고 있다.

실제로 김 셰프가 아버지로부터 받은 지원은 그의 배경을 감안하면 매우 미약한 것이 사실이다. 인터뷰에서도 거듭 밝혀왔듯, 가게를 오픈할 때 차용증을 쓰고 빌린 1억 4천만 원이 전부이다. 분명 적은 돈은 아니지만, 재벌가 출신을 감안하면 일반인들이 얼핏 생각할 만한 지원보다는 적다. 하지만 이것이야말로 그가 남들과는 다른 출발점에서 출발했다는 증거이기도 하다.

우리는 부모가 자녀를 위해 돈을 지원하는 것을 너무 쉽게 보는 경향이 있다. 중상층 이상의 가정에서 자란 경우, 독립이나 결혼 시에 전세보증금을 지원하는 이야기가 종종 나온다. 이것이 법적으로 증여라는 것을 인식하는 사람은 생각보다 드문 듯하다. 현행법상 부모가 성인 자녀에게 10년 내에 5천만 원 이상을 지원할 경우 초과분에 대해 증여세를 내거나, 증여세를 안 내려면 차용증을 쓰고 적정 금리의 이자를 주어야 한다. 이는 세금에 민감한 자산가에게는 상식에 가깝다. 사회경제적 지위가 높을수록 국세청 등 기관의 눈이 쏠리기에 대충 처리할 수 없다. 그중에서 김 셰프는 후자의 방법을 따랐다.

그러나 빌렸다고 해서 도움이 없었다고 보기는 힘들다. 특히 신규사업자 중의 상당수가 사업 초기의 어려움 중 하나로 꼽을 만큼 자금조달은 어려운 일이다. 은행이나 제2금융권을 이용해본 사람이라면 대출이 생각보다 쉽지 않다는 것을 알 것이다. 금융기관은 아무런 이력이나 담보물, 매출이 없는 사람에게 돈을 빌려주지 않는다. 그 점에서 김 셰프는 확실히 남들보다 좀 더 나은 출발점에 있었다.

물론 인터뷰에서 밝힌 대로, 그가 취미나 재미로 하는 사업이 아니라 죽기 살기로 해왔다는 점은 충분히 인정받아야 한다. 유학 시절 동네 식당에서 홀 서빙과 주방 보조 아르바이트를 하고, 독학으로 와인 자격증인 WSET level3를 취득한 것은 자신의 비즈니스를 결코 가볍게 본 것이 아님을 잘 보여준다. 군대 전역 당일부터 바로 한남동의 한식당에서 주방 보조 일을 시작하고, 한식연구가이자 미슐랭 스타 셰프인 이종국 셰프의 작업실에서 1년 동안 일하면서 한식을 배운 것 등, 남다른 각오로 많은 노력을 기울여왔다는 것을 충분히 알 수 있다.

그러나 김 셰프의 성공을 단순히 그의 노력만으로 설명하기는 어렵다. 그의 레스토랑은 단기간에 큰 성공을 기록했다. 아버지에게 빌린 1억 4천만 원을 오픈 6개월 만에 상환했을 정도이니 대단한 성공이다. 특히 1호점이 약 12평에 불과하다는 것을 생각하면 단기간에 거둔 성공이 더욱 돋보인다. 메뉴들의 가격이 제법 높은 편이기에 가능했던 일이기도 하다. 쿠촐로를 찾은 사람들은 그 가격만큼의 질이 보장되기에 충분히 갈 만하다고 이야기한다.

누가 나의 가게를 알아볼 것인가?

그럼, 초기에 쿠촐로에 다녀간 후 '가격은 다소 높지만 충분히 갈 만하다는 것'을 널리 알린 사람들은 누구일까?

소비자들은 새로운 것을 좋아하는 것처럼 보이지만, 실제로는 매우 보수적이고 위험을 기피하는 경향이 있다. 특히 음식의 경우에는 위험 기피 성향이 더욱 높아진다. 이제 식사는 단순히 생존을 넘어서 즐거움을 얻기 위한 수단으로 발전했기에, 무모한 도전으로 한끼 식사라는 즐거움을 망치기를 원치 않기 때문이다. 그러나 실제 성향은 그렇더라도, 남들에게 새로운 것을 좋아하는 사람으로 보이고 싶어 하는 측면도 있다. 따라서 사람들은 충분히 검증된 새로운 것을 찾는다.

앞서 말했듯 쿠촐로의 메뉴 가격은 결코 저렴하지 않다. 일반적인 소비자 입장에서는 접근하기가 쉽지 않다. 사실 고가전략은 함부로 구사할 수 없다. 특히 요리의 경우는 먹어봐야 아는 것이기에 문턱

이 더 높다고 할 수 있다.

당신이 처음 보는 가게에 들어갔는데, 메뉴 가격이 꽤 높다면 기꺼이 그대로 식사를 하겠는가? 가격을 보고 조용히 밖으로 나가는 사람도 있을 것이다.

당신이 얼마나 긴 기간을 수련해왔든, 어떤 노력을 기울여왔고, 무엇을 배웠든, 실력이 어떻든, 자신감이 얼마나 충만하든, 그것은 아무런 상관이 없다. 소비자 입장에서 당신의 가게는 미지의 영역이고, 바로 그 미지의 측면 때문에 지갑 열기를 꺼리게 된다. 경제학에서 이야기하는 정보 비대칭 현상이 문제를 일으키는 셈이다.

따라서 '검증된 새로운 것'을 찾는 소비자들을 가게로 끌어들이기 위해서는, 믿을 만한 사람들이 그 가격을 지불할 만한 가치가 있음을 증명해주어야 한다. 블로거나 인스타그램 유저들에게 포스팅을 조건으로 무료 식사나 음료를 제공하겠다는 업체들이나 그것을 중개하는 마케팅 업체들이 괜히 많은 것이 아니다.[03]

대부분의 요식업체에서 음식점과 소비자의 정보 비대칭은 매우 고통스러운 기다림의 시간을 겪게 만든다. 누가 당신의 가게를 알아볼 것인가? 혹시나 누군가 당신의 가게를 방문해서 크게 만족했다고 해도 그 정보의 전파는 또 다른 문제이다.

맛집 포스팅을 열심히 하는 소비자는 전체 소비자 중에서 일부

03 고백하자면 경제 블로그를 지향하는 내 블로그에도 이런 제안은 꾸준히 들어온다. 물론 그 제안을 수락하면 내가 하고 싶은 이야기를 못 하고 글을 써주어야 하는 번거로움을 감수해야 하므로 무시하는 편이다.

에 불과하다. 그 식당에 만족해도 대부분은 주변에 열심히 알리기보다 남이 물어보지 않는 이상 혼자 만족하는 것으로 그친다. 결국 정보는 쉽게 전파되지 않고, 정보 비대칭은 그대로 유지되어 또 다른 누군가를 기다려야 하는 상황을 부른다.

그러다가 운 좋게 신뢰도와 파급력이 큰 사람이 방문하여 적극적으로 전파하면, 그제야 가게가 빛을 보게 된다. 이런 점에서 연예인이나 유명인사의 방문은 커다란 파급효과를 가져오는 대표적인 경우이다. 그러나 알다시피, 이들이 적극적으로 홍보를 해주는 경우는 별로 없다. 대부분 가게 주인들이 몸이 달아서 싸인을 받아 벽에다 붙일 뿐이다.

미슐랭 3스타이자 '세계 최고의 레스토랑 50'에서 매년 1, 2위를 유지하는 오스테리아 프란체스카나 레스토랑도 예외가 아니었다. 이탈리아 모데나에 있는 이 레스토랑은 1995년에 문을 열면서 이탈리아 요리의 전통을 파괴한 모던 쿠진을 시도했다. 그러나 전통에 대한 자부심이 강한 모데나에서 비난의 대상이 되었고, 모든 비평가로부터 무시를 당했다.

그런데 로마에서 밀라노로 가던 한 비평가가 교통체증으로 인해 우연히 모데나에 들르면서 상황이 급반전했다.[04] 이 레스토랑은 1년 후에 미슐랭 스타를 받았는데, 오픈한 지 6년째 되는 해였다. 실력을 의

04 "Massimo Bottura, the Chef Behind the World's Best Restaurant", 〈New York Times〉 T–magazine. 2016. 10. 17.

심할 여지 없는 대단한 레스토랑조차 오픈 시점으로부터 5년 동안은 인고의 시간을 견뎌야 했던 것이다.

그런데 쿠촐로는 정보 비대칭으로 인해 소비자들에게 가격을 설득해야 하는 과정이 매우 짧았다. 시작부터 잘된 경우이다. 아무리 지금이 SNS의 시대라서 전파가 쉽다지만 말이다.

일반적으로 가게 오픈 후 1~3개월 동안은 매출이 인적 네트워크로 발생한다. 새로 문을 연 가게는 아무런 검증도 정보도 없어서 일반적인 소비자들은 위험을 무릅쓰고 찾지 않는다. 이 기간 동안에는 친구, 가족, 지인 등의 방문으로 운영된다. 그러다가 사람들이 찾는 것을 보고 다른 사람들도 호기심에 하나둘씩 방문하게 된다. 만약 오픈 초기부터 사람들이 엄청나게 몰린다면 오너나 셰프의 인적 네트워크가 큰 영향을 미쳤다고 볼 수 있다.

김지운 셰프는 여기에서도 적어도 평범한 사람보다는 우위를 가지고 있었다. 쿠촐로 오픈 당시 그는 아직 스타 셰프가 아니었고, 오픈 이전까지 쌓은 수련은 충분히 인정받을 만하지만, 그렇다고 이름을 알릴 정도로 두드러진 이력을 남긴 인물이 아니었다. 일반 소비자들을 대상으로 한 그의 이력은 쿠촐로와 함께 시작한 것이나 다름없다. 따라서 초기 성공에는 인적 네트워크와 그와 연결된 사람들이 큰 영향력을 발휘했다고 추정할 수 있다.

여기에 더해 그의 배경은 일반 소비자들에게 비싼 가격대를 납득시킬 수 있는 요인으로도 작용했다. 재벌 3세가 하는 레스토랑이라면, 어느 정도 높은 가격대여도 거부감 없이 받아들이게 된다. 적어도 형편없는 것을 내놓지는 않을 거라고 생각하게 되기 때문이다.

지금까지 살펴보았듯, 비즈니스에서 김 셰프의 배경을 제외할 경우 반쪽짜리 이야기가 되어버린다. 애초에 그의 레스토랑이 성업한 데는 배경이 영향을 미치지 않았다고 보기는 어렵기 때문이다. 오히려 그 배경이 없었다면 훨씬 더 험난한 길을 걸었을 것이다.

거듭 강조하지만, 출발점이 다르다고 해서 성공 그 자체가 폄하될 수는 없다. 경쟁은 어디까지나 우위를 가지고 승부해야 하며, 그 점에서 김 셰프는 배경적 우위가 잘 활용된 사례라고 볼 수 있다. 물론 그런 우위를 가졌다고 해서 모두가 성공하는 것은 아니다.

출발점의 차이를 왜 인지하지 못할까?

출발점의 차이를 부정하거나 없는 것처럼 이야기하는 사업가라면, 자신의 노력을 과대평가하거나 출발점의 차이를 제대로 인지하지 못하고 있을 가능성이 높다.

나심 탈레브는 이런 현상을 "1천만 달러의 연봉을 받는 사람들이 사는 아파트에서 100만 달러 연봉자는 자신을 가난뱅이라고 느낀다"라는 통찰력 넘치는 비유로 요약했다.

100만 달러 연봉자는 누가 뭐래도 최상위 소득자에 해당하지만, 1천만 달러의 연봉자에 비교하면 한참 모자라다고 느낄 수밖에 없다. 그렇다고 대중을 대상으로 한 장소에서 "저는 가난해서 100만 달러밖에 못 벌고 있지만…"과 같은 말을 해서는 곤란하다. 문제는 우리가 이런 착오를 너무나도 많이 저지르고 있다는 점이다.

서민에 대한 인식은 우리가 자신의 위치를 잘 모른다는 것을 명확하게 보여주는 사례이다. 서민이라는 단어는 필요에 따라 자유롭게 활용되는데, 일반적으로는 자신이 특권층에 해당하지 않는 '보통 사람'임을 말하기 위해서 사용한다. 그렇다 보니 너도나도 모두가 자신을 서민이라고 주장한다.

몇 년 전 한 모임에서 나는 어떤 분이 "나 같은 서민이…"라는 말을 하는 것을 듣고 깜짝 놀란 적이 있다. 그분과 배우자 둘 다 전문직 종사자라는 것을 알고 있었기 때문이다. 어떻게 봐도 서민의 범위에 해당하는 분은 아니었다. 그래서 그분에게 물었다.

"저, 궁금해서 그러는데, 그러면 서민이 아닌 사람은 누군가요?"

"이건희 회장 같은 사람들이죠."

그분은 한국에서 가장 부자인 인물을 서민이 아닌 사람으로 규정했다. 그 기준이라면 사실상 재벌과 그 일가가 아닌 사람들은 모두 서민이 된다. 연 소득이 2천만 원인 사람도 서민이고, 3억 원인 사람도 서민이다. 서민의 범위가 너무 넓어서 차라리 인간을 대체하는 단어로 써도 되겠다는 생각을 했다. '인간의 본성' 대신 '서민의 본성' 같은 표현으로 말이다.

서민이란 무엇인가? 한국보건사회연구원에서 서민의 개념과 범위에 대한 연구[05]를 진행한 적이 있다. 아마 이 연구자료가 이 질문에 대한 좋은 답이 될 것이다. 서민에 대한 국민들의 인식을 파악하기 위해 설문을 진행했는데 그 결과가 재미있다.

우선 서민의 의미에 대해서는 응답자의 80%가 '소득이나 재산이 적은 사람'이라고 답했다. 그런데 소득이나 재산이 적다는 것은 명확한 기준에 따른 판단이 아니라 자의적 판단이다. 객관적인 지표가 아니라 자신의 내적기준을 통해 판단한다는 것이다.

이 기준을 통해 자신을 서민이라고 답한 사람은 67%이다. 이것은 실제로는 빈곤층이지만 자신을 서민으로 여기는 사람, 중산층이지만 서민으로 여기는 사람을 모두 포함한 수치이다. 자신을 서민이 아닌 중산층 이상으로 여기는 사람들은 겨우 29.7%에 불과하다.

221쪽의 그래프는 300명을 대상으로 스스로 생각하는 경제적 지위와 실제 지위를 조사해 비교한 것이다. 그래프에서 1분위는 소득 하위 10%이고, 10분위는 소득 상위 10%이다. 또한 소득 5분위와 6분위를 가르는 지점이 전체 소득의 중간점이라고 볼 수 있다.

스스로 생각하는 경제적 지위에 따른 서민의 범위

단위: % | 출처: "서민의 개념과 범위에 대한 연구". 한국보건사회연구원, 2012. 2.

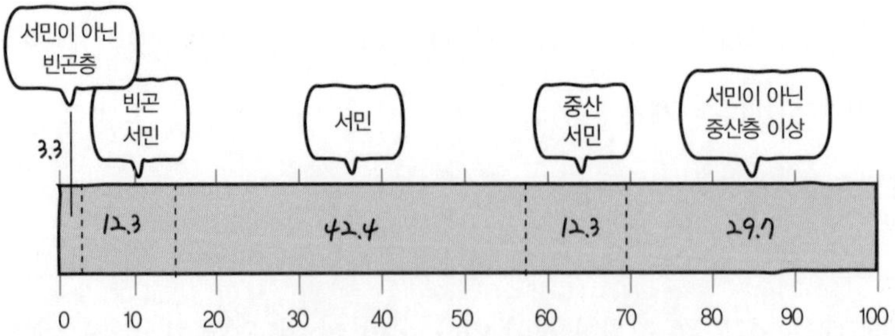

05 강신욱, 이현주. "서민의 개념과 범위에 대한 연구". 한국보건사회연구원. 2012. 2.

스스로 생각하는 경제적 지위와 실제 지위

단위: % | 출처: "서민의 개념과 범위에 대한 연구". 한국보건사회연구원, 2012. 2.

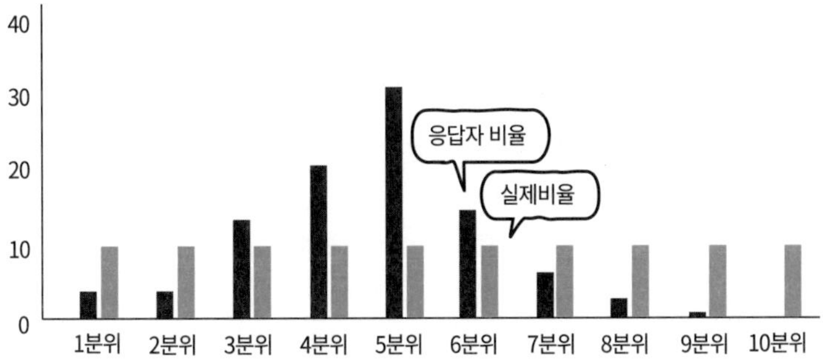

우리의 인식이 실제를 어느 정도 반영한다면, 약간의 차이가 있을지언정 응답자가 생각한 경제적 지위가 모든 분위에서 고르게 10%에 가깝게 나와야 한다.

그런데 결과는 실제와는 완전히 어긋나 있다. 자신이 5분위에 해당된다고 답한 사람이 32.7%로 가장 많았고, 그다음으로 21.7%는 4분위라고 답했으며, 6분위에 해당한다고 답한 사람이 15.3%로 그 뒤를 이었다. 자신이 10분위라고 답한 사람은 없었고, 9분위라고 한 사람도 0.7%에 불과했다. 반대로 자신이 저소득층인 소득 1, 2분위라고 답한 사람들도 각각 3.7%, 3.3%로 실제 분포보다 크게 적었다. 다시 말해 고소득층은 자신의 경제적 지위를 과소평가하고, 반대로 저소득층은 자신의 경제적 지위를 과대평가하고 있다.

위의 자료는 조사대상이 300명으로 샘플이 작아서 믿을 수가 없다고 생각할 수도 있겠다. 그렇다면 조사대상을 키워보자. 한국종합사회조사는 우리나라 국민들을 대상으로 사회와 국가에 대한 생각과 인적조사를 실시하는 것이다. 이 설문지에는 다음과 같은 문항이 있다.

> 한국의 일반적인 가정과 비교했을 때, 귀댁의 소득은 평균보다 어느 정도 높다고, 또는 낮다고 생각하십니까?
>
> ① 평균보다 훨씬 높다.
> ② 평균보다 약간 높다.
> ③ 평균이다.
> ④ 평균보다 약간 낮다.
> ⑤ 평균보다 훨씬 낮다.

이것은 자신의 소득에 대한 주관적 인식을 묻는 질문이다. 소득 분위를 직접적으로 정하고 묻는 질문은 아니지만, 평균을 기준점으로 두고 다섯 개의 영역을 나누었다는 점에서 소득 5분위에서 자신의 위치가 어디에 해당한다고 생각하는지 묻는 질문이라고 볼 수 있다. 그렇다면 2003년부터 2013년까지 10년 동안 이 질문에 응답한 14,688명의 응답 비율을 살펴보자.

221쪽의 그래프와 형태는 약간 다르지만, 역시 '평균'이라고 생각하는 사람들의 비중이 높고, 양쪽 1분위와 5분위로 갈수록 줄어드는 분포의 형태를 보이고 있다. 5분위 기준이라면 실제 분포는 각 구간이 모두 20%가 되어야 하는데 말이다. 즉, 조사대상을 1만 4천 명 이상으로 늘려도 고소득층과 저소득층이 각각 자신의 경제적 지위를 과소평가, 또는 과대평가하는 현상은 동일하게 벌어지는 것이다.

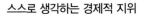

스스로 생각하는 경제적 지위　　　　단위: % | 출처: 한국종합사회조사

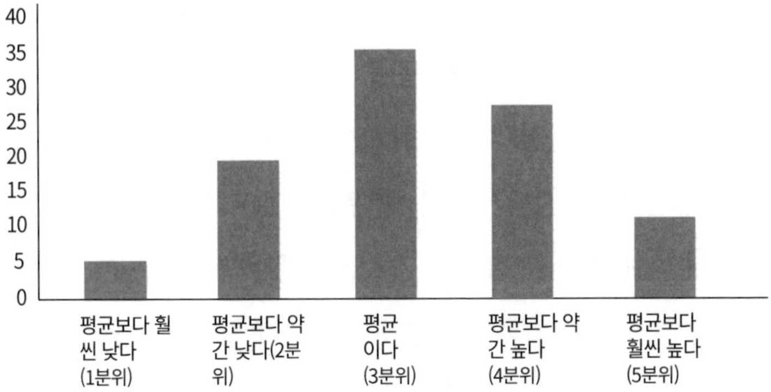

이런 현상을 이해하면, 남들보다 앞선 출발점을 가진 사람들이 왜 그렇게 자신들이 가진 우위를 과소평가하거나 인지하지 못하는지 알 수 있다. 그들은 정말로 자신의 출발점이 남들과 동일하다고 여기는 것이다.

사실 당연하다면 당연한 부분이다. 우리는 다른 사회계층의 사람들과 어울릴 일이 그리 많지 않다. 우리가 살면서 만나고 어울리는 사람들은 대부분 자신과 비슷한 사람들인데, 애초에 접점을 가질 수 있는 장소가 비슷한 교육과 환경이기에 발생하는 현상이다.

그렇다 보니 우리가 평가하는 자신의 위치는 결국 자신과 비슷한 사람들 중에서의 위치가 된다. 결국 사회 전체의 평균과 자신의 소속 집단을 제대로 이해하지 못하면, 자신이 누리고 있는 이득과 여러 우위를 제대로 알지 못하게 되는 것이다.

물론 그 이득과 우위를 객관적으로 바라보는지 여부는 사실 성공 자체에는 별 영향을 주지 못한다. 몰라도 성공할 수 있다. 문제는 이런 시각을 갖추지 못한 사업가가 공개적인 자리에서 관련 이야기를 할 때이다. 이 경우는 대부분 큰 실언으로 이어지기도 한다. 남들에 비해 명백한 우위를 가지고 출발했으면서도 자신에게는 아무런 우위가 없었으며, 오롯이 자신의 노력과 투입의 결과라고 주장하는 것이다. 혼자서 그렇게 생각한다면 별 문제가 없지만, 사업가가 공개적인 장소에서 이러한 발언을 한다면 두 가지 문제가 발생한다.

출발점의 차이를 인지하지 못하면

첫째, 이제 사람들은 과거처럼 노력을 과대포장하는 것에 그리 관대하지 않다. 다른 계층에 소속된 사람이라면 그런 주장의 문제점을 단번에 짚어낼 수 있다. 이것은 사업가와 브랜드에 대한 거부감을 불러일으킨다. 브랜드에 대한 호감을 늘려도 모자랄 마당에 스스로 깎아먹는 것은 매우 큰 문제이다.

둘째, 그 이야기를 듣는 사람들에게 잘못된 믿음을 전파한다.

남들보다 더 나은 출발점에서 성공의 우위를 확보하고 성취를 이루는 것은 전혀 문제가 되지 않으며, 폄하할 것도 아니다. 그러나 그로 인한 우위를 모두 자신의 공으로 돌리고, 잘못된 믿음을 널리 전파하는 것은 예비 사업가들로 하여금 무리할 정도로 큰 위험을 부담하게 만드는 행위이다. 이것은 분명 큰 문제이다.

물론 자신의 경제적, 사회적 위치를 완전히 객관적으로 인지하는 것은 쉽지 않다. 그러나 스스로 유능한 사업가라고 생각한다면, 적어도 자신의 위치를 조금 더 객관적으로 바라보려는 노력이 필요하다.

출발점의 차이는 분명 성공에 영향을 미친다. 만약 이 차이를 제대로 언급하지 않거나 인지하지 못하는 사람이 있다면, 그는 자신의 성공을 다 알지 못하는 것이다. 이런 사업가의 발언을 조심하자. 그가 밝히는 성공 이야기는 많은 부분이 자신의 노력과 자신이 겪은 고생으로 윤색되어 있을 것이기 때문이다. 결국 그 사람도 자신의 성공 이유를 모르기는 마찬가지다.

3

성공은 고난과 고생에 대한 보상이 아니다

고난과 고생은 성공 스토리에서 빠지지 않는 요소 중 하나이다. 사업가들은 자신이 성취를 이루기까지 얼마나 많은 난관과 고생을 겪었는지 종종 이야기한다. 그런 부분이 듣는 이에게 매우 큰 카타르시스를 주는 것도 사실이다.

지금도 수많은 사람들이 좋아하는 이야기는 속칭 '개천에서 용 난 이야기'라고 불리는, 가난뱅이가 부자가 되는 스토리이다. 이러한 상황의 역전은 우리 모두가 바라는 이야기이기도 하며, 그 소망의 실현이라는 점에서 우리의 판타지를 충족시켜준다. 영화나 소설이라 해도 충분히 매력적인 이야기인데, 실화라면 감동이 더욱 클 수밖에 없다. 많은 사람들은 이런 이야기에서 용기를 얻기도 한다.

고생은 정말 성공으로 가는 통행료일까?

가난뱅이에서 부자로 가는 이야기의 과정에서 고난과 고생은 매우 중요한 역할을 한다. 쉽게 얻은 것보다는 고생 끝에 힘겹게 얻은 것이 더욱 소중하게 느껴지고, 감격도 남다른 법이다. 특히 얻은 것이 크면 클수록 고생의 카타르시스도 커진다. 반대로 고생에 비해 얻은 것이 보잘것없을수록 허무함이 강조된다. 이는 수많은 영화와 소설을 통해서 확실하게 검증된 이야기 구조이기도 하다.

고난과 고생은 성공 스토리가 가진 이야기에 힘을 더하는 장치이다. 고난과 고생이 강조될수록 이야기 구조가 더욱 그럴듯해지고 강력해지기에, 우리의 뇌는 그것을 더욱 믿게 된다. 즉, 고난과 고생은 성공의 요인이라기보다는 그 스토리를 설득력 있게 받아들이도록 하는 장치로서의 역할이 더 크다.

문제는 성공 스토리를 이야기하는 사람들이 그것을 장치 이상으로 받아들이는 데 있다. 마치 자신이 겪은 고난과 고생이 성공으로 가는 길의 통행료라도 되는 것처럼 이야기한다. 그리고 충분한 통행료를 지불했기에 자신이 거둔 성공이 합당하다는 것을 역설한다. 듣는 사람들도 모두 고개를 끄덕이며, 그 통행료가 클수록 그가 거둔 성공을 좀 더 정당하게 여기게 된다.

그러나 여기에서 질문을 던져야 한다. 과연 그 고난과 고생 때문에 성공을 거두게 된 것일까? 성공의 통행료를 과시하는 사람들에게는 미안하지만, 그 인과관계는 증명된 바가 없다.

사업가들은 왜 그렇게 고생을 강조할까?

행동경제학의 새로운 스타 댄 애리얼리가 쓴 『부의 감각』에서는 재미있는 사례를 제시한다. 어떤 열쇠 수리공은 2분 만에 쉽게 문을 열어주고 100달러를 비용으로 청구하는데, 다른 사람은 한 시간 동안 땀을 뻘뻘 흘리며 힘겹게 열어주고 100달러를 받는다고 하자. 어떤 열쇠공을 부르는 것이 좋은 선택일까?

댄 애리얼리에 의하면 사람들은 대부분 시간이 오래 걸리는 쪽을 선택한다. 전자는 들인 노력에 비해 너무 많은 돈을 청구하고, 후자는 그만큼 노력을 했기에 비용이 적당하다고 느끼는 것이다.

이번에는 질문을 조금 바꾸어, 후자가 공구를 몇 개 부수며 수차례 시도한 끝에 겨우 열고 나서 120달러를 청구한다면 어떨까? 마찬가지로 사람들은 2분 만에 문을 열고 100달러를 청구한 사람보다, 오래 걸리고 더 비싼 요금을 청구한 사람을 선택하는 경향이 있다. 전자의 열쇠공은 유능한 반면, 후자는 순전히 무능해서 시간이 오래 걸리는데도 말이다.

이 이야기를 보면, 사람들은 유능한 열쇠공을 부르는 것에는 관심이 없는 것처럼 보인다. 무능한 데다가 더 비싼 돈을 청구하는 수리공을 부르는 것을 더 나은 거래라고 여기니 말이다. 그러니 문을 잘 여는 능력이 아니라 얼마나 노력하고 고생하는지를 보여주어야 서비스 비용을 아깝지 않게 생각한다. 이 경우 서비스 비용은 문을 열어주는 것에 대한 대가가 아니라 고생에 대한 대가가 된다.

이는 사업가들이 왜 고난을 그렇게 강조하는지, 그리고 왜 우리는 고난이 들어간 성공을 정당하다고 느끼는지 잘 보여준다. 아무리 유능한 사람이라도 대가를 쉽게 얻은 경우, 사람들은 그에 대해 부정적으로 생각하는 경향이 있다.

그런 맥락에서 보면, 성취에서 운의 존재를 언급하는 것만으로도, 마치 인격모독이라도 당한 것처럼 화를 내는 사람들을 쉽게 이해할 수 있을 것이다. 이들은 자신의 성공이 운 덕분에 쉽게 얻은 것이 아니라 엄청나게 노력하고 고생해서 얻은 것이라고 역설하고 싶은 것이리라.

그러나 우리의 감정이 어떻든, 성공에 대한 평가에는 예술점수라는 항목이 없다. 성공에 실제로 가까이 다가가려면 이러한 감정을 거부하고 정확한 현실을 봐야 한다. 고난과 고생은 그저 성공으로 가는 길목에 있는 과정 중 일부일 뿐이다. 그것이 성공을 정당화하지도 않으며, 성공의 요인은 더더욱 아니다.

견딜 수 있을 만큼의 고난

고난과 고생은 성공한 사업가들만 겪는 특별한 경험이 아니다. 누구나 자신의 삶에서 나름대로 겪고 산다. 평온한 인생을 사는 것처럼 보이는 사람에게도 예외는 없다. 다만, 고난과 고생은 철저한 개인의 경험이며 객관적으로 수치화되는 것이 아니기에 누구나 자신의 고생을 좀 더 특별하게 여길 뿐이다.

예를 들면 군을 제대한 지 얼마 되지 않은 남성들이 대표적이다. 이들은 술자리에서 자신의 군 생활이 얼마나 힘들었는지를 자랑하며, 상대방에게는 "군 생활 편하게 했네!"라고 한다. 모두 자기가 가장 고생한 것마냥 말이다.

마찬가지로 성공한 사업가의 고생도 특별한 것이 아니다. 오히려 그들은 성공을 통해 보상받지 않았는가? 이들은 "나를 죽이지 못하는 것은, 나를 더욱 강하게 만든다Was mich nicht umbringt, macht mich stärker."라는 니체의 말에 '고통'이란 단어를 더해서 반복적으로 인용한다. 그리고 말한다.

"고난과 고생은 여러분을 더 단단하게 만들 것입니다. 저도 그 과정을 통해서 여기에 이를 수 있었습니다."

이는 고난을 겪고 있는 사람에게는 꽤 위로가 되는 말이긴 하다. 그러나 고난이 인간을 더욱 강하게 만드는 것은 견딜 수 있는 수준일 때뿐이다. 인간은 때로는 강하지만, 한편으로는 생각 이상으로 너무나도 약하다. 오히려 강력한 스트레스와 충격은 인간을 무너지게 만들기도 한다.

김승섭 교수의 『아픔이 길이 되려면』은 그런 고통이 인간의 몸에 어떠한 영향을 미치는지를 잘 보여준다. 책에서는 학교 폭력을 경험한 다문화가정 아이들의 대응 유형에 따른 우울증상 유병률 차이를 소개하고 있다.

눈에 띄는 부분은 학교 폭력 후 주변에 도움을 요청한 아이들보다 '별다른 생각 없이 그냥 넘어갔다'라고 답한 아이들의 유병률이 더 높았다는 점이다. 즉 스스로 괜찮다고 다독이며 마음의 상처를 숨긴 아이들이 스트레스를 가장 많이 받았으며 우울증상 유병률도 높았다.

한편 강력한 스트레스의 경험으로 외상 후 스트레스 장애를 겪는 사람들은 쉽게 깜짝 놀라며 과민반응을 보이고, 충격적인 사건을 마음속으로 계속 다시 경험하게 되며 감정적 마비를 겪는데, 때로는 이상행동처럼 보일 때도 있으며, 이는 사회생활에서 매우 큰 약점으로 작용한다.

이러한 극도의 고통이 아니더라도 마찬가지다. 가난은 개인적인 차원에서 겪을 수 있는 대표적인 고난 중의 하나이며 스트레스의 주요 원인이 된다. 가난과 같은 만성적 스트레스는 혈중 코르티솔 농도를 높이는데, 이 코르티솔을 분비하는 기관이 신장에 있는 부신이란 기관이다. 그래서 가난한 사람들은 코르티솔 분비가 더 잦아지고, 일반적인 사람들에 비해 부신이 비정상적으로 커지기도 한다. 만성적 스트레스가 신체에까지 영향을 미치는 것이다. 또한 가난한 가정에서 자란 자녀는 그로 인한 스트레스로 DNA 표지와 뇌활성이 변하는 등 가난이 정신건강에도 부정적인 영향으로 작용하는 것으로 알려져 있다.[06]

만성적인 스트레스는 정상적인 사고판단을 마비시키기도 한다.[07]

06 "[바이오토픽] 가난과 정신건강: 후성유전학적 변화를 통해 자녀의 우울증을 초래", 〈BRIC〉, 2016. 5. 26.

07 "Stress can lead to risky decisions", 〈MIT News〉, 2017. 11. 16.

뇌의 정보통합 능력에 이상을 일으켜 합리적인 선택을 방해하는 것이다. 이는 특히 비즈니스에서 치명적이다. 고통과 스트레스가 인간을 무너뜨리고 사업가로서의 자질 또한 파괴하는 것이다.

고난은 그냥 고난이다

1장에서 소개한 의식적 연습에서 핵심 중의 하나는 바로 한계보다 살짝 높은 목표 설정 및 제시이다. 이것이 한계보다 지나치게 높으면 실력이나 능력이 향상되는 것이 아니라 오히려 좌절의 원인이 된다. 어쩌면 우리는 견딜 수 있는 고난이 길지 않은 시간 동안 가해질 때에만 강해질 수 있는 것인지도 모른다.

그렇다면 성공한 이들은 단지 그들이 감당할 수 있는 정도의 고난을 길지 않은 기간 동안만 겪은 것이라고 할 수 있다. 결정적으로 그들은 성취로 인해 그동안 겪은 고난과 고생이 헛되지 않았다.

그러나 모두가 그런 행운을 얻지는 못한다. 누군가에게는 견딜 수 있는 이상의 고난이 가해질 때도 있고, 고난의 기간이 너무 길고 고통스러운 나머지 비뚤어지거나 이상하게 변하기도 한다. 그럼에도 보상을 얻지 못하는 경우도 있다. 그저 고난이 고난으로 끝나는 경우이다.

사마천의 『사기열전』의 「백이열전」에 나오는 백이와 그 동생 숙제는 당대에 의롭고 착한 인물로 평가받았으나, 결국 수양산에서 비참하게 굶어죽는다. 이 열전의 후반부에서 사마천은 복잡하고 참담한 마음을 그대로 표현한다. "하늘의 도는 공평무사하여 언제나 착한 사람을 돕는다"라는 당대 사람들의 도덕관과 인식을 거스르는 이 사건에 대해 난감함을 표하고, 극악무도한 도척이란 인물이 천수를 누린 일을 대비시켜 세상이 돌아가는 원리의 모순됨을 드러낸다. 사마천의 한탄은 다음에서 극대화된다.

"나는 매우 당혹스러웠다. 만일 이러한 것이 하늘의 도라면 하늘의 도는 옳은가, 그른가?"

고난의 생존편향

성공한 사람들의 사례만 보면 모두 고난을 겪고 성공을 이루었기에, 나도 고난을 견디면 언젠가 저런 성공을 거둘 수 있을 것이라고 생각하게 된다. 하지만 그것은 성공한 사업가들만을 관찰했기에 나오는 생존편향Survivorship bias에 불과하다. 대학병원의 로비에 가면 세상에는 아픈 사람만 있는 것처럼 보이고, 공항에 가면 모두가 해외여행을 하고 불경기와 가난은 존재하지 않는 것처럼 느껴지는 법이다.

그러나 고생은 누구나 겪는 것이며, 성공은 고생에 대한 보상 같은 것이 아니다. 고난이나 고생을 성공의 요소처럼 이야기하는 사람이 있다면, 세상에는 비슷한 것을 겪고도 성공하지 못하는 사람들이 더 많다는 이야기를 하고 싶다.

물론 우리가 살면서 낙관적인 시각과 희망을 가지고 용기를 얻는 것은 필요하다. 하지만 그러한 낙관적인 시각은 우리가 현실을 정확하게 인지하고 있을 때에만 의미가 있다. 현실에 기반하지 않은 낙관은 낙관이 아니라 망상이며, 망상은 우리를 가장 확실하게 무너뜨린다.

그런 의미에서 나는 지나치게 자신의 고난을 강조하거나, 더 나아가 고난을 권유하는 사업가들은 성공의 속성을 제대로 이해하지 못한 사업가로 여긴다. 고난을 강조하고 자신이 겪은 고난을 대단하게 이야기할수록, 견딜 수 있을 만큼의 잘 통제된 고난을 짧게 겪었다는 사실을 자백하는 것이나 다름없다.

아직도 고난을 겪어야 성공한다고 믿는 사람이 있다면 다시 생각하기 바란다. 그러한 사고는 2100년 전에 태어난 사마천의 사고보다도 뒤처진 것이다. 고난은 되도록 짧게 겪는 것이 좋다. 고난은 성공의 필요조건도 아니요, 충분조건도 아니며, 보상은 더더욱 아니다. 고난은 그냥 고난일 뿐이다.

4

성공 스토리에서 꿈과 용기를 얻으려고 하지 말자

성공 스토리가 가진 부가적인 효과 중의 하나는 용기와 감동을 준다는 것이다. 우리는 모두 때로는 약간의 용기가 필요한 법이고, 이는 불확실성 앞에서 결정을 내려야 하는 사업가들도 마찬가지다.

그래서 성공 스토리에는 꿈과 용기, 도전이라는 단어와 정신적 고취와 같은 추상적인 이야기들이 과도하게 강조되기도 한다. 단기간에 부자가 되는 방법을 알려준다는 류의 이야기들도 그렇다. 월급쟁이로는 부자가 될 수 없기 때문에 사업을 해야 한다고 한다. 문제는 사업가가 되어야 한다고만 이야기하지, 구체적인 방안이나 조언이 뒤따르지 않는 것이다. 오히려 추상적인 이야기들과 정신적 고취를 자극하는 내용으로만 채워져 있다.

이런 이야기들은 그 이야기를 하는 사람이 사업으로 큰돈을 벌었다는 공통점이 있다. 그리고 자신이 어떤 부를 누리고 있는지를 때로는 노골적으로, 때로는 은근하게 드러내기도 한다. 그리고 여러분들도 자신처럼 성공할 수 있을 것이라고 말한다. 때로는 자신이 어떤 마음가짐을 통해 부자가 되었는지를 설명하거나, 몇 가지 행동 습관을 제시하고 그것을 충실히 지키라고 조언하기도 한다. 사실상 '성공하는 습관'류와 크게 다르지 않다. 차이라면 그 이야기를 하는 본인이 비즈니스로 성공했다는 점일 것이다. 그 점에서 성공 스토리에 자기계발을 합친 형태라고 볼 수 있다.

물론 용기는 중요한 부분이다. 하지만 용기를 얻는다고 성공하는 것은 아니다. 이런 이야기를 가장 적극적으로 활용하는 곳 중 하나가 다단계 회사의 세미나라는 것은 이미 널리 알려져 있다.

방법은 간단하다. 가장 인상적인 성과를 기록한 사람을 앞세워 증언하게 한다. 대체로 '저는 과거에 이런 삶을 살았지만, 이 활동을 하면서 삶이 달라졌습니다'라는 메시지를 담고 있다. 단순하지만 매우 강력한 메시지이다.

특히 증언자의 이전 삶이 힘들고 어려웠을수록 효과가 좋다. 목표를 이루어낸 사람의 가슴 벅찬 실제 체험담은 강력한 전달력을 가지고 사람들을 감동하게 한다. 특히 이러한 이야기나 강연은 여러 명을 단체로 모아둔 상황에서 주로 이루어지는데, 이는 매우 강력한 힘을 발휘한다. 단체로 모인 장소에서는 감정적 분위기의 전염성이 더욱 크기 때문이다.

나는 이러한 감정 전염의 강력함을 어릴 적 수련회에서 참 많이 경험했다. 한 수련회에서는 행사의 마지막으로 촛불을 켜고 한 사람씩 차례로 자기가 하고 싶은 이야기를 하도록 했다. 어두운 공간에서 일렁이는 촛불과 그 촛불에 비친 서로의 모습을 보고 있자면 감상에 빠지기 쉽다. 이런 상황에서 누군가 불씨를 당기면 순식간에 울음바다가 되고 만다.

한 번은 이런 적도 있었다. 처음 몇 명의 순번이 돌 때까지는 그저 차분한 분위기였다. 그런데 한 친구가 떨리는 목소리로 "저는…"이라고 말을 꺼내며 울먹이자, 갑자기 너도나도 눈물을 흘리기 시작했다. 그 친구가 대단히 감동적인 이야기를 한 것도 아니고, 그저 "저는"이라고만 했는데도 말이다.

물론 그때 나 또한 그 눈물의 행렬 속에 있었고, 그 행사가 끝난 후에는 마치 다시 태어난 듯한 느낌까지 받았다. 물론 진짜로 다시 태어난 것은 아니므로 그 감정은 얼마 가지 못했지만 말이다.

수련회에서 내가 느낀 감정이 오래가지 못했던 것처럼, 성공한 사람의 증언을 들으며 큰 감동을 받았던 사람들도 그 순간만큼은 강력한 동기부여를 받았겠지만 그리 오래가지는 못했을 것이다.

하지만 그러한 동기부여가 지속된다고 해서 다단계 판매구조에서 성공할 수 있을까? 다단계 판매구조에서 성공에 가장 큰 영향을 미치는 것은 그 사람이 어느 단계에 위치해 있는지이지, 동기부여가 아니다.

물론 매우 강력한 동기부여를 받았다면 그 영향으로 타인을 끌어들여 자신 아래에 몇 명을 만들 수 있을 것이다. 그러나 다단계의 상층 구조에 위치한 사람을 따라가지는 못한다. 동기부여는 구조를 이기지 못한다. 더 강력한 감정적 동조와 전파, 더 강력한 동기부여만을 외치는 것은, 사실상 비즈니스가 아니라 종교집단이 되겠다는 이야기나 다름없다.

감동은 그 순간 사람들을 움직이며, 사람들은 그 감동으로 힘을 얻는다. 그러나 감동은 감동일 뿐 본질을 바꾸지는 못한다. 감동과 이를 통한 개인수양, 태도 변화가 마치 사물을 뒤바꿀 것처럼 주장하는 사람들도 있다. 주로 자기계발을 외치는 사람들이다. 그러나 이는 모든 것을 개인의 문제로 귀결시킨다는 비판에서 자유로울 수 없다. 이와 똑같은 비판을 자기계발과 결합한 성공 스토리에도 적용할 수 있다.

아마도 성공 스토리와 자기계발을 엮은 하이브리드 성공 스토리를 들은 사람들은 그 순간 큰 감동을 받고 많은 힘을 얻었을 것이다. 하지만 그들이 실제로 얻은 것은 '할 수 있을 것 같다'라는 막연한 감정적 고조이다. 그것만으로는 아무런 변화나 성취를 얻을 수 없다. 만약 그런 감정적 고조와 꿈에 대한 믿음 등이 성공으로 이끌 수 있다면, 그런 이야기를 들은 대부분의 사람들은 왜 그것을 달성하지 못하는가?

이 질문에 대해 성공 스토리의 주인공들은 "당신은 저 사람만큼 간절하지 않았다"라고 한다. 그것은 '당신은 노력을 덜 해서'라고 이야기하는 노력 만능주의자들과 비슷하며, 나쁘게 이야기하면 난치병 환자들에게 '내가 파는 약을 더 먹으면 나을 거다'라고 하는 약장수들과도 비슷해 보인다. 결국 성공 스토리에서 얻는 용기는 진짜 용기가 아니라 '나도 할 수 있을 것 같다'라는, 당장의 현실을 잊기 위한 자기 마취일 뿐이다.

하이브리드 성공 스토리의 구조

하이브리드 성공 스토리는 성공한 사업가가 중심축이 되고, 그를 추종하던 사람 중에서 성공한 사람이 등장하면 자신의 이야기를 증명할 충실한 대변인으로 삼아서 세를 확장한다. 그러면 그중에서 또 성공하는 사람이 등장하게 되어 있다. 마치 로또 1등이 나온 판매점에 많은 사람들이 몰리면 당첨 확률이 더욱 높아져서 실제로 로또 명당이 되는 것과 비슷하다.

하이브리드 성공 스토리를 믿는 사람들도 이와 크게 다르지 않다. 이 스토리를 듣고 용기를 얻어 가르침을 따른다고 해서 성공하는 것은 아니다. 하지만 성공할 것 같은 느낌은 얻을 수 있다. 이것은 마치 로또 명당에서 산다고 해서 당첨 확률이 높아지지는 않지만, 당첨될 것 같다는 느낌을 얻는 것과 비슷하다. 이 과정이 반복될수록 가장 큰 수혜를 입는 것은 로또 판매점이다. 마찬가지로 하이브리드 성공 스토리로 가장 큰 수혜를 입는 것은 그 성공 스토리를 이야기하는 사업가들이다.

현재가 답답하여 성공 스토리에서 용기를 얻는 것은 실제로는 도움이 되지 않는다. 고통스럽지만, 현재를 다시금 되짚어보는 것이 더욱 필요하다. 감정에 취해 현실에서 잠시 눈을 돌리겠다는 것이야말로 성공에서 가장 빠르게 멀어지는 지름길이다.

4장

확률, 불확실성, 운 :
현실의 세상이 움직이는 방식

*****

우리는 살면서 많은 장벽들을 마주하게 된다. 또 항상 우리의 계획대로 일이 흘러가는 것도 아니다. 연초에 세웠던 운동이나 다이어트 계획 같은 것을 말하는 것이 아니다.

지금 당신의 커리어를 생각해보라. 당신은 과거에 세웠던 계획대로의 인생을 살고 있는가? 변동성을 몸으로 감당하는 것이 일상인 사업가들이 체감하는 것은 이보다 훨씬 더하다.

금융시장의 투자자들이라면 이러한 복잡성과 변동성을 아마 잘 이해할 것이다. 시장은 언제나 예상을 깨뜨리고, 그들의 분석을 기본적인 가정부터 무너뜨린다. 아무리 뛰어난 투자자라도 예측하지 못한 사건이 발생하고, 그들의 투자결정과는 다른 결과를 맞게 되는 일도 종종 벌어진다. 금융시장에는 수많은 참여자들이 있고, 이들이 서로 상호작용을 하며 영향을 미치기 때문이다.

우리가 사는 현실의 세상이라고 이와 다를까? 오히려 금융시장의 참가자들보다 더 많은 사람들이 상호작용을 하며 서로 영향을 미친다. 금융시장은 가격과 지수라는 지표를 통해 측정 가능한 부분이 있지만, 현실의 세상은 측정이 더욱 어렵고 보이지 않는 방식으로 힘이 작용하기에 복잡성이 훨씬 크다.

갑자기 왜 현실의 복잡성을 거론하는지 궁금한 사람도 있을 것이다.

이 책은 현실에서의 성공을 지향하고 있다. 앞에서 성공과 관련된 다양한 미신과 환상을 부정한 것도, 성공이 현실 속에 존재한다는 것을 이야기하기 위해서였다. 따라서 정말로 성공의 방식을 알고자 한다면, 현실의 불확실성과 복잡성에 대해서 그 개념이나마 이해해야 한다.

미국의 산불정책이 가르쳐주는 것

세상은 우리의 생각보다 복잡하다. 우리는 어떠한 사건을 원인과 결과라는 선형적 구조로 연결지어 이해하지만, 실제 세상은 이보다 더 복잡하게 돌아간다. 따라서 원인은 같더라도 다른 결과가 나올 수도 있으며, 원인을 제거하더라도 예상치 못한 결과를 낳을 수도 있다. 산불이 아마 좋은 예가 될 것이다.

우리는 산불을 무조건 억제해야 한다고 생각한다. 환경을 파괴하고 숲과 그 지역 생물들을 초토화하며, 사람이 사는 지역으로 번질 경우 인명과 재산피해까지 동반하기 때문이다. 그러나 국가에 따라서는 산불을 어느 정도 방치하기도 하며, 필요한 경우 일부러 불을 지르기도 한다. 이런 지역에서는 모든 산불을 무조건 막는 행위가 오히려 재앙적 산불을 불러일으킬 수도 있기 때문이다.

산불을 방지하는 행위가 어떻게 재앙적 산불을 불러일으킨다는 것일까? 미국의 이야기를 살펴보면 조금 더 이해가 쉬울 것이다.

일반적으로 산불은 건조한 날씨와 더불어 강풍이 부는 상태에서 잘 나고 잘 번진다. 미국 동부는 상대적으로 산불 걱정이 덜했다. 습도가 비교적 높은 편이어서 크게 번지는 일이 별로 없어서 국지적인 수준에 머물렀고, 오히려 도시에서 발생하는 화재가 더 문제였다. 그런데 서부로 개발이 확대되면서 미국인들은 동부와는 전혀 다른 환경에 직면하게 되었다. 서부는 동부보다 훨씬 건조했고 산불의 양상도 전혀 달랐다.

1889년 캘리포니아에서 발생한 산티아고 캐니언 화재는 건조한 기후에 산을 타고 내려오는 활강풍이 더해져 재앙적 산불이 되었다. 이 화재로 1,200km^2 약 3억 6,300만 평의 임야가 불타버렸다. 그리고 몬태나와 아이다호를 휩쓴 1910년 대화재는 그 열 배에 해당하는 임야를 불태우며 86명의 사망자를 냈다. 동부에서 겪던 산불과는 말 그대로 차원이 다른 재난이었다.

이에 미국 산림청과 주정부는 처음에는 산불이 나는 상황을 최대한 억제하는 전략을 세웠다. 이것은 우리의 기존 통념과도 맞다.

그런데 산불이 일어나는 최적의 조건은 낮은 습도, 건조한 나무와 잎, 강풍인데, 여기에서 습도와 강풍 등 기후환경은 우리가 변화를 줄 수 없고, 문제는 숲이 성장하고 자란다는 것이었다.

산불의 연료는 숲 그 자체이다. 나무가 자라고 숲이 무성해지는 것은 언제든 불이 붙기만 하면 타오를 연료가 축적되는 것이나 다름없다. 단 한 번의 실수로도 매우 파괴적인 재난이 될 수 있다.

마크 뷰캐넌의 책 『우발과 패턴』에서는 이 부분을 좀 더 자세히 다루고 있다. 오래된 나무, 마른 잎과 같은 연료물질들이 축적되어 임계점을 넘길수록 숲은 화재에 매우 취약해지며, 그것이 초임계를 넘길 경우 극도로 파괴적인 대화재가 발생할 확률 또한 높아진다는 것이다.

20세기 후반에 접어들면서 미국의 산림정책은 변화하기 시작했다.

여기에는 1988년 옐로우스톤 국립공원에서 발생한 산불이 큰 영향을 미쳤다. 여러 군데에서 동시다발적으로 발생한 불이 통제 가능한 수준을 넘어 거대화하면서 옐로우스톤 국립공원 숲의 35%를 태웠던 것이다.

몬태나대학에서 임학과 산불을 연구했고 옐로우스톤 화재 조사단에 자문위원으로 참여한 로널드 와키모토 박사는 이때의 연구를 바탕으로 미 의회에서 증인으로 나서 통제 아래 일부러 불을 지를 필요도 있다고 증언했다. 그의 주장은 한마디로 요약할 수 있다.

"불을 막는 유일한 수단은 이전에 일어난 불이나 통제된 불뿐이다."[01]

미국에서 숲에 정기적으로 간벌숲의 나무 밀도를 조절하기 위한 벌목을 시행하고, 통제 아래 일부러 불을 지르는Prescribed Fire[02] 이유가 바로 이런 데에 있다.[03]

미국 서부의 산불은 현실의 복잡성을 잘 보여주는 단편적인 사례이다. 세상은 우리가 생각하는 것만큼 단순하지 않다. 만약 어떠한 사회적 사안이나 문제가 단순해 보인다면, 그것은 당신이 단순하게 이해했기 때문이지, 실제로 단순한 것이 아니다. 이 복잡성을 완전히 이해하는 것은 무리다. 하

01 "Studies Find Danger to Forests in Thinning Without Burning", 〈The New York Times〉, 2006. 11. 14.

02 좀 더 자세한 내용은 미국 국립공원관리청 홈페이지에서 확인할 수 있다(https://www.nps.gov/articles/what-is-a-prescribed-fire.htm).

03 물론 이는 미국처럼 광활한 자연환경이 펼쳐진 곳에서의 일이다. 우리나라의 경우는 상황이 좀 다르다. 산림청에서 발간한 『2018 산불통계연보』에 따르면 2009년부터 2018년까지 10년 동안 발생한 화재에서 가장 큰 비중을 차지하는 것이 입산자 실화로 36%였다. 그다음으로 논/밭두렁 소각이 17%, 쓰레기 소각이 14%를 차지하고 있다. 또한 이 기간 동안 100ha(1km^2, 약 30만 평) 이상을 불태운 대형 화재는 총 12건이었는데 인간에 의한 실수가 아닌 화재는 단 1건에 불과했다. 우리나라는 인간에 의한 화재를 줄이는 것이 급선무이다.

지만 현실을 살아가는 우리는 그 복잡성을 개념적으로라도 이해하는 것이 필요하다. 특히 성공의 방법을 알고자 한다면 말이다.

1

82%와 95% 명중률의 차이

삶에서 가장 확실한 것은 단 두 가지뿐이다. '나는 언젠가 죽는다'는 것과 '세상은 불확실성 그 자체'라는 것이다. 그중에서도 우리는 현실 세계를 지배하는 불확실성에 대해 이해할 필요가 있다.

우리가 일반적으로 생각하는 원인과 결과의 선형적 관계가 실제 현실에서는 종종 틀리는 이유도 바로 확률과 불확실성 때문이다. 이는 사실상 우리 삶의 모든 것이다.

아침에 눈을 뜬 순간부터 우리는 확률과 마주하게 된다. 시끄럽게 울리는 알람을 꺼버리고 좀 더 자려고 잠을 선택하는 순간부터 지각할 확률은 치솟기 시작한다. 아울러 지각에 가까워질수록 허겁지겁 출근 준비를 하다가 무언가를 빼먹을 확률도 높아진다.

길을 건너려고 할 때도 마찬가지다. 귀찮고 급하니 무단횡단을 하느냐, 아니면 조금 더 걸어가서 횡단보도에서 건너느냐, 그나마 좌우에 차가 오는지를 확인하고 건너느냐, 아니면 무작정 앞만 보고 건너느냐에 따라서 사고를 당할 확률이 달라진다.

출근길 교통수단을 택하는 것도 마찬가지다. 택시를 탈 수도 있겠지만, 교통상황에 따라 돈은 몇 배로 쓰면서도 더 늦게 도착할 확률이 있다. 그나마 도착시간을 가장 쉽게 예상할 수 있는 지하철을 탄다 해도 갑자기 스크린도어나 전철이 고장나는 등의 일이 발생할 확률이 존재한다.

어느 경우건, 직장상사가 오늘 기분이 좋을 확률에 걸리길 빌어보자. 상사의 기분이 좋다면 몇 마디 혼나는 걸로 끝나겠지만, 기분이 나쁘다면 잘 걸렸다 싶어서 더 크게 혼날 확률이 높을 테니 말이다.

이렇게 보이지는 않아도 확률은 우리 삶을 둘러싼 모든 것에 존재한다. 그렇지만, 안타깝게도 우리는 확률을 제대로 이해하지 못한다. 이러한 확률에 대한 몰이해가 가장 자주 벌어지고 쉽게 목격되는 곳이 카지노이다.

도박사의 오류와 확률에 대한 무지

카지노에서의 베팅과 확률에 대한 실증 연구로는 레이첼 크러슨과 제임스 선델리의 연구가 있다.[04] 이들은 카지노의 협조를 받아 감시카메라를 통해 사람들의 룰렛 베팅 패턴을 연구하며 '도박사의 오류

gambler's fallacy'를 검증했다. 도박사의 오류는 서로 영향을 미치지 않는 독립적인 사건에서 상관관계를 찾아내려는 오류를 말한다.

룰렛에서는 크게 두 가지 베팅 방법이 있다. 숫자가 그려진 메인필드에 베팅하는 인사이드 베트, 그 메인필드 바깥에 베팅하는 아웃사이드 베트이다. 연구자들은 아웃사이드 베트 중에서도 결과가 둘로 딱 떨어지는 양자택일 베팅에 주목했다. 홀수/짝수, 높은 수/낮은 수, 빨강/검정의 베팅이 바로 그것이다. 이 베팅은 마치 동면의 앞면과 뒷면처럼 결과가 양분된다.[05]

동전을 던지다 보면 앞면이나 뒷면이 연속으로 나올 때가 있듯이, 룰렛의 양자택일 베팅 상황에서도 짝수가 연속으로 나오거나, 검은색이 연속으로 나오는 등 한 가지 결과가 연속적으로 나오는 경우가 있다. 베팅을 하는 사람들은 이런 상황이 벌어지면 고민에 빠진다.

당신이 룰렛 앞에 서서 베팅을 고민하고 있다고 하자. 직전 게임까지 짝수가 여섯 번 연속으로 나온 상황이다. 이때 당신은 짝수에 걸 것인가? 홀수에 걸 것인가? 짝수가 여섯 번 연속으로 나올 확률은 불과 1.5625%이다.[06] 100번에 한 번 정도 발생할, 말도 안 되게 낮은 확률이다. 게다가 다음에도 짝수가 나와서 일곱 번 연속으로 짝수가

04 Rachel Croson, James Sundali, "The Gambler's Fallacy and the Hot Hand: Empirical Data from Casinos", 2005

05 실제 카지노에서는 동전이 옆면으로 서는 것에 해당하는 2.7% 확률의 0이 존재하기에(미국식 룰렛의 경우는 00이 하나 더 있고, 이 경우는 각각 2.6%의 확률이다), 이 양자택일 베팅의 당첨 확률은 50%가 되지 않는다.

06 물론 카지노 룰렛에는 0이 존재하기에 실제 확률은 이보다 더 낮다. 다만 계산의 편의를 위해서 0은 없다고 가정하고 50:50의 확률로 계산한다.

나올 확률은 0.78%이다. 1%도 안 되는 매우 낮은 확률이다.

당신의 인생에서 1%도 안 되는 확률을 경험할 일이 얼마나 될까? 그러니 이제는 홀수가 나올 때가 된 것 같다고 생각하고, 홀수에 베팅했다고 하자. 그런데 다음 게임에서도 짝수가 나와서 당신은 돈을 또 잃는다. 이후에도 짝수가 세 번이나 더 나와서 열 번 연속 짝수를 기록하고서야 홀수가 나왔다고 하자. 열 번 연속 짝수가 나올 확률은 0.0976%다. 1%는 고사하고 0.1%도 되지 않는 사건이 벌어진 것이다. 말도 안 되는 일이다!

카지노의 술책에 당했다고 생각해서 울컥하는 마음에 자리를 박차고 일어났다가, 당신의 행동을 눈여겨보고 있던 카지노 보안요원과 눈이 마주친다. 당신은 조용히 밖으로 나가 인근에 위치한 다른 카지노로 옮겨서 새로운 마음으로 게임을 시작한다.

바로 이러한 생각이 '도박사의 오류'이다. 사실 직전 게임의 룰렛과 이번 게임의 룰렛은 서로 관계없는 독립적인 사건이다. 이것을 한마디로 표현한 말이 "주사위는 기억력이 없다Dice don't have brains."이다.

주사위는 직전에 일어났던 사건을 기억하지 못한다. 그것을 기억하는 것은 그 게임에 참여하는 우리의 뇌이다. 그래서 우리의 뇌는 직전의 사건과 그 연속성에서 패턴을 찾고 그것을 고려해 베팅하는 것이다. 그러나 주사위가 기억력이 없는 것처럼, 룰렛도 기억력이 없다. 직전에 짝수가 열 번이 나왔건 백 번이 나왔건, 다음 게임에서 짝수가 나올 확률은 50%이다.

실제로 크러슨과 선델리가 카지노의 감시 카메라를 통해서 분석한 사람들의 베팅 패턴도 그랬다. 연구자들은 홀수/짝수, 높은 수/낮은 수, 빨강/검정 중에서 한 가지가 연속적으로 나오는 상황에서 사람들이 어느 쪽에 베팅을 하는지를 살펴보았다.

예를 들어 직전 게임에서 짝수가 나왔을 경우, 사람들은 어디에 베팅을 했을까? 두 연구자의 관찰에 따르면, 52%의 사람들이 짝수에 베팅을 하고, 48%는 홀수에 베팅했다. 또 3회 연속 짝수가 나올 때까지는 베팅 비율이 한쪽에 치우치지 않고 50% 언저리를 맴돌았다.

그런데 4회 연속 짝수를 목격하고 나면 베팅 비율은 점점 벌어지기 시작했다. 4회 연속 짝수가 나올 확률은 6.25%였고, 다음에도 짝수가 나온다면 확률이 3.125%까지 떨어진다. 6.25%는 벌어질 수도 있는 일이라고 받아들이지만, 3.125%는 어렵다고 느끼는 모양이다. 그리고 여섯 번 짝수가 나오는 것을 목격하면, 일곱 번째 베팅에서는 홀수 베팅의 비율이 85%까지 상승한다. 다시 말해 '도박사의 오류' 현상이 벌어지는 것이다.

양자택일 베팅에서 한쪽(짝수)이 반복될 때의 베팅 비중

단위: %

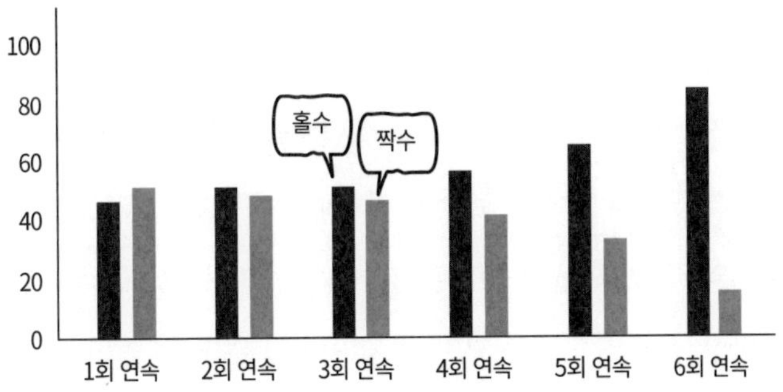

물론 짝수가 10회 연속으로 나올 확률은 0.0976%로 매우 낮은 확률이다. 그렇다고 해서 일어날 가능성이 없다는 뜻은 아니다.

카지노에는 수많은 룰렛 테이블이 있으며, 테이블마다 하루에 수백 번의 게임이 진행된다. 이렇게 시행횟수가 많으면 0.1%라는 확률도 충분히 발생할 수 있는 높은 확률이 되며, 당신도 충분히 이 사건의 목격자가 될 수 있다. 여기서 짝수에만 계속 베팅해서 게임의 수혜자가 될 수도 있지만, 언젠가 나올 홀수에 우직하게 베팅하다가 희생자가 될 수도 있을 것이다.

물론 "나는 도박을 하지 않으므로 저런 바보 같은 착각에 빠지지 않을 것이다"라고 자신있게 이야기하는 사람들도 있을 것 같다. 하지만 확률에 대한 오류는 도박을 하는 사람들만의 일이 아니다. 이러한 확률에 대한 무지는 우리 모두에게 해당되는 일이다.

90% 확률로 100만 원 당첨

내가 예전에 한참 즐겨 하던 X-COM이라는 게임이 있었다. 이런 게임들은 내 공격 턴에 상대방에 대한 명중률을 82%, 95%와 같은 방식으로 표시한다.

나름 확률에 대한 개념을 알고 있던 나도 82%와 95%의 차이를 '좀 더 잘 맞겠지'라는 식으로밖에 인지하지 못했다. 그리고 머리로는 각각 18%와 5%의 확률로 빗나갈 가능성이 있다는 것도 알고 있었다. 하지만 막상 빗나가는 것을 보면, 마치 일어날 수 없는 일이 일어난 것처럼 반응했다. 명중률이 높음에도 두 번 연속 실패하자, 화가 나서 나도 모르게 "야, 이건 아니지!"라고 소리를 질렀던 기억이 있다. 세상의 모든 부조리가 나한테만 벌어진 듯한 느낌이었다.

확률에 대한 이해는 이와 비슷하다. 사람들은 90%의 확률이라는 말을 들으면 이것을 사실상 100%처럼 인식한다.

이것이 잘 안 와닿는다면 '90%의 확률로 100만 원 당첨'은 어떨까? 이건 100만 원을 그냥 얻겠구나, 하는 생각이 먼저 들 것이다. 응모 횟수가 1회로 제한되어 있다면, 당신은 재빨리 응모한 후에 100만 원으로 무엇을 할지 그려보며 행복한 시간을 보낼 것이다.

그러나 당신이 당첨되지 않았을 경우 현실부정이 시작된다. 어떻게 90%가 아니라 10%에 걸릴 수 있냐며 분노할지도 모른다. 좀 더 감정적이라면 조작이 있는 게 아니냐며 의심할 수도 있다.

하지만 90%의 확률이라는 것은 그 사건이 열 번 중에서 아홉 번 발생한다는 뜻이며, 이는 반대로 열 번 중에서 한 번은 그 사건이 일어나지 않는다는 뜻이다. 수없이 시행했을 때에 열에 아홉 번은 발생하는 가능성을 이야기하는 것일 뿐이다. 90%의 확률은 충분히 높지만, 시행 횟수가 많다면 나머지 10%도 충분히 일어날 만큼 높은 확률이며, 드물지만 단 한 번만에 일어날 수도 있다.

이런 확률의 대표적인 사례가 바로 날씨이다. 일기예보에서 '내일 비가 올 것으로 예상'되며 확률이 80%라는 것을 보고 우산을 챙겨 나갔더니, 비는커녕 날씨가 맑았다. 혹은 내일은 흐리고 비 올 확률이 20%밖에 되지 않는다고 해서 안심하고 우산을 두고 나갔더니, 비가 와서 당황하는 일도 벌어진다. 기상청을 욕하며 "기상청 직원들의 체육대회 날에는 비가 온다더라"와 같은 재미없는 농담을 떠올릴지도 모른다. 우리 모두가 종종 겪는 일이다.

하지만 내일의 날씨는 단언할 수 없다. 다만 어떠할 것이라는 가능성을 이야기할 수밖에 없다. 문제는 이 가능성을 확률로 표시하면 사람들이 그 뜻을 제대로 이해하지 못한다는 것이다.

'내일 맑을 확률이 60%입니다'라고 표시했다고 하자. 이해의 편의를 위해 그림이나 설명으로 단순화해 이야기했다고 하자. '내일은 맑겠지만 비가 올지도 모르니 우산을 챙기세요'처럼 말이다.

하지만 어디까지나 본질은 확률이다. 비 올 확률이 20%라면 가능성이 낮다는 것이지, 비가 오지 않는다는 것은 아니다. 정말 운 나쁘게도 낮은 확률에 당첨되는 일은 매우 흔하다.

숫자에 속아 위험한 선택을 하는 사람들

세상에 확실한 것은 누구나 언젠가는 죽는다는 것뿐이다. 그 외의 모든 것은 나름대로의 확률을 따르게 되어 있다. 100%나 0%는 존재하지 않는다. 인간의 실수, 기본적인 오류, 기타 요인으로 인해 언제나 구멍이 발생할 확률이 있기 때문이다. 이러한 오류를 인정하지 않고 모든 일에 100%를 요구할 경우, 실제와 이 인식의 차이로 인해 잘못된 의사결정을 내리게 된다. 질병에 대한 검사 같은 것들이 대표적인 사례이다.

게르트 기거렌처의 『숫자에 속아 위험한 선택을 하는 사람들』에는 에이즈 검진의 위양성실제는 음성인데 결과가 양성으로 나온 것 사례가 소개된다. 이들은 HIV 검사에서 양성이라는 결과를 받고 몇 개월 동안 엄청난 심적 고통을 받았다. 실제로 자살을 선택한 사람들도 있다. 기거렌처는 다음과 같은 질문을 던진다.

> 위험행동을 하지 않는 남성의 0.01%가 에이즈에 감염되어 있다. 만약 바이러스에 감염된 남성이 검사를 받는다면 99.9%의 확률로 양성이 나올 것이다. 그리고 바이러스가 없는 남성이 검사를 받을 경우 99.99%의 확률로 음성이 나온다. 만약 당신이 HIV 검사를 받았는데 양성이 나왔다고 하자. 그럼 당신이 에이즈에 걸렸을 가능성은 얼마나 될까?

대부분은 99%라고 답하거나, 혹은 그에 가깝게 높은 확률을 이야기할 것이다. 하지만 틀렸다. 50% 확률이다.

0.01%의 감염률이란 1만 명 중 한 명이 감염된다는 것이니 나머지 9,999명은 비감염자이다. 감염된 이 한 명에 대한 검사의 양성 확률은 99.9%이므로 이 사람은 검사 결과가 양성으로 나올 것이다. 반면 비감염자인 9,999명을 대상으로 한 검사에서 양성이 나올 확률은 0.01%이므로 이들 중 한 명 정도는 양성으로 나올 것이다. 결국 이 검사에서 양성은 두 명이 나오게 되는데, 그중에 한 명은 감염자고, 다른 한 명은 비감염자이다. 따라서 HIV 검사에서 양성을 받았을 때 그 정확도는 50%이다. 이것은 256쪽의 그림을 보면 좀 더 이해하기

HIV 검사 양성의 의미

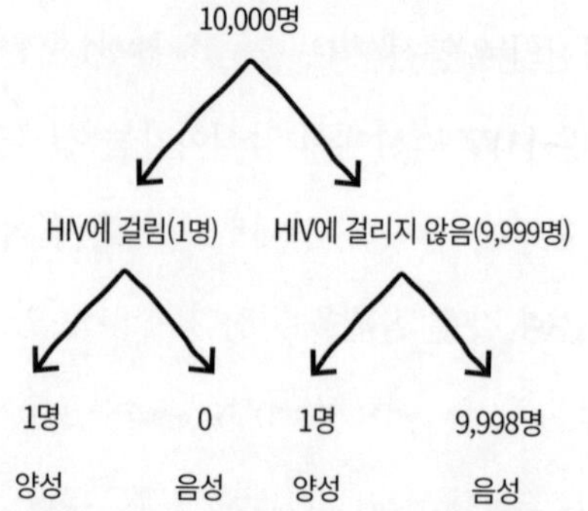

출처: 『숫자에 속아 위험한 선택을 하는 사람들』에서 재인용

쉬울 것이다.

위양성이 왜 발생하냐고 묻는 것은 의미가 없다. 앞에서 이야기했듯, 모든 일에는 인간의 실수와 그 본연의 오류 가능성, 기타 요인이 작용한다. 결국 100%라는 확실성은 존재할 수가 없는 것이다.

사실 99.9%라는 확률도 매우 높은 확률이다. 0.1%는 매우 작은 확률이고, 개인으로만 그 범위를 한정할 경우 거의 확실에 가깝다고 볼 수 있다. 하지만 확률의 놀라운 점 중 하나는 너무 낮아서 사실상 발생할 일이 없는 것이나 다름없더라도, 시행횟수가 충분히 많아지면 언제든지 발생할 수 있다는 것이다. 대표적인 사례가 바로 로또이다.

로또의 당첨 확률은 약 1/815만으로 알려져 있다. 소수점으로 표시할 경우 0.0000001212…이며 매우 낮다는 말로도 표현이 불가능할 정도로 희박한 확률이다. 사실상 이 확률이 당신에게 일어날 가능성은 없는 것이나 다름없다.

하지만 전체 게임 횟수로 보면 이 불가능한 확률은 충분히 발생하고도 남는 사건이 된다. 예를 들어 842회 로또의 1등 당첨자는 열 명이다. 이 회차의 로또 구매금액은 약 819.5억 원으로 1게임당 1천 원이므로, 전체 게임 횟수는 8,195만 회가 된다. 게임 횟수가 이 정도로 많으니 로또 1등 당첨의 기대값은 8195/815=10.05로 약 10회가 된다. 이 회차의 당첨자 수와 비슷한 숫자가 나온 것이다. 사기꾼들이 파고드는 지점도 바로 이런 부분이다.

확률과 사기꾼

어떤 의약품이 질병 치료에 탁월한 효과를 보이지만, 0.5%의 확률로 부작용이 발생한다고 하자. 0.5%는 개인에게 발생하기에는 매우 낮은 확률이지만, 만약 이 의약품을 이용하는 사람이 100만 명이라면 부작용을 경험하는 사람도 무려 5천 명이나 된다.

사기꾼들은 바로 이 5천 명의 부작용 사례를 대대적으로 광고한다. 부작용으로 고통받는 5천 명이 보이지 않냐고 외치며, 의약품과 이 처방의 효과를 총체적으로 부정한다. 확신에 찬 목소리로 단언하고 공포를 부각시킬수록 현혹되는 사람도 늘어난다. 사기꾼은 이 시점에 발톱을 드러낸다. 믿을 수 없는 의약품과 처방법이 아닌 새로운 방법을 안다고 주장하며, 추종자들에게 그 방법을 판매한다. 기존의 의약품과 처방법을 부정한 사람들은 대안을 제시하는 사기꾼의 말에 현혹될 수밖에 없다.

그런데 추종자가 충분히 많아지면, 그중에는 낮은 확률이지만 자연적으로 치유되는 사람도 등장한다. 아무리 낮은 확률이라도 숫자가 커지면 필연적으로 발생할 수밖에 없다. 그때 사기꾼은 이 예외적 사례를 대표 사례로 내세워 다른 사람들에게 더 열심히 자신의 상품과 방법을 전파한다. 이러한 방식은 경제, 투자, 비즈니스 등 영역을 불문하고 도처에서 널리 사람들을 속이는 데 활용되고 있다. 이것은 모두 우리가 확률을 제대로 이해하지 못하기에 벌어지는 일들이다.

2

확률이 지배하는 세상 :
원인과 결과가 달리 나타나는 이유

지금까지 확률에 대해 길게 이야기한 것은, 우리가 사는 세상이 바로 이런 확률로 돌아가는 세상이기 때문이다. 그리고 확률은 우리를 환호하게도 하고 좌절하게도 하는 원인 중의 하나이다. 당신이 어떤 일을 기대하고 행동을 할 때 다른 결과가 나올 수 있는 것도 확률의 존재 때문이다.

우리가 A라는 행동을 했을 때 B라는 결과가 일어났다고 가정해 보자. 우리의 뇌는 인과관계를 찾고 원인과 결과를 직선적 관계로 연결짓기에, 이것을 보고 'A를 하면 B가 일어날 것'이라고 인지한다. 그래서 B라는 결과를 얻기 위해 사람들은 열심히 A라는 행동을 한다.

조금 더 복잡하게 연구하는 사람은 B라는 결과를 얻은 수많은 사람들을 조사해보고, A 외에도 C, D, E, F의 행동을 했다는 공통점을 발견한다. 그래서 사람들에게 B를 얻기 위해서는 A도 하고 C, D, E, F도 하라고 조언한다. 하지만 앞에서 설명했듯이 이러한 분석과 판단은 잘못된 것이다. 2차 세계대전이 끝난 남태평양 군도에서 원주민들이 아무리 활주로 같은 것을 만들어도 미군 화물기는 오지 않는 법이다.

확률이 지배하는 세상은 이와는 다르다. A가 B라는 결과로 이어지는 핵심적 요소라고 하더라도, 확률이 개입하는 순간 그렇지 않게 되는 경우가 나타나기 때문이다. 예를 들어 A라는 행동이 B로 이어질 확률이 70%라고 하자. 이 경우 같은 A라는 행동을 했어도 어떤 이는 B라는 결과를 얻은 반면, 어떤 이는 얻지 못하는 일이 벌어진다. 이것이 확률이 지배하는 세상이 돌아가는 방식이다. 그리고 우리는 확률이 지배한다는 사실을 직접적으로 깨닫지는 못하더라도, 간접적으로는 다들 이해하고 있다. 운이라고 부르는 것이 바로 그것이다.

유능한 사업가와 성공 확률

만약 우리가 90%의 확률을 기대하고 벌인 일에서 예상치 못한 10%가 발생할 경우, 그것을 운이라고 할 수 있다. 그 10%의 결과가 나쁜 쪽이라면 악운이고, 반대로 좋은 쪽이라면 행운이라고 부르는 것이다. 이것은 우리가 확률이 지배하는 세상에서 살고 있다는 것을 간접적으로나마 인지하고 있다는 것을 증명한다.

한편 확률이 지배하는 세상에서는 매우 불합리한 일이 벌어지기도 한다. 확률이 지배하는 극단적으로 단순한 세계를 상상해보자.

인생에는 수많은 선택의 순간이 온다. 마찬가지로 사업가 또한 비즈니스에서 수많은 선택의 순간을 직면하게 된다. 이 세계에서 선택의 결과는 성공 혹은 실패밖에 없으며, 성공으로 얻게 되는 결과의 크기와 실패로 잃게 되는 결과의 크기는 같다고 가정해보자. 그리고 이 세계에서는 출발 조건, 즉 가진 자본도 인맥도 똑같아서 사업가의 능력으로만 승부하는 세계라고 하자. 노력을 이야기하는 사람들이 좋아할 만한 세계 말이다.

이 세계에 한 사업가가 있다고 하자. 그는 매우 근면하고 재능 있고 열심히 노력하는 뛰어난 사업가이다. 그래서 그가 내리는 선택은 70%의 확률로 성공으로 이어진다. 무능력해서 결과가 순전히 운에 의해 좌우되는 사업가의 성공 확률이 50%임을 감안하면, 이 유능한 사업가가 가진 20%의 우위는 매우 압도적인 능력이다. 만일 당신이 70%의 확률 우위를 가지고 카지노에 입장한다면, 그 카지노를 가볍게 파산시킬 수 있을 것이다.

이제 이 사업가가 비즈니스를 이끌어가는 특정 기간을 생각해보자. 이 기간 동안에 그는 여러 선택의 순간에 직면할 것이고, 그때마다 자신의 능력을 한껏 발휘하여 남들보다 더 현명한 선택을 해서 비즈니스를 성공으로 이끌어갈 것이다. 만약 그 기간 동안에 선택의 순간이 다섯 번 있다고 가정할 때, 예상되는 궤적은 다음의 그림과 같다.

유능한 사업가의 성공 확률과 예상 궤적

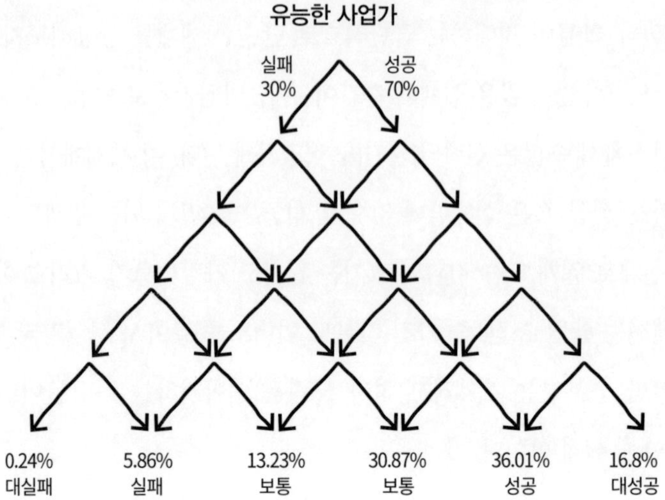

이 유능한 사업가는 다섯 번의 선택이 주어졌을 때, 성공 확률이 대단히 높다. 그가 다섯 번의 선택에서 연이어 모두 성공해 '대성공'을 기록할 확률은 무려 16.8%나 된다. 그리고 다섯 번의 선택 중에서 단 한 번만 실패하여 '성공'을 기록할 확률도 무려 36%이다. '성공' 이상을 기록할 확률이 52%가 넘는 셈이다.이것은 너무 무능하여 운에 의존하는 사업가의 경우 동일한 선택지가 주어졌을 때, 대성공과 성공을 기록할 확률이 각각 3.13%, 15.63%인 것을 감안하면 대단히 높은 확률이다. 이 사업가에게 적당한 운만 따른다면, 그는 다섯 번 연속 성공으로 향하는 선택을 해서 대성공을 기록할 수 있을 것이다.

유능한 사업가 vs. 유능하지만 운 없는 사업가

그런데 이 유능한 사업가와 똑같은 능력을 가진 다른 사업가가 있다고 하자. 다만, 그는 운이 지독하리만큼 없다고 하자.

이 경우 그는 정반대의 결과를 얻는다. 유능한 사업가와 같은 능력을 가졌음에도, 거듭된 실패로 대실패를 할 수도 있다. 그가 다섯 번 연속 실패해 '대실패'를 경험할 확률은 0.24%이다. 한 개인에게는 일어나기 어려운 매우 낮은 확률이지만, 사회 전체로 보자면 충분히 발생할 수 있을 만큼 높은 확률이다.

유능한 사업가, 그리고 유능하지만 운 없는 사업가는 가진 능력과 재능, 열심히 노력하는 기질까지 모두 같지만, 운의 차이로 인해 서로 다른 결과를 얻게 된다.

그러나 사람들이 이런 세부적인 내용까지 들여다보기는 쉽지 않다. 가장 먼저 눈에 들어오는 것은 보이는 결과의 차이이므로, 둘 다 똑같이 유능함에도 사람들은 적당히 운을 잘 만나 대성공을 기록한 사업가에게는 입을 모아 그 특별한 능력을 찬양할 것이다. 반면에 운이 없는 사업가는 똑같은 능력을 가지고 있음에도 결과가 보잘것없어서 무능력한 사람으로 무시당할 수 있다.

유능한 사업가가 거둔 대성공이 너무 눈부시다 보니, 아마 여러 곳에서 초청과 강연 요청이 들어올 것이다. 어쩌면 강연장에 '유능하지만 운 없는 사업가'가 그의 노하우와 경험을 듣고자 참석할 수도 있을 것이다. 자신의 답답한 상황을 타개하기 위해 지푸라기라도 잡고 싶은 심정으로 말이다.

이윽고 강연이 시작되고, 유능하고 운 좋은 사업가는 자신의 비즈니스에서 있었던 다섯 번의 선택의 순간들을 하나하나 설명한다. 그리고 강연의 끝에 청중들에게 외친다.

“저도 여러분과 똑같았습니다. 노력하고 좀 더 꿈을 꾸세요. 그럼 저처럼 될 수 있습니다!”

그 말이 끝나자 박수갈채가 쏟아진다. 정작 똑같은 재능을 가지고 똑같이 노력한 운 없는 사업가는 청중의 일원으로서 그 말을 듣고 있는데 말이다. 한 편의 블랙 코미디가 아닌가.

운은 어떤 방식으로 영향을 미치는가?

물론 유능한 사업가와 운 없는 사업가 이야기의 가정은 매우 거칠기 짝이 없다. 선택의 결과는 성공과 실패 둘로만 나누어지는 것이 아니며, 보상의 크기가 서로 다른 데다가, 비즈니스는 카지노 룰렛과 달리 직전의 선택이 다음의 선택에도 영향을 미치기 때문이다. 그래서 이 모델은 현실과는 다르다. 하지만 확률이 지배하는 세상에서 운이 어떠한 방식으로 영향을 미치는지 개략적으로 이해할 수 있을 것이다.

확률이 지배하는 세상은 언제나 예상이나 기대 밖의 일이 벌어질 수 있다. 그래서 우리가 내린 선택과 결정에서 예상되는 결과를 기대할 수는 있어도, 그 예상이 반드시 들어맞는다고 확신할 수는 없다. 다만 가장 확률이 큰 쪽을 선택하고 그 예상이 벗어나지 않기를 바랄

뿐이다.

이러한 세상에서 누군가는 예상을 벗어난 것을 운이 없었다고 할 것이며, 또 다른 누군가는 예상 밖의 일이 일어나지 않고 예상대로 안착한 것에 대해 운이 좋았다고 이야기할 수 있을 것이다. 이는 둘 다 맞는 이야기이다. 확률이 지배하는 세상에서는 운이 어떻게든 그 결과에 영향을 미친다.

3

불확실성:
우리가 사는 세상은 확률조차 불분명하다

확률이 지배하는 세상에서는 설혹 확률을 알고 있더라도 미래를 맞추기는 어렵다. 확률은 언제나 기대를 배반할 가능성을 내포하고 있기 때문이다. 그런데 우리의 삶을 더욱 어렵게 만드는 것은 확률을 짐작할 수 있는 일보다 그것을 알 수조차 없는 일이 더 많다는 사실이다. 바로 불확실성 때문이다. 이것이 진짜 어려운 점이다.

확률이 명확한 상황에서는 확률과 그 기대값을 고려하여 최적의 선택을 내릴 수 있다.[07] 그러나 불확실성의 세계에서는 확률을 정확히

07 물론 행동경제학은 확률을 아는 상황에서도 인간이 인지적 한계로 인해 최적이 아닌 선택을 내릴 수 있다는 것을 보여주고 있기는 하다.

알 수 없으며, 단지 추정할 수 있을 뿐이다. 물론 실제 확률과 자신이 예상한 확률이 서로 다를 가능성도 충분히 있다. 이로 인해 결과를 보고 그 과정을 평가하는 것이 더욱 어렵다. 불확실성은 비즈니스를 상당히 어렵게 만드는 원인이기도 하다.

제로니모 작전과 확률

당신이 프로젝트의 관리자라고 하자. 상사가 이 프로젝트가 성공할 것 같으냐고 물었을 때, 당신은 이때까지의 경험과 여러 상황, 환경 등을 고려하여 성공 확률이 70% 정도라고 추정하여 답을 했다고 하자. 현장을 지켜본 당신의 시각에서는 불안한 점도 보이기 때문이다. 그렇지만 상사는 그 소리를 듣고 짜증을 낼 것이다.

"확실히 말해. 그래서 된다는 거야, 안 된다는 거야?"

당신이 프로젝트의 불안점과 여러 상황을 설명해봐도 소용없다.

"그래서 돼? 안 돼?"

당신은 이 선택지에 굴복하여 결국 된다고 답을 한다.

상사에게 그렇게 보고한 이후, 당신은 추정한 성공률이 틀리지 않기를 바라며, 예상되는 위험이나 예상 밖의 일이 터지지 않기만을 바랄 것이다. 만약 무사히 예상대로 되기만 한다면, 프로젝트가 무난하게 성공할 수 있겠지만, 추정과 실제 확률이 꽤 차이가 나거나 예상 밖의 일이 터질 경우 어려움에 부딪힐 것이다. 그러면 당신이 사전에 얼마나 현명하게 분석하고 판단했든 좋은 평가를 받지 못할 것이다.

한직으로 쫓겨나지나 않으면 다행이다.

이러한 상황의 고충은 오사마 빈 라덴을 추적하고 사살한 제로니모 작전을 다룬 영화 〈제로 다크 서티〉에서 잘 드러난다. 영화 속에서 주인공은 탐색 끝에 파키스탄에서 빈 라덴이 숨어 있는 것으로 '추정되는' 건물을 찾아낸다. 하지만 빈 라덴이 직접 목격된 것도 아니고 쓰레기나 분변의 채취도 실패했다. 그 건물에 알 카에다 고위직이 있다는 것은 확실하지만, 그것이 빈 라덴인지 확신할 수 없는 상태였다. 게다가 인근 지역에 파키스탄 사관학교와 군 기지가 있기에 일이 잘못될 경우 파키스탄과 문제가 발생할 수 있었다.

영화에서 CIA 국장은 오바마 대통령에게 보고하러 가기 전에 회의를 소집하고 질문을 던진다.

"그자가 거기에 있어, 없어?"

여기에 부국장이 한 대답이 명답이다.

"저희는 확실성이 아니라 가능성으로 일합니다."

불확실성이라는 안개 속에서 앞을 더듬어가는 우리의 현실을 그대로 담은 대사라고 할 수 있다.

그제야 회의에 참여한 각 인물들이 '그 건물에 빈 라덴이 있을 추정 확률'을 제시하기 시작한다. CIA 부국장은 과거에 이라크 전쟁 당시 참여한 작전과 기타 경험 등을 토대로 확률을 60%라고 추정한다. 다른 분석가들도 자신의 경험과 과거의 비슷한 상황을 고려하여 각각 추정 확률을 제시하는데 60%가 가장 많았다. 추정 확률이라고는 하지만, 60%는 믿고 행동에 옮기기에는 상당히 애매한 확률이다.

이때 주인공이 확률이 100%라고 외친다. 실제로 빈 라덴이 그 건물에 있을 확률이 100%라는 것이 아니다. 자신은 그 정도로 강력하게 확신하고 있다며 결정권자들의 행동을 촉구하는 장면이다.

우리는 이미 뉴스와 관련 자료를 통해 제로니모 작전이 성공한 것을 알고 있으니, 주인공의 추정이 정답이라는 것을 안다. 결과를 이미 알고 있는 상황에서 보자면 CIA의 추정 확률 회의는 바보 같아 보인다. 다른 분석가들이 지나치게 소극적인 것처럼 보이기도 한다.

하지만 미래를 알 수 없는 상황에서 보자면, 오히려 CIA 분석가들의 추정은 매우 합리적이었다. 구체적인 정보가 하나도 나온 것이 없는 상황에서 빈 라덴의 존재 확률을 높게 추정하는 것 자체가 무리인 일이다.

오히려 지나치게 과감했던 것은 주인공이었다. 구체적인 정보가 없는 상태에서 확률 100%를 외치는 것은, 어떻게 보아도 합리적인 추정과는 거리가 멀다. 이는 오히려 장기간에 걸친 빈 라덴 추적의 결과를 확인하고 마침표를 찍기 위한 행동의 촉구에 가까운 일이었다. 물론 결과적으로는 주인공이 옳았다. 그리고 옳았기에 다행이었다. 만약 틀렸다면 그 실패로 인한 파급은 어마어마했을 것이다.

사후확증편향

확률을 정확히 알 수 없는 불확실성 속의 확률적 선택은 결정과 이후 결과의 괴리를 만든다. 확률을 알 수 없는 상황에서 결과를 정확히 추정하기 어려울 뿐더러 확률의 결과가 기대나 예상대로만 벌어지는 것은 아니기 때문이다.

그래서 결과를 기준으로 과거의 선택을 바라보면 달리 보일 수밖에 없다. 실패라는 결과를 확인하고 보면, 그 과정과 선택은 마치 실패하려고 작정한 듯 이해할 수 없는 것들로 가득해 보인다. 반대로 성공이라는 결과를 확인하고 과거의 선택들을 바라보면, 당연히 성공할 수밖에 없었던 것처럼 보인다. 이처럼 결과를 보고 선택을 바라보면 마치 사전에 결과가 예측 가능했던 것처럼 보인다. 그러나 우리 모두가 알다시피, 미래를 보는 수정구를 가지고 있는 사람은 없다. 이것은 우리의 인지 편향이다. 이것을 '사후확증편향Hindsight Bias'이라고 한다.

사후확증편향의 대표적인 예가 2008년 글로벌 금융위기에 대한 예측이다. 거의 대부분의 사람들이 위기를 예측하지 못했다. 이는 당연한 일이다. 당시 금융위기는 거의 대부분의 사람들이 예측하지 못했던 사건이 예상 못한 규모로 벌어졌기에 거대한 파국으로 번진 것이기 때문이다예측 가능한 사건은 그에 대한 대비가 뒤따르기 마련이고 파급력이 축소된다. 그런데도 이후 위기가 올 것을 알고 있었다고 주장하는 사람들로 넘쳐났다. 물론 제대로 된 근거는 없다. 그것은 모두 인지 편향으로 인한 착각일 뿐이다.

주식 관련 게시판이나 SNS만 봐도 그렇다. 어떤 주식이 급등하면 누군가가 나서서 미리 예측한 자신의 식견을 자랑하곤 한다. "봐라, 내가 사라고 했냐, 안 했냐?" 혹은 "내 이렇게 될 줄 알았다"라고 말이다. 물론 이들이 얘기한 종목은 그 외에도 수없이 많으며, 그 종목이 하락하거나 오르지 않을 때는 조용히 입을 다물고 있었다는 사실은 잊혀진다.

이렇게 자신은 미래를 예측할 수 있는 능력이 있는 것처럼 이야기하는 선지자先知者들은 많지만, 실상 이들은 후지자後知者에 불과하다. 그들이 맞추었다고 자랑하는 것도 어쩌다 맞춘 것에 불과하다. 다음과 그 이후에서 그들의 예측력은 동전 던지기만도 못한 수준으로 하락하며, 장기적으로 자신들의 예측력을 증명하지 못한다.

불확실성의 세상에서 미래를 예상하고 맞추는 것은 사실상 불가능하다. 확률을 알아도 결과가 예상대로 나오지 않으면 틀렸다고 지탄을 받는 마당에, 확률조차 알 수 없는 상황의 결과에 대한 예측은 대체로 맞지 않는다. 그나마 결과가 둘밖에 없는 상황에 대한 예측은 평균적으로 50% 정도의 정확성을 보인다. 하지만 이것은 동전 던지기의 예측 수준이다. 결과적으로 예측이 맞은 것이 순전히 운일 수도 있다.

예측이 몇 번 연속으로 맞았다고 해도 마찬가지다. 카지노에서는 종종 짝수가 연속으로 열 번 정도 나오기도 한다. 그 순간을 노려서 큰돈을 버는 사람들도 있다. 그렇다고 해서 이들이 짝수가 연속으로 몇 번 나올 것인지를 알아서 돈을 버는 것은 아니지 않는가?

불확실성에 어떻게 대처해야 하는가?

우리는 관측되는 결과에 너무 쉽게 속아 넘어가곤 한다. 물론 결과로 답을 해야 하는 것은 맞지만, 그 결과만으로 모든 것을 평가하기에는 거기에 더해지는 소음이 너무 심하다.

불확실한 세계에서는 가장 무능력한 사람이라도 그 모든 것을 압도할 만한 운이 뒷받침된다면, 단기적으로는 압도적인 결과를 낼 수 있다. 그리고 그 결과를 토대로 그를 매우 뛰어난 사람으로 착각하고 추앙하게 될 수도 있다. 물론 운이 영원히 지속될 수는 없으므로 어느 순간 쇠퇴하여 제자리로 돌아올 것이고, 그제야 사람들은 그의 실체를 알게 될 것이지만 말이다.

불확실성의 속성에 기반하지 않은, 결과를 바탕으로 한 평가는 지나치게 극단적이다. 성공을 거둔 사업가에 대해서는 후광효과와 사후확증편향이 나타나서, 미디어와 사람들은 마치 신화의 영웅이 재림한 것마냥 떠받들게 된다. 반면 실패한 사업가에게는 정확히 그 반대의 효과가 나타나 무능하고 앞을 내다볼 줄 모르는 인물로 낙인 찍게 된다. 한쪽은 지나치게 과대평가되었으며, 반대쪽은 지나치게 과소평가되었다. 어느 쪽도 제대로 된 평가와는 거리가 먼 셈이다.

결과 중심적 판단이 가진 오류의 가능성이 매우 높다는 것을 이해한다면, 결과에 속는 일을 조금이라도 줄일 수 있을 것이다. 나쁜 결과를 얻은 사업가라고 하더라도 형편없는 능력을 가진 사람이 아닐 가능성이 있고, 반대로 뛰어난 성과를 거둔 사업가라 하더라도 실제로는 그의 능력이 아닐 가능성도 있다. 불확실성은 결과만 보아서는 알 수 없는 것들을 알려준다. 결과가 때로는 거짓말을 할 수 있다는 사실 말이다.

이것이 '사업가들의 성과와 성공은 전부 운 덕분'이라는 뜻은 아니다. 운의 존재는 나름대로 최적의 선택을 하고자 하는 사업가의 선택과 고민을 부정하지 않는다. 다만 선택의 결과가 예상대로 되지 않을 수도 있으며, 때로는 생각보다 나쁜 결과가 올 수도 있고, 때로는 생각 이상으로 좋은 결과를 낳을 수도 있다는 것을 인정해야 한다. 우리가 통제할 수 없는 부분에 대해 인정하는 것이 능력을 폄하한다는 뜻은 아니다. 또한 통제할 수 있는 부분에 대해서는 전력을 다해야 한다는 사실은 변하지 않는다.

확률, 그리고 불확실성을 이해하면 우리가 어떻게 대처해야 하는지 명확해진다. 성공을 목표로 한다면 불확실성의 가운데에서도 성공에 도달할 수 있는 확률을 최대한 끌어올려야 한다. 물론 확률을 높이더라도 성공이 보장되지는 않지만 말이다.

다만 한 가지는 확실히 말할 수 있다. 적어도 확률을 높이려는 시도는 자신의 방법을 따르면 성공이 보장된다거나 정답을 알고 있다는 사람들, 꿈과 희망을 외치며 정신적 고양만을 강조하는 사람들보다는 더 높은 가능성을 줄 수 있다는 것이다.

이제부터는 '비즈니스에서 성공의 확률을 끌어올리고자 한다면 무엇을 해야 하는가'를 알아보자.

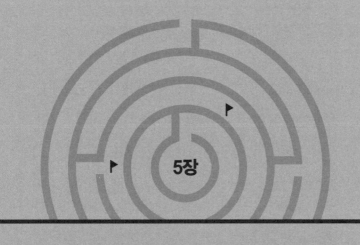

5장

불확실성의 세상에서 성공을 추구하기 위한 방법

1

확률과 운은 어떻게 작용할까?

운이 절대적인 가상의 세계

가상의 세계를 생각해보자. 모두 같은 시기에 태어나고, 유전적으로 완벽히 동일하여 재능의 차이가 없으며, 똑같은 교육과 성장과정을 가진 사람들로 이루어진 세상 말이다. 쉽게 말해서 당신과 완벽히 동일한 복제인간으로만 이루어진 세상이다.

같은 기억, 같은 경험, 같은 사고능력 등의 조건이 모두 동일하다면 재능과 실력이 같다고 볼 수 있으며, 당신이 생각하는 것은 당신의 복제인간들도 똑같이 생각할 것이다. 그래서 당신이 노력하는 만큼 복제인간들도 똑같이 노력할 것이고, 당신이 나태한 만큼 복제인간들도 나태하다.

이런 세상에서 부도 동일하게 배분되었다면, 당신과 당신의 복제 인간들이 각각 사업을 벌였을 때, 그 결과는 온전히 운에 의해서 판가름 날 것이다. 모든 조건이 완벽하게 같다면 결과의 차이를 만들 수 있는 유일한 차이는 운밖에 없기 때문이다.

운이 절대적인 가상세계에서 사업의 결과를 그래프로 그려보면, 아마 다음 그림과 같을 것이다.

운이 절대적인 세상의 성과 곡선

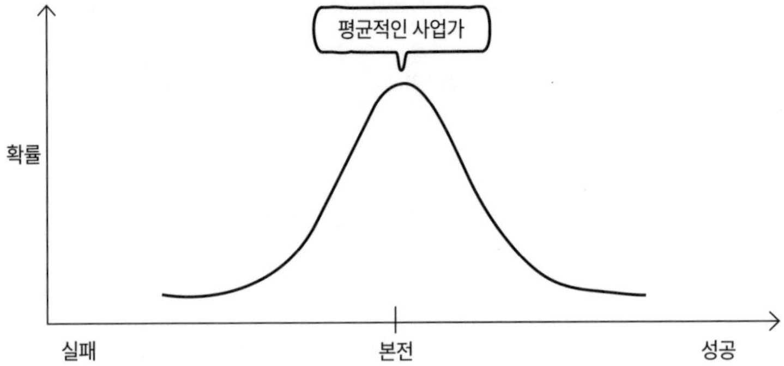

행운도 불운도 작용하지 않은 대부분의 경우는 사업의 성과가 본전을 중심으로 모여 있을 것이다. 그리고 각각이 경험하는 행운과 불운에 따라서 성공 혹은 실패의 규모가 결정될 것이다. 그중에서 극단적인 행운 혹은 불운을 겪어서 대성공과 대실패를 거둔 사람들도 나오게 된다.

하지만 이처럼 복제인간들만 존재하는 세상은 비현실적인 가정이며, 현실에서는 존재할 수 없다. 따라서 각 사업가의 노력과 재능, 자본, 영향력, 초기 출발점의 차이 등에 따라서 평균이 위치하는 축이 달라지게 된다.

사업가의 차이가 반영된 경우

사업가 중에는 자원을 더 많이 가진 사람도 있고 덜 가진 사람도 있다. 모든 면에서 평균적인 자원을 가진 사업가들은 성과가 본전을 건지는 수준에서 평균이 형성되겠지만, 평균보다 많은 자원을 가진 사업가들은 본전 이상에서 평균이 형성될 것이다. 반대로 평균 이하의 사업가들이라면 평균이 아예 본전 이하, 즉 손실을 보는 곳에서 형성될 것이다. 이것을 그래프로 표현하면 다음과 같다.

사업가의 차이가 반영되었을 때의 성과 곡선

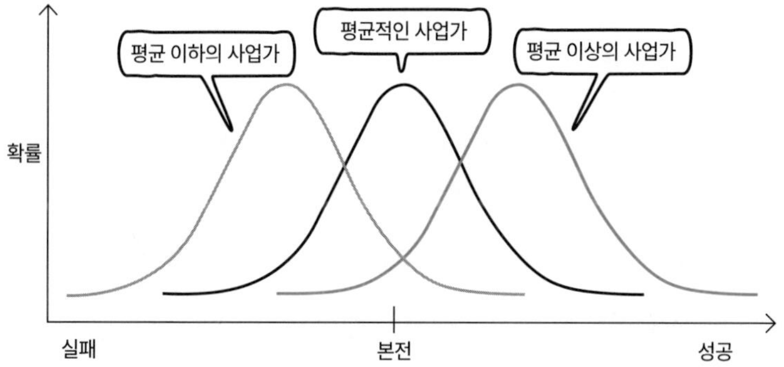

평균 이상의 사업가는 노력과 재능, 출발점의 차이 등으로 인해

사업에서 평균적인 사업가보다 '평균적으로' 나은 성과를 거둘 확률이 높다. 경쟁자보다 유리한 조건을 갖추고 있으면 그만큼 더 좋은 결과를 이끌어낼 수 있기 때문이다. 반대의 경우도 마찬가지다. 물론 이것은 어디까지나 확률이고, 실제 결과에는 운이 개입될 수밖에 없다. 평균 이상의 사업가라도 불운하면 운 좋은 평균 이하의 사업가를 이기지 못할 수 있다.

리스크에 따른 변화

능력이 같더라도, 리스크를 대하는 태도와 리스크 감수의 정도에 따라서 성과의 확률 분포가 다르다. 투자의 세계에서 '하이 리스크, 하이 리턴High Risk High Return'은 진리의 가르침이다. 고수익을 추구하면 그만큼 높은 리스크를 짊어져야 한다. 따라서 더 많은 리스크를 짊어지고 더 높은 변동성을 추구하면 높은 성과를 거둘 확률도 커지지만, 반대로 손실을 입을 확률도 높아진다. 이것을 그래프로 표현하면 오른쪽 그림과 같다.

같은 재능과 출발점을 가졌다고 하더라도, 리스크를 좀 더 적극적으로 추구하고 더 높은 변동성을 감당하는 사업가라면, 평균적인 사업가보다 성과의 확률 분포에서 꼬리가 좀 더 길어지고 두터워지게 된다. 평균에 머물 확률이 낮아지는 대신 좀 더 극단적인 성적표를 받을 가능성이 높아진다. 즉 더 큰 성공, 혹은 더 큰 실패를 경험할 확률이 높다.

변동성에 따른 성과 곡선

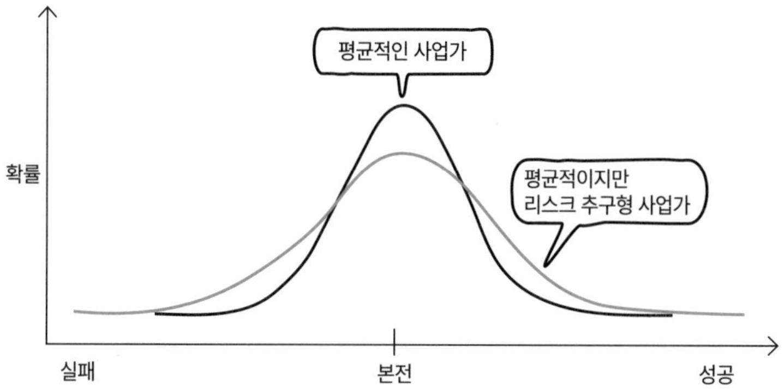

위의 그래프는 '더 큰 성공을 원하면 도전하고 위험을 감수하라'라는 기업가들의 일반적인 가르침과도 잘 어울린다. 리스크를 감내하지 않고서는 거둘 수 있는 성과도 크지 않은 법이다.

운의 작용 또한 리스크의 감내와 연결된다. 저 극단적인 꼬리의 결과값을 만들어내는 것이 운이다. 따라서 '도전하고 리스크를 감수하라'라는 조언은 운에 자신을 좀 더 노출시키라는 말과 크게 다르지 않다. 이는 확률이 지배하는 세상에서 유효한 가르침이다. 그래서 많은 성공한 기업가들은 리스크를 감수하라는 조언을 반드시 한다. 하지만 여기에서 한 가지 유념해야 할 사실은 이 조언은 모두에게 동일하게 적용되는 것이 아니라는 점이다.

| 성공을 위해 더 큰 리스크를 감당하라고? |

일반적으로 '평균 이하의 사업가'는 사업을 할 여건도 제대로 안 되며, 재기할 수 있는 기회도 극히 제한되어 있거나 없는 경우가 많다. 만약 이들이 극도로 리스크를 추구할 경우 운이 따른다면 큰 성공을 거둘 수 있지만, 반대로 극단적인 실패로 치달을 확률도 높아진다.

이것을 감안하면 성공을 위해 더 큰 리스크를 감당하라는 조언은 이들에게는 적용될 수 없다. 이것은 사실상 극도로 운이 좋기를 기원하며, 발생할 가능성이 훨씬 높은 재기 불가능한 손실을 감당하라는 말과 크게 다를 바가 없다. 극도로 희박한 확률에 의지하여 그래프에서 아래쪽으로 너무 폭넓게 열려 있는 실패의 가능성을 감당하라는 것은, 지나치게 비대칭적이며 되도록 피해야 하는 선택지이다.

특히 사업가의 조건이 평균에서 왼쪽으로 멀리 떨어질수록, 즉 평균보다 떨어질수록 이 비대칭성은 더욱 커진다. 이것을 성공의 조언이라고 할 수 있다면, 차라리 당첨 확률이 희박하지만 손실이 고작 1천 원에 불과한 로또를 사는 것이 나은 방법일 것이다.

그러나 '평균 이상의 사업가'들에게는 '도전하고 리스크를 짊어지고 견디라'는 조언이 효과적일 수 있다. 그들이 거둘 수 있는 평균적인 성과는 본전 이상이 될 가능성이 높고, 이것이 기반이 되어 다른 사업가들보다 좀 더 모험적인 아이템과 리스크를 짊어지는 행동을 감내할 수 있는 여건이 되기 때문이다.

물론 이들도 운이 따르지 않으면 좋지 않은 결과를 얻을 수 있다.

하지만 평균 이상의 실력과 출발점을 가지고 있으므로 본전 이하의 손실을 입을 가능성을 낮추어준다. 같은 위험을 짊어져도 실패의 가능성이 낮다는 것이다. 이것을 그래프로 표현하면 아래와 같다.

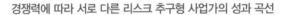

경쟁력에 따라 서로 다른 리스크 추구형 사업가의 성과 곡선

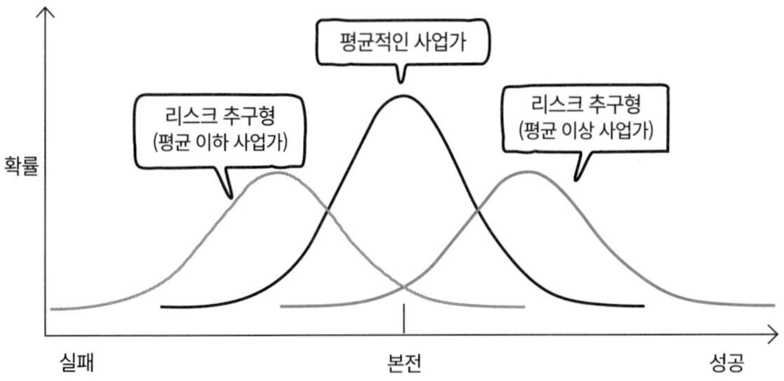

다시 말해 성공을 위해 리스크를 감수하라는 조언은 아무에게나 통용될 수 있는 것이 아니다. 매우 경쟁력 있는 사업가에게나 유용한 조언이다. 그리고 이 그래프는 평균 이하의 사업가에게는 리스크를 감수하라는 조언이 오히려 큰 독으로 작용할 수 있음을 여실히 보여준다. 물론 그도 큰 성공을 거둘 수는 있지만, 그것은 극도로 좋은 운이 따랐을 때이다.

리스크를 감수하는 것은 평균에 머무를 확률을 낮추는 대신, 양쪽 꼬리에 해당하는 극단값의 발생 확률과 크기를 키우게 된다. 따라서 성공에서 리스크 감수는 매우 중요한 부분이지만, 그 이전에 남들보다 더 큰 리스크를 짊어지지 않더라도 우위에 서는 것이 반드시 뒷받침되어야 한다. 그렇게 하여 평균의 축을 오른쪽으로 이동시켜야 한다. 리스크의 감수는 우위가 기반이 되었을 때에야 충분한 의미를 가진다.

평균의 축을 오른쪽으로 이동시켜라

그렇다면 앞의 그래프에서 평균의 축을 오른쪽으로 이동하려면 무엇을 해야 할까? 과거에는 이 부분을 사업가의 역량으로 설명해왔고, 그 중에서도 개인적인 자질에 초점을 두었다. 그리고 노력의 신화가 지배하던 시절에는 이것을 모두 노력으로 치환했다. 적어도 대중적인 미디어들은 그렇게 설명했다.

하지만 이것은 사실과는 거리가 있다. 앞에서 설명했듯이 성공은 한두 가지 요소만으로 설명할 수 없으며, 그 요소를 노력과 재능으로 한정하면 더욱 곤란하다. 물론 개인적 자질과 성향 등이 성공에 영향을 미치기는 한다. 분명 더 노력하고 고민하고 열심히 하며 효율적인 사업가가 더 좋은 성과를 낼 수 있는 것은 분명하다.

나는 그 가능성을 부정하지 않는다. 하지만 이것은 나머지 다른 조건이 동일할 때의 이야기이다. 그리고 바로 이것이 문제이다. 사업가마다 '나머지 조건'이 서로 다른데도, 그동안 미디어와 성공하는 습관 등을 다룬 자기계발서들은 이 부분을 외면해왔다.

성공하는 기업가들이 공통적으로 열심히 노력하고 더 재능 있다는 공통점을 발견했다고 해서, 그것을 절대적 요인으로 평가해서는 안 된다. 국이 싱거울 때 소금을 넣으라거나, 배고프면 식사를 하라는 말이 삶의 조언이나 지혜가 될 수 없는 것과 마찬가지다.

그렇다면 노력과 성실 등 그동안 당연하게 강조해온 요소들을 잠시 젖혀두고, 그동안 외면해오던 요소에 좀 더 주목해봐야 할 것이다. 이제 이와 관련된 이야기를 해보자.

2

마태효과 :
잘되는 곳이 더욱 잘되는 이유

성공의 요인을 탐색하다 보면, 잘되는 곳이 더욱 잘되는 현상을 생각보다 쉽게 볼 수 있다. 내 전작인 『골목의 전쟁』에서도 이야기했던 횟집의 예시가 바로 그것이다.

흔히 횟집은 신선하고 질 좋은 횟감을 갖추면 잘될 것이라고 믿는다. 그러나 실제로는 반대이다. 사람들이 잘 찾지 않는 횟집은 수조에 생선을 오래 두게 되고, 식재료도 더 길게 냉장고에서 보관해야 하기에 신선도가 떨어진다. 반대로 사람들이 꾸준히 많이 찾는 횟집은 그만큼 회전이 빠르기에 생선도 재료도 오래 묵힐 일이 없어서 신선하다. 즉, 신선한 재료를 쓸수록 장사가 잘된다는 말은 원인과 결과를 반대로 착각한 인과관계의 오류에 해당한다.

하지만 소비자들은 그런 디테일을 고려하지 않는다. 단순히 신선하고 좋은 회를 맛볼 수 있는 곳을 찾아가게 되는데, 그런 곳은 장사가 잘되는 곳이다. 이러한 이유로 잘되는 집은 관리와 비용에서 더욱 우위를 갖게 되어 더 많은 사람들이 몰려들고, 안 되는 곳들은 더욱 열위에 처하게 되어 사람들이 찾지 않게 된다. 이것이 '마태효과Matthew Effect'이다.

로버트 머튼은 저명한 학자일수록 더 많은 지원을 받아 더 좋은 연구결과를 내고, 그렇지 못한 학자는 지원이 적어서 연구 격차가 더욱 벌어지는 현상을 발견했다. 머튼은 이런 현상에 대해 신약성서에 나오는 "무릇 있는 자는 받아 풍족하게 되고, 없는 자는 그 있는 것까지 빼앗기리라마태복음 25장 29절"라는 구절을 빌어 '마태효과'라고 이름을 붙였다. 한마디로 요약하자면 '이익과 우위의 누적 메커니즘'이다. 우위는 이익을 불러오고, 그 이익은 다시 우위가 되어 더 큰 이익을 부르는 것이다.

횟집의 사례를 다시 생각해보자. 사람들이 몰려들기 시작하면 횟감과 재료의 신선도는 높아진다. 그래서 찾아오는 사람들에게 좋은 평가를 얻을 수 있으며, 그 평가 덕분에 더 많은 사람들이 몰려들고, 신선도는 언제나 최상의 상태를 유지할 수 있게 된다. 이쯤 되면 소비자들 사이에서도 가게 이름만으로 인정받는 수준에 이른다.

이렇게 사람들이 몰려들고 가게의 매출이 안정되면 이를 바탕으로 새로운 것을 시도할 수 있는 단계에 접어든다. 현지의 어선과 직계약을 통해 고급 어종이나 특이한 상품을 취급할 수도 있다. 이미 가게에 몰려드는 손님이 충분하므로 이렇게 받은 물량을 소화하기도 수월하다. 손님들 중에는 이런 독특한 상품에 반응하는 사람들도 있다. 잘되는 가게에서의 한정된 물량은 손님을 더욱 끌기에 매력적인 요소가 된다. 실패해도 어차피 타격은 적으니 부담이 없다. 한정판도 잘되는 가게가 해야 인기를 끌지, 안 되는 가게가 어설프게 따라 했다가는 그조차도 타격이 된다.

이처럼 잘되는 곳은 더욱 다양하고 경쟁력 있는 상품과 서비스를 갖추면서 더욱 잘된다. 마태효과가 작용하기 때문이다. 이를 그래프로 표현하면 다음과 같다.

마태효과 : 성공으로 인해 성과 곡선의 축이 이동한 상태

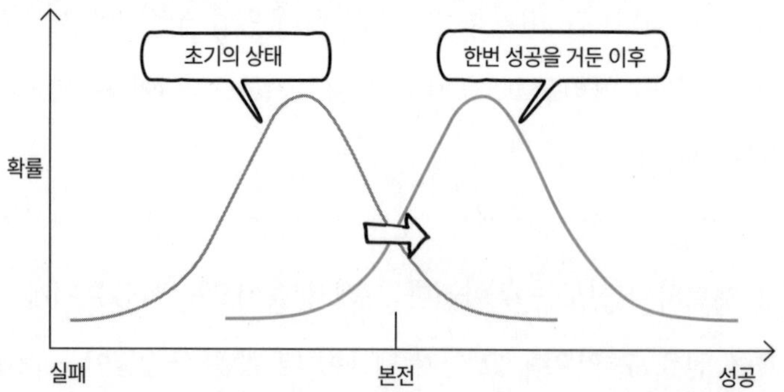

한번 성공하면 브랜드, 자본 등에서 우위를 갖게 되고, 이러한 우위가 계속 이어지는 경쟁에서 또 다른 성공으로 이끄는 우위가 된다. 이 점에서 보자면 우리가 성공이라고 부르는 것은 더 큰 성공을 위한 '우위의 획득'이라고도 볼 수 있다.

이러한 이유로, 오랜 경력을 자랑하는 성공한 곳들의 성공 이유를 냉정하게 조사해보면, '전부터 이미 성공했기 때문에'라는 답을 찾을 수밖에 없다. 수십 년의 전통을 자랑하는 국밥집 같은 곳들을 떠올려보자. 당신은 그런 가게들이 왜 오래가는지 이유를 안다고 생각할 것이다.

"내가 이때까지 먹어본 곳 중에서 가장 잘하는 곳이에요. 그러니 오래가는 게 당연하죠."

이런 이유를 댈지도 모르겠다. 하지만 틀렸다. 여기에서도 후광효과가 당신을 현혹한다. 당신은 이미 그 가게에서 사람들이 줄을 서서 기다리며 먹는 것을 알고 있다. 오래된 유명 맛집이라는 것도 알고 있다. 여기에서 당신이 맛을 보고 내릴 수 있는 결론은 단 두 가지에 불과하다. '이래서 잘되는 거구나'와 '왜 줄을 서는지 모르겠네'이다.

당신의 기대치에 부합하거나 그 이상이라면, 그것으로 오래된 맛집이라는 결과를 정당화한다. 어느 정도 미심쩍은 부분이 있어도 비교적 관대하게 납득하고 넘어간다. 분명 남들이 좋다고 하는 이유가 있을 테니 말이다. 정말 실망스러운 경우에만 '왜 줄을 서는지 모르겠다'라고 답한다. 어느 쪽이든 그 가게가 왜 그렇게 오랫동안 잘되는지 이유를 찾지는 못한다.

또 한 가지, 대부분의 사람들은 다양한 국밥집을 방문할 일이 별로 없다. 애초에 경험의 폭 자체가 좁다. 그렇다면 당신이 좋아하는 그 오래되고 잘되는 국밥집은 대체 어디서 어떻게 알게 된 것인가? 길 가다가 우연히 발견한 곳인가?

물론 그렇게 발견한 경우도 있겠지만, 순수하게 당신이 '발견했다'라고 할 만한 집들은 얼마 되지 않는다. 대부분은 남의 경험담과 기록 등을 보고 듣고 간다. 그러면 그 사람들은 어디에서 그런 정보를 얻고 방문했을까? 그들도 남에게 들어 알게 된 곳이다. 결국 성공한 곳들은 이미 성공해서 알려졌기에 사람들이 찾게 된다는 마태효과를 다시금 확인하게 된다.

물론 미디어들은 여기에 사람들이 납득할 만한 그럴듯한 수식어를 붙인다. 'XX년째 변하지 않는 맛', '뚝심', '맛에 대한 고집' 등과 같은 표현이다.

하지만 따지고 보면 말도 안 되는 이야기이다. 식재료는 공산품이 아니다. 30년 전에 우리나라에서 키우던 소·돼지와 지금의 소·돼지는 먹는 사료도 키우는 환경도 서로 다르다. 마찬가지로 야채와 작물들도 과거와 지금의 재배방식이 다르다. 또한 이제 환경도 다르다. 가장 중요하다고 강조하는 재료부터 크게 바뀌었고 계속 변하는 중인데, 변하지 않았다는 것이 말이 되는가? 뚝심과 고집 또한 마찬가지다. 너무나 추상적이어서 아무데나 갖다붙여도 말이 되는 단어들이다.

마태효과가 가르쳐주는 것

성공을 했을 때, 또는 일정 이상의 성취를 얻었을 때의 우위는 분명히 존재한다. 브랜드가 알려지고 그에 따라 팬층이 형성되며 자금에 여유가 생긴다. 또한 업계에서 경력이 쌓이면서 늘어나는 노하우, 성공을 통해 얻게 되는 정보와 인적 네트워크는 결코 무시할 수 없는 요소들이다. 노력이나 재능도 중요하지만, 바로 이런 요소들의 합이 성공에 더 큰 지분을 차지한다.

노력이나 재능은 성공에서 변수적 요소가 아니라 상수적 요소에 가깝다. 매출이 열 배가 되었다고 노력이나 재능이 열 배로 투입되지는 않는다. 이런 요소들은 최대 한계가 정해져 있기에 보통은 변하지 않으며 아주 미미하게 증가할 뿐이다. 마찬가지로 우리가 재능이라고 부르는 요소도 어느 정도 한계가 정해져 있다. 이런 측면에서 노력이나 재능은 사실상 상수라고 보아야 한다.

오히려 성공의 규모가 커질수록 계속 증가하는 요소들은 브랜드 파워, 팬, 자금, 경험, 정보, 인적 네트워크 등과 같은 요소들이다. 성공이 지속될수록 더 많이 획득할 수 있으며 우위로 작용한다.

마태효과의 시사점은 명확하다. 먼저 성공의 가장 큰 혜택은 더 큰 성공을 얻을 수 있는 기반과 우위를 제공한다는 사실이다. 둘째, 애초에 가지고 있는 우위가 많다면 남들보다 성공을 거두기가 좀 더 쉬워진다는 점이다.

여기에서 그 우위에 해당하는 것은 지금까지 자기계발과 성공 관련 콘텐츠들이 강조해온 노력이나 긍정적 사고, 그 외의 추상적인 개념들이 아니라 그것들이 언급하지 않은 실질적 요소들이다.

물론 우위를 확보한다고 해서 반드시 성공이 보장되지는 않는다. 다만 우위를 확보할수록 성공의 축이 오른쪽으로 이동하면서 실패로 향할 가능성을 줄이며, 평균적으로 더 나은 결과를 기대할 수 있다. 그런 점에서 마태효과는 우위가 얼마나 중요한지를 잘 알려준다.

3

우위의 쇠퇴 :
후발주자의 추월 원리

마태효과는 우위가 성공에 더 유리한 조건을 만들며, 성공은 더 나은 우위를 획득하게 만든다는 것을 잘 보여준다. 마태효과에 따르면 한 번 우위를 획득한 사업가는 쉽사리 무너지지 않는다. 그러나 현실에서는 후발주자의 추월도 종종 목격하게 된다.

우위는 영원불멸한 것이 아니다. 기술과 환경이 변화하고 트렌드가 바뀌면, 기존에 확보했던 우위가 과거만큼 영향력을 갖지 못하게 되기도 한다.

우위는 어떨 때 쇠퇴하는가?

당신이 10만 명의 구독자를 가진 블로그의 주인이라고 가정해보자. 10년 전이었다면 이것은 엄청난 영향력과 우위의 지표였다. 물론 현재도 영향력과 파급력이 있지만, 10년 전에 비해서는 줄어든 것이 사실이다. 현재 블로그라는 매체는 트렌드에서 정점을 지났으며 영향력 면에서도 과거만 못하다. 인스타그램이나 유튜브가 현재 트렌드의 중심에 서 있고 훨씬 더 우위에 있다.

물론 당신이 블로그의 구독자 10만 명이라는 우위를 발판으로 인스타그램이나 유튜브로 확장할 경우, 아예 아무것도 없는 사람보다는 구독자를 빠르게 확보하는 데 도움이 될 것이다. 그러나 해당 채널에서 이미 확고하게 우위를 다진 사람에 비해서는 열위에 위치할 수밖에 없다.

이러한 현상은 소비시장뿐만 아니라 도처에서 쉽게 볼 수 있다.

우위의 쇠퇴로 인한 축의 이동

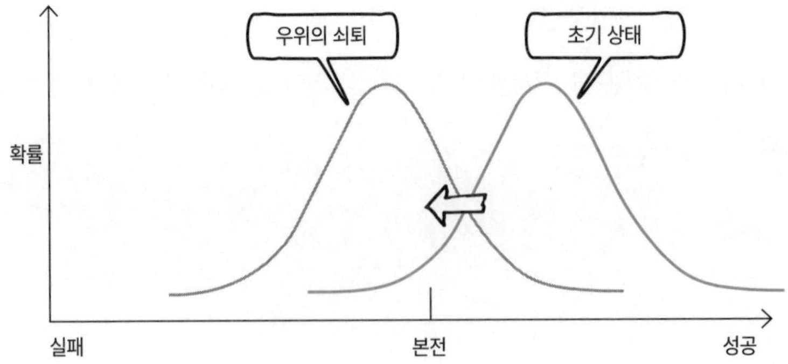

환경과 트렌드의 변화는 기존의 우위를 침식시키고 붕괴시킨다. 우위에는 수명이 존재하며, 새로운 우위는 힘을 얻고 오래된 우위는 쇠퇴한다. 이로 인해 평범하게 사업을 운영해오던 작은 곳이 갑작스러운 트렌드의 변화와 유행으로 부각되어 성장하기도 하며, 트렌드가 지나면서 함께 하락하는 모습도 보게 된다.

다른 식으로 표현하자면, 비즈니스의 지형이 끊임없이 변화하고 있다는 것이다. 당신이 그동안 삼면이 막힌 곳에 진을 치고 정면을 두텁게 하여 경쟁자를 성공적으로 물리쳐왔는데, 불현듯 지형이 바뀌면서 측면이나 후면이 뻥 뚫리는 상황들이 벌어진다. 그리고 이런 지형 변화는 눈에 잘 띄지 않기 때문에 대응하기 어렵기도 하다.

비즈니스의 지형과 우위가 변한다는 사실을 고려하면, 비즈니스에서 의외성이 생각 이상으로 큰 비중을 차지한다는 것을 이해할 수 있다. 대표적인 사례로 2016년 하반기에 벌어진 사드 사태와 아모레퍼시픽의 실적 추락을 들 수 있다.

사드와 코스메틱 전쟁

2010년대 들어 특히 유커들에게서 일어난 K-뷰티의 붐으로 코스메틱 업계는 그야말로 호황을 맞았다. 이 시장의 최대 수혜자는 바로 아모레퍼시픽이었다. 중저가부터 고가까지 다양하고 탄탄한 라인을 가지고 있었기 때문이다. 모든 가격대의 브랜드가 강점을 가지고 있었기에 어쩌면 당연한 일이었다.

그런데 2016년 하반기에 사드로 인한 분쟁이 벌어지고, 중국에서 반한감정과 불매운동이 일어나면서 상황이 완전히 바뀌기 시작했다. 2017년부터 매출과 영업이익이 말 그대로 꺾여버린 것이다. 여기까지만 본다면 불매운동이라는 원인이 있으니 그럴 수밖에 없는 일로 보인다.

하지만 같은 기간 동안에 경쟁자인 LG생활건강은 부침을 겪지 않고 오히려 성장세를 이어나갔다. 그 결과 2019년 3분기를 기준으로 영업이익 1조 원을 돌파했다. 아모레퍼시픽의 실적이 여전히 지지부진하기에 이 성과는 더욱 돋보인다. 사드로 인한 불매운동을 아모레퍼시픽만 얻어맞은 것이 아닐 텐데도 이런 차이가 발생한 것이다.

당신의 생각은 어떤가? 앞서 여러 번 이야기해왔듯, 우리는 결과를 보고 그에 맞는 원인을 찾고자 애쓴다. 즉 가장 손쉬운 답은 LG생활건강은 무언가를 잘했고, 아모레퍼시픽은 뭔가를 잘못했을 것이라

아모레퍼시픽과 LG생활건강의 매출액 및 영업이익 추이 단위: 원 | 출처: DART

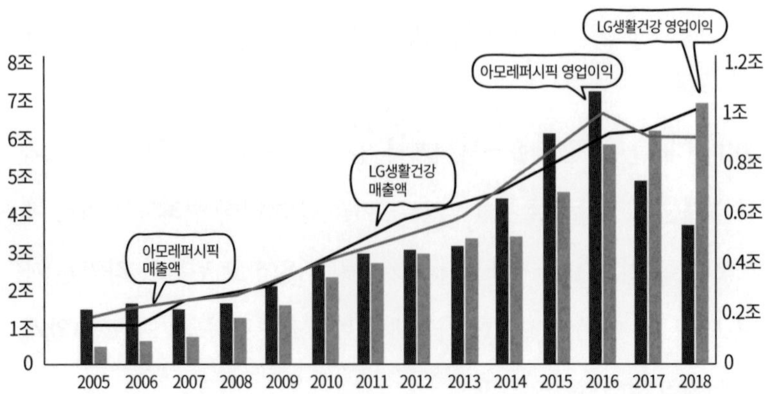

고 생각하는 것이다. 즉, LG생활건강에 내리기 쉬운 평가는 '사드라는 위기를 기회로 만든 기민한 대응'이고, 아모레퍼시픽에 내릴 수 있는 손쉬운 평가는 '사드라는 환경변화에 제대로 대응하지 못한 책임'이다. 그러나 이것이 과연 적확한 평가일까?

아모레퍼시픽은 비록 매출액과 영업이익에서 LG생활건강에 추월당했지만, 여전히 국내 최고의 화장품 종합기업이다. 다양한 브랜드들이 모든 가격대에 포진해 있고, 뛰어난 브랜드 파워를 자랑하며, 가격군마다 경쟁력을 갖추고 있다. 코스메틱 산업 내에서도 매우 잘 갖추어진 포트폴리오를 구축한 기업이다. 덕분에 유커들이 몰려오던 2010년대 초중반에 가장 성공적인 코스메틱 기업의 자리를 굳히며 유커 효과를 톡톡하게 본 것이다.

왼쪽의 그래프를 본 사람들은 아마 의문이 들 것이다. LG생활건강이 2010년대 초중반에도 매출과 영업이익이 앞서는 시기가 있는데, 그렇다면 아모레퍼시픽이 유커 효과를 가장 크게 본 기업이라고 말하기 어렵지 않은가 하고 말이다. 이는 착시효과이다. 아모레퍼시픽은 매출의 90% 이상이 화장품에서 발생하는 화장품 기업인 반면, LG생활건강은 생활소비재, 음료, 화장품을 모두 취급하는 기업이기 때문이다.

지금이야 LG생활건강이 화장품 기업으로 여겨지지만, 2000년대까지는 소비재 종합기업에 가까웠다. 2010년대 초반까지 전체 매출에서 화장품 분야가 차지하는 비중이 30%대였음을 감안하면, 유커 효과를 받긴 했더라도 아모레퍼시픽만큼 수혜를 받았을 것이라고 볼 수는 없다.

LG생활건강의 사업 포트폴리오

단위: % | 출처: DART

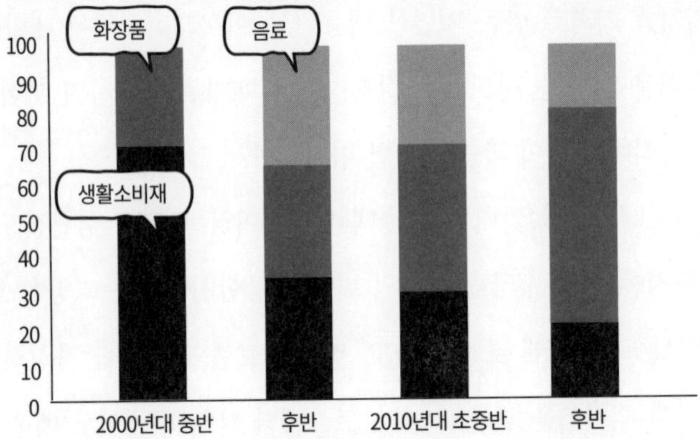

또한 LG생활건강은 자체 상품 개발보다는 M&A를 통해서 확장과 성장을 이룬 경우이다. 실제로 2007년코카콜라 보틀링, 2010년더페이스샵, 2011년해태음료에 걸쳐 인수를 단행했으며, 이후에도 필요한 브랜드를 인수하는 방향으로 움직여왔다. 그래서 화장품 분야만 놓고 보면 비중이 매우 커진 2010년대 중반 이후부터 비교가 가능해진다.

물론 LG생활건강은 매출에서 화장품의 비중이 꾸준히 늘어난 것처럼, 화장품 산업에서 영향력과 점유율이 계속 증가해왔다. 이는 브랜드 '후Whoo'를 기반으로 고가 럭셔리 브랜드에 집중하는 전략을 취했기 때문이다. 전 가격군에서 경쟁력 있는 브랜드를 유지하고 있는 아모레퍼시픽과는 방향성 자체가 다르다. 바로 이런 특성 덕분에 사드로 인한 불매운동에서 타격이 비교적 적었던 것이다.

앞에서 말했듯 아모레퍼시픽은 전 가격군의 브랜드에서 경쟁력이 있었으며 화장품 전문기업답게 해외 법인과 유통망도 훨씬 탄탄했다. 다른 말로 표현하면, 아모레퍼시픽이 유커 붐에서 가장 큰 수혜를 얻을 수 있었던 것은 당시 환경에 가장 적합한 비즈니스 모델을 갖추었기 때문이다.

하지만 사드로 인해 불매운동이 일어나고, 유커의 발길이 끊기면서 시장은 다른 형태로 변했다. 유커들은 더 이상 한국을 잘 찾지 않고, 그 자리를 보따리상들인 '따이공'들이 채웠다. 따이공들은 면세점에서 상품을 구매하여 재고를 재어두고 중국에 판매하는 중간상인들이다. 중국의 K-뷰티 소비 방향이 이들을 중심으로 재편되면서 국내 코스메틱 시장이 말 그대로 격변했다. 이것이 아모레퍼시픽과 LG생활건강의 실적 차이를 낳았다.

LG생활건강은 따이공 중심으로 재편된 국내 코스메틱 시장에서 그들에게 길을 열어주었다. 반면 아모레퍼시틱은 면세점 구매 제한으로 제약을 걸어버렸다. 더군다나 2017년 9월에는 원래 일인당 열 개까지 살 수 있었던 설화수와 헤라의 구매제한을 다섯 개로 줄이는 초강수를 두었다. 즉, 따이공 중심으로 재편된 시장에 역행하는 노선을 택한 것이다. 이를 보면 변화한 시장에 맞춘 LG생활건강의 결정이 대단해 보이고, 아모레퍼시픽의 결정은 바보 같아 보인다. 그러나 조금 더 자세히 들여다보면 그렇지 않다.

LG생활건강은 어떻게 추월했을까?

우리는 시장의 격변 때 1위 기업이 변화를 제대로 따라가지 못하는 것을 쉽게 비판하지만, 그들 나름의 이유가 있다. 1위 기업은 그 시장의 상황에 최적화한 비즈니스 모델을 갖춘 기업이고, 시장 상황이 변화하면 그만큼 포기하고 바꾸어야 할 요소들도 2위, 3위 기업에 비해서 많다. 반면 후발주자는 포기할 것이 적기 때문에 격변한 환경에서 선택을 내리기가 더 쉽다. 아모레퍼시픽과 LG생활건강이 그런 사례였다.

아모레퍼시픽은 당시 중국에서도 단단한 법인 영업망과 브랜드를 구축했으며 유통망도 더 탄탄했다. 정식 판매망이 아닌, 허가받지 않은 따이공이라는 중개상들이 상품을 판매하는 상황은 정식 판매 채널에 타격을 주며, 브랜드 관리나 가격전략이 제대로 통하지 않게 되므로 장기적으로도 악영향을 줄 수 있었다. 명품 브랜드들이 개인 중개상의 판매를 허용하지 않고 중고가격까지 관리하는 것도 바로 그러한 이유 때문이다.

아모레퍼시픽은 강력한 브랜드들을 소유했고, 자사 브랜드들이 명품 브랜드처럼 인식되기를 원했다. 게다가 판매 유통망도 탄탄했기에 따이공을 배제하는 결정을 내리는 것이 타당했다. 따이공 중심으로 재편된 시장에 맞추기에는 포기하고 버려야 할 것이 너무나도 많았다.

반면 LG생활건강은 '후'를 비롯한 럭셔리 브랜드로 포트폴리오가 편중되어 있는 데다가 유통망에서도 아모레퍼시픽에 비해 열위에 있었다. 따이공 중심의 시장에 맞추어 영업을 해서 얻는 이익이 그로 인한 손실보다 크다고 판단했기에 따이공에게 집중하는 선택을 할 수 있었다. 즉 LG생활건강은 기존 시장에 덜 최적화되어 있었기에 상대적으로 잃을 것이 적어 과감한 선택을 할 수 있었던 것이다.

시장에 지각변동이 일어나는 상황에서는 가진 것을 포기하지 못하는 1위 기업들의 결정이 이상해 보이고, 반면 과감하게 움직이는 기업들의 결정은 대단해 보인다. 하지만 시장이 급변하는 상황에서는 가지고 있는 자원의 영향력이 약화되기도 하고, 심할 경우 짐이 되는 경우도 흔하다. 그래서 선발주자가 과거와 같은 자원의 우위를 누리지 못하고, 후발주자가 추월할 수 있는 상황이 벌어지는 것이다.

따이공 중심 시장으로의 재편은 아모레퍼시픽에는 재앙과 같았지만, LG생활건강에는 기회가 되었다. 그리고 이들은 각자의 자원에 맞게 선택을 내렸고, 그에 따른 결과표를 받게 되었다. 그 결과는 LG생활건강의 성장과 추월이며, 아모레퍼시픽의 부진이다. 이러한 배경을 이해한다면 LG생활건강의 과감한 움직임을 마냥 찬양하고, 아모레퍼시픽의 대응을 마냥 비판할 수 있을까?

후발주자는 어떻게 1위를 추월할까?

2010년대 아모레퍼시픽과 LG생활건강의 경쟁은 시장환경의 급변으로 인한 우위의 쇠퇴와 후발주자의 추월을 잘 보여준다. 이러한 변화는 언제나 갑작스럽게 벌어진다. 현 시장에 최적화한 LG생활건강도 향후 시장의 급변 때 어떤 결과를 얻을지 모른다.

'다가올 변화를 예측하고 대비해야 한다'라는 제언을 종종 본다.

참으로 그럴듯한 말이지만, 그것이 실제로 가능한 일일까? 과연 미래에 다가올 트렌드와 변화를 예측할 수 있을까?

두루뭉실한 예측은 예측으로서는 전혀 가치가 없다. 중요한 것은 디테일인데, 그 디테일이라 할 수 있는 시점과 규모, 지속성까지 모두 정확하게 예측하는 것은 사실상 불가능한 일이다.

한편 시점을 잘못 예측한 것은 틀린 예측이나 다를 바 없다. 예측한 시점이 너무 빠를 경우, 너무 이른 대응으로 인한 손실을 감내하며 언제 올지 모르는 그 시점을 마냥 기다려야 한다. 반대로 트렌드 변화가 예측보다 훨씬 빨리 일어나면, 사실상 거의 대응을 하지 못하게 된다. 또한 규모와 지속성을 잘못 예측할 경우에는 대응의 규모가 달라진다. 규모가 생각보다 작으면 대응의 과잉으로 손실이 발생하고, 규모가 생각보다 크면 변화의 흐름에 제대로 올라타기가 어렵다.

만약 트렌드와 변화가 정확히 예측 가능한 것이라면, 우위를 확고하게 갖춘 사업가들은 결코 무너지지 않을 것이다. 그러나 현실은 예측이 불가하기에 기존의 우위는 쇠퇴하고 새로운 우위가 위세를 떨칠 수 있으며, 그 점에서 후발주자에게도 희망이 있다. 세상에 마태효과밖에 존재하지 않는다면 후발주자로 뒤늦게 출발한 사람에게는 전혀 기회가 주어지지 않을 것이다.

4

우위의 총력전

앞에서 다룬 이야기들을 요약하면 다음과 같다. 확률과 불확실성은 원인과 결과의 관계를 비선형적으로 만든다. 즉 A를 했을 때의 결과가 B가 나오지 않을 수도 있다. 보통은 평균적으로 예상되는 결과를 얻겠지만, 운에 따라 평균에서 크게 벗어난, 낮은 발생 확률의 극단값을 얻을 수도 있다. 이러한 극단값을 기대하는 것은 철저히 운을 바란다는 이야기나 다름없다.

만약 당신이 성공을 추구하는 사람이라면 이런 극단값에 해당하는 운을 기다려서는 안 된다. 운은 언제나 좋은 쪽과 나쁜 쪽, 양쪽 모두 발생할 수 있다. 당신에게 유리한 쪽으로만 움직이지 않는다는 것이 운의 특성이다.

더 큰 문제는 열위의 상태에서 운이 좋기만을 기대하는 경우이다. 앞서 이야기했던 마태효과를 기억하는가? 우위는 더 큰 우위를 가져오지만, 반대로 열위는 더 큰 열위를 부른다. 열위에서 운만을 기대한다면, 마태효과에 의해 사업은 점점 수렁으로 빠져든다. 이처럼 열위로 인해 성과의 축이 왼쪽으로 이동한 상황에서 성공하려면 정말 엄청난 운이 필요하다.

이는 마치 카드 돌려막기로 빚이 늘어나는 사람이 로또에만 당첨되면 역전할 수 있다고 믿는 것과 비슷하다. 이런 상황에서는 희박한 운에 의지하는 것이 아니라, 냉정하게 스스로를 평가하여 남들보다 무엇이 우위인지 확인하고 그 우위를 활용할 수 있는 방안을 찾아 움직여야 한다. 이는 가장 중요하고 당연한 사실이다. 경쟁과 경영에서 곧잘 비유하는 전쟁을 예로 들어보자.

전쟁에서 우위는 병사의 양과 질, 장비, 보급과 전쟁 지속 능력인 경제력에 달려 있다. 물론 전쟁을 이끄는 장군의 역량도 중요하지만, 아무리 뛰어난 장군이라도 나머지 요소가 모조리 열위에 있다면 승리를 기대하기 어렵다. 애초에 모든 것이 열위인 상태에서는 이길 가능성이 너무나 희박하므로 그 예외적인 승리가 그토록 찬양받는 것이다. 앞에서 소개한 성과 곡선에서 '평균 이하의 사업가'가 성공을 거두는 것은 확률이 희박한 꼬리 이벤트임을 생각해보라.

현재 넘쳐나는 '성공하는 자기계발'의 담론을 보고 있자면 걱정이 앞선다. 이들은 자신들이 이야기하는 자기계발을 하면 누구나 성공할 수 있을 것처럼 말한다. 이를 신봉할 경우 자칫 자기계발적 요소만으로 모든 것을 극복할 수 있다는 착각에 빠질 수 있으며, 우위를 활용하는 것을 부정적인 방법으로 인식할 수 있다. 개인적으로는 이런 '성공하는 자기계발'을 이야기하는 사람들은 유망한 경쟁자를 제거하기 위해 잘못된 믿음을 전파하고 있는 것이 아닐까 의심스러울 정도이다.

비즈니스는 우위의 총력전이다

전쟁의 기본은 총력전이다. 자신이 가지고 있는 모든 자원을 사용하여 가장 효율적으로 운영해야 한다. 나의 우위는 강조하고, 열위는 최소화하며, 상대방의 우위를 최소화하고 열위를 공략해야 한다. 그러나 자기계발과 성공 스토리들은 오로지 개인에 초점을 둠으로써, 우위를 강조하여 성공을 향해 총력전을 해도 모자랄 판에 그 반대를 이야기하고 있다.

만약 당신이 한 부대의 지휘관인데 병사 수도 적고, 훈련도 안 되어 있으며, 사기도 낮고, 장비와 물자도 부족하고, 보급은 안 되며, 지형까지 불리한 상황이라고 가정해보자. 이런 상황에서 어떤 사람이 "당신이 더 노력하고 간절하면 이길 수 있습니다"라고 한다면 어이가 없을 것이다. 이런 일이 그동안 자기계발과 성공 스토리라는 이름으로 지속되었다는 점이야말로 놀라운 일이다.

열위의 상황에서 대단한 성취를 이루어낸 사업가가 영웅처럼 보이는 것은 사실이다. 하지만 그런 영웅적인 성공이 아니면 가치가 없는 것일까?

비즈니스는 너무나 치열하고 경쟁적인 영역이기에, '얼마나 아름다운 성공인가?'를 따져 예술 점수를 매기는 것은 사치이다. 성공은 그 자체로 존중받아야 하고 인정받아야 한다.

성공에서 부모의 지원은 흠이 되지 않으며 타인의 도움도 마찬가지이다. 자신이 가용할 수 있는 자원이 있다면 모두 활용해야 한다. 다만 그것을 오롯이 개인의 능력으로 이룬 것이라는 착각, 그리고 남들도 같은 출발점과 우위를 가지고 있을 것이라는 착각만 하지 않으면 된다. 그 정도로 성공은 귀한 것이기 때문이다.

미디어의 성공 스토리에 속지 말자

미디어가 만들어내는 성공 스토리와 자기계발 담론에 속지 말자. 미디어가 말하는 성공은 하나같이 내러티브 오류Narrative Fallacy와 후광효과로 범벅이 된, 그럴듯하게 재구성한 이야기일 뿐이다. 그런 이야기로는 성공의 진짜 모습에 대해 알 수 없다.

성공을 위해서는 자신이 가지고 있는 우위를 모두 쏟아부어 총력전을 해야 한다. 전쟁사를 살펴보면 뛰어난 지휘관들은 공통적으로 자신의 우위를 명확히 인지하고 철저하게 이용했다는 공통점이 있다.

경영과 사업이라고 해서 다를까? 2장에서 살펴본 기업들이 어떤 자원을 가지고 있었고 어떻게 활용했는지 떠올려보라. 각자가 가진 자원과 우위가 있었고, 그것을 적극적으로 활용하여 성장으로 이끌었다.

'평범한', '맨손' 등과 같은 표현의 유혹에 넘어가지 마라. 치열한 경쟁이 벌어지는 곳에서 경쟁자보다 빈곤한 자원을 가지고 있다면, 절반은 지고 들어가는 셈이다. 만일 경쟁자들보다 뛰어난 부분이 없는데도 큰 성공을 거두었다면, 그것은 엄청난 행운이 따른 덕분이다. 사업에 필요한 자원을 더 많이 확보할수록 평균적으로 거둘 수 있는 성과는 오른쪽으로 향하게 되어 있다. 어떻게든 더 많은 자원을 축적하고 활용하여 성공의 축을 오른쪽으로 이동시켜야 한다. 이것이 바로 우리를 성공으로 이끄는 가장 확률 높은 방식이다.

다시 한번 말하지만, 성공이 감동적이지 않다거나 멋지지 않다고 해서 저평가받을 이유는 없다. 성공은 그 자체로 대단한 것이기 때문이다. 성공을 위해 우리에게 필요한 것은 성공의 기우제를 지내는 것이 아니라 가장 확률 높은 방법을 추구하는 것이다.

물론 높은 확률을 추구해도 나쁜 운이 온다면 좌절할 수 있다. 하지만 애초에 그것은 우리가 통제할 수 있는 영역 밖의 것이다. 통제할 수 없는 것에 집중하는 것이 아니라, 통제할 수 있는 영역에서 최선을 다하는 것이 가장 좋은 방법이다.

6장

우리는 무엇을 해야 하는가?

1

경쟁자원을 이용한 경쟁은 모두 공정한 경쟁

성공은 단순하지 않다. 이것이 제일 문제이다. 우리의 두뇌는 어떠한 현상을 단순화해서 이해하려고 하는데, 이런 경향은 성공에 대한 올바른 해석과 이해를 그르치게 만든다. 단순하게 이해하려고 하는 태도를 멀리해야 성공이 제대로 보인다.

정말로 성공을 목표로 한다면 노력과 열정에 대한 과대평가부터 멈추어야 한다. 성공에 영향을 미치는 경쟁 요소들은 무척 다양한데, 다른 요소들을 모두 지우면 노력이나 열정이 그만큼 과대평가된다. 이러한 접근의 문제점은 다른 요소를 활용한 경쟁을 부정하면서 현실과 동떨어진 경쟁을 하도록 부추긴다는 것이다. 대표적인 것이 바로 경쟁에서 재능과 노력이 아닌 다른 요소가 개입되면 불공정한 것처럼 보는 시각이다. 예를 들어 우리는 많은 자본을 투입하여 우위를 잡는 것을 매우 부정적으로 본다. 자본의 힘으로 경쟁하는 것을 공정하지 않다고 여기는 것처럼 말이다.

이러한 사람들은 자본의 힘을 통한 경쟁을 '기울어진 경기장'에 비유하기도 한다. 그러나 이는 명백하게 잘못된 인식이다. 스포츠만 살펴보더라도 그렇다. 육상 같은 스포츠는 재능과 연습으로 겨루는 스포츠이지만, 팀 스포츠만 보아도 운과 팀워크, 자본 등이 매우 중요한 경쟁 요소로 떠오른다. 프로 스포츠에서는 이런 현상이 더욱 심하다.

브래드 피트 주연의 영화로도 나온 바 있는 마이클 루이스의 〈머니볼〉에서는 메이저리그 팀 간의 자본의 차이를 엄연히 경쟁의 한 요소로 인정하고 이를 극복해가는 방법을 다룬다. 이처럼 재미와 인기를 위해서 팀 간의 차이를 보정하는 프로 스포츠에서조차 자본은 매우 명확한 경쟁자원이자 요소로 인정받고 있다. 그런데 이익과 생존이 목표인 비즈니스에서 '노력과 재능, 열정만이 공정한 경쟁'이라고 외치는 것은 애초에 말이 되지 않는다.

비즈니스에서 경쟁자원의 중요성은 나이키가 잘 증명해준다. 일반적으로 글로벌 기업들의 초창기 모습은 제대로 알려진 것이 많지 않지만, 나이키의 경우 공동창업자인 필 나이트의 자서전 『슈독』을 통해서 제법 널리 알려져 있다.[01]

『슈독』에서 필 나이트와 동료들이 보인 신발에 대한 열정은 대단하다는 말로도 부족하다. 하지만 그 열정과 노력만으로 나이키라는 기업이 탄생했을 것이라고 생각한다면 오산이다.

나이키의 또 다른 공동창업자는 오리건대학의 육상 코치인 빌 바우어만이다. 그는 필 나이트의 은사이자 수많은 국가대표 육상선수를 코칭한 인물이다. 애초에 오니츠카 타이거가 아무것도 없던 20대의 필 나이트에게 미국 지역 판매권을 허락한 것은 빌 바우어만 코치의 명성과 영향력 덕분이었다. 나이키는 태생부터 육상 관계자와 매우 밀접한 관련을 맺고 있었을 뿐만 아니라 다양한 분야에서 인적 네트워크를 활용해 경영위기를 넘기기도 했다.

필 나이트 또한 열정밖에 없던 맨손의 창업가가 아니다. 그는 회계법인인 PwC에서 일한 회계사이자 포틀랜드대학에서 회계학을 가르치던 교수였다. 이렇게 탄탄한 수입원이 있었기에 블루리본 스포츠 나이키의 전신를 창업하고도 6년 동안 급여를 받지 않았을 뿐더러 부족한 자금을 채워넣을 수 있었다. 만약 그가 자금 기반이 취약하고 블루리본 스포츠 사업에 전념했던 상황이라면 나이키는 존재하지 못했을 것이다.

즉, 나이키라는 글로벌 기업도 초기에는 자신들이 가지고 있는 경쟁자원을 아낌없이 활용해야 생존할 수 있었다. 신발에 대한 열정과 노력은 기반이 되었고, 빌 바우어만이라는 스타 코치를 사업으로

01 일반적으로 개인의 자서전은 자신의 업적에 대한 자랑이나 자기 과신이 바탕이 되며, 불리한 부분에는 자기 합리화가 깔려 있기에 비판적으로 읽어야 한다. 다만 『슈독』의 경우 필 나이트가 은퇴를 선언한 후에 나온 책이며, 당시 고령인 데다가 창업 동료들이 세상을 먼저 떠나거나 등을 돌렸기 때문인지 비교적 담담하게 서술되어 있다. 나이키의 초창기를 이해하기에 가장 훌륭한 자료라고 할 수 있다.

끌어들여서 비즈니스를 할 수 있었으며, 안정된 직장을 바탕으로 자금을 조달하고 사업을 운영해서 적자를 버틸 수 있었다. 그리고 문제가 생길 때마다 다양한 인적 네트워크를 활용하여 위기를 헤쳐나갔다. 더불어 적절히 따라준 행운들은 사업을 크게 확장할 수 있게 만들었다. 필 나이트의 신발에 대한 열정은 정말 놀랍고 배울 만한 것이지만, 나이키가 그 열정만으로 탄생했다고 보는 것은 무리다.

맨손 창업에 대한 환상을 버리자

맨손 창업에 대한 환상을 버리자. 창고에서 창업했다고 가진 것이 아무것도 없었다는 의미는 아니며, 실제로 창고에서 창업한 것으로 알려진 다수의 기업은 창고에서 세워진 것이 아니다.

우리 사회에서 노력과 열정, 재능은 엄연히 과대평가되어 있다. 이런 주장을 반박하고 싶은 사람도 있을 것이다. 하지만 성공에 대해 이야기하면서 다른 요소들을 철저히 배제하고 노력과 열정만을 강조하는 이야기를 퍼뜨려온 것이 과대평가가 아니고 무엇일까? 자본과 인적 네트워크 등은 당연한 것이라서 얘기하지 않았다고? 그렇다면 노력이야말로 수십 년 넘게 강조해온 너무나 당연한 것이니, 더 이상 이야기하지 않는 것이 맞지 않을까?

자본은 당당한 경쟁자원의 한 요소이자 경쟁에서 필수적인 요소이다. 자본이 많다면 그만큼 경쟁을 유리하게 이끌어갈 수 있는 것이 사실이다. 유리한 것이 불공정한 것은 아니지 않은가?

자본은 공격적으로도 활용할 수 있지만, 기본적으로 사업에서 발생하는 엄청난 변동성을 견딜 수 있는 안정성을 준다는 점에서 매우 큰 강점을 가진다. 한편 많은 자본으로 경쟁을 한다면, 그만큼 리스크에 노출된 자본도 많기에 손실도 비례해서 늘어난다. 이처럼 자본은 약속된 승리를 보장하지 않는다는 점에서 엄연히 경쟁자원 중 하나로 볼 수 있다. 부정적으로 볼 이유가 없다.

인적 네트워크 또한 마찬가지다. 우리는 인맥이란 표현을 종종 부정적인 뜻으로 사용하지만, 비즈니스에서 인맥은 떼어놓을 수 없는 중요한 자원이다. 비즈니스는 혼자 하는 것이 아니고 타인과의 거래 등을 통해 이루어나가는 것이다. 그렇기에 비즈니스에 도움이 될 사람을 알고 있다는 것 자체가 매우 큰 힘이 된다.

실력과 아이템만 있으면 성공한다는 실리콘밸리조차도 인적 네트워크가 매우 중요한 곳이다. 유진 클라이너가 제시한 벤처투자의 법칙은 '사람을 보고 투자하라'였다. 스탠퍼드대학 출신들이 실리콘밸리에서 큰 영향력을 행사할 수 있는 것은, 그 대학 출신들이 이미 실리콘밸리에서 수많은 기업을 차리고 벤처캐피탈에 포진해 있기 때문이다.

물론 스탠퍼드는 매우 우수한 대학이고, 그 대학을 나와 창업을 할 인물이면 매우 뛰어난 인재일 것이다. 하지만 아무 배경도 없는 사람이 뛰어난 기술 하나로 투자를 받고 인정받는 일은 현실적으로 일어나기 매우 어렵다. 스탠퍼드라는 학력과 그것이 주는 인적 네트워크는 이미 성공한 다양한 인사들에게 노출되기 쉽게 만들어주고, 그것이 더 많은 투자금과 사업의 기회를 제공한다.

인적 네트워크의 측면에서 학벌은 매우 중요한 역할을 한다. 명문대일수록 다양한 분야에 선배들이 진출해 있으며 발 닿는 범위도 넓다. 카이스트 출신자들이 벤처/스타트업에 많이 포진해 있는 것과, 카이스트를 나와 창업을 하는 것이 아무런 상관관계가 없다고 보는 것은 오히려 이상한 시각이다. 그나마 SNS의 등장으로 인해 지역과 출신 학교를 넘어선 교류가 가능해졌기에 학벌이 가지는 영향력이 조금이나마 줄어든 것이다.

SNS의 등장이 비즈니스에서 유의미한 것도 학연, 혈연, 지연을 넘어선 새로운 인적 네트워크를 형성하게 했다는 점에서이다. 블로그에서건, 페이스북에서건, 인스타그램에서건 당신이 무언가 두각을 드러낸다면, 당신을 연결하는 네트워크가 형성된다. 여기서 많은 연결노드을 가진 사람과 연결되어 있을수록 확산과 파급력도 커진다. 이것은 앨버트 라슬로 바라바시가 『성공의 공식 포뮬러』에서 이야기한 "성과를 측정할 수 없을 때는 연결망이 성공의 원동력이 된다"라는 말과도 일맥상통하는 부분이다.

심지어는 외모마저도 경쟁자원의 하나로 볼 수 있다. 젊고 매력적인 외모는 모두에게 호감을 불러일으킨다. 우리는 외모로 사람을 평가하지 말아야 한다고 말하지만, 실제로 외모는 많은 부분에서 영향을 준다. '외모와 연봉의 상관관계' 같은 해외 연구를 소개하지 않더라도, 외모가 불러일으키는 호감의 영향은 부정하기 힘들다. 후광효과는 외모에서도 작용하니 말이다. 미디어에 소개되는 떠오르는 기업의 대표들이 젊고 매력적인 수준까지는 아니어도, 최소한 비호감을 불러일으키는 외모를 가진 경우가 적다는 것은 함의하는 바가 크다. 인스타그램의 인플루언서들은 외모에서 나오는 호감을 잘 활용하여 비즈니스로 발전시킨 훌륭한 사례라고 볼 수 있다.

엄연히 경쟁자원에 속하는 인적 네트워크나 자본 등의 요소를 언제부터, 그리고 왜 불공정한 것으로 취급하는지는 알 수 없다. 하지만 확실히 짚어둘 것은 내가 불리하다고 해서 불공정하다고 할 수는 없으며, 내가 유리하다고 그 상황이 공정하다고 할 수는 없다는 사실이다.

현실에서는 다양한 요소들이 성공에 영향을 주며, 운이 결과를 만든다. 노력도, 실력혹은 재능도, 자본과 인적 네트워크, 외모 등도 모두 경쟁에 필요한 자원이다. 노력 만능주의가 나쁜 것은 다른 요소를 배제한 환상에 빠지게 하여 결과적으로 성공에서 더욱 멀어지게 만들기 때문이다.

경쟁은 총력전이다. 가진 자원을 모두 활용해야만 성과를 내고 성공에 더 가까워질 수 있다. 모든 자원을 가용해도 모자랄 마당에 스스로 핸디캡을 부여하는 행위는 도움이 될 리 없다.

2

경쟁자원을 확보하고 운으로 결과를 만든다

우리 사회에서 보이는 긍정적인 흐름 중의 하나는 실패에 대한 용인이다. 과거에는 사회 안전망의 부재와 제도의 미비 등으로 인해 실패 자체를 허용하지 않던 분위기였으나, 현재는 이 부분에서 점점 개선이 이루어지고 있다. 물론 여전히 모자란 부분이 많고, 실패를 해도 괜찮은 사회로 가기까지는 갈 길이 멀지만, 천천히 진보가 이루어지고 있다는 점은 긍정적인 부분이다.

실패에 관한 수많은 격언들처럼, 실패를 부정적으로만 볼 수는 없다. 실패를 통해 얻는 경험들은 이후 피드백을 통해 문제를 개선하는 데 큰 도움이 되기 때문이다. 하지만 실패에도 해도 되는 실패와 해서는 안 되는 실패가 있다.

해도 되는 실패 vs. 해서는 안 되는 실패

해도 되는 실패란 결과 자체가 실패일 뿐, 그 과정에서 전보다 더 많은 경쟁자원을 획득하거나 경쟁자원의 상실이 없는 실패를 말한다.

경쟁자원의 상실이 없다면 다시 도전하고 시도했을 때 전과는 다른 결과를 얻을 가능성이 높다. 또한 실패하는 과정에서 경쟁자원을 더 획득할 수 있었다면 다시 도전했을 때 성공할 가능성도 그만큼 증가한다. 즉, 겉으로는 실패일지 몰라도 성공 확률은 증가하는 경우이다.

그렇게 되려면 실패를 하더라도 인적 네트워크를 확장하고 자본 손실을 최소화하며 경험을 통해 실력과 질적 수준을 향상시켜야 한다. 또는 해당 업계나 관련자들에게 인정받을 만한 명확한 실적을 기록해야 한다. 그런 실패는 그냥 실패가 아니다. 가능성과 저력이 있다는 의미이고, 요소의 투입과 함께 약간의 운만 따른다면 금방 가시적인 성과를 낼 수 있다는 의미이기도 하다. 이럴 때는 다시 기회를 얻기도 쉽다.

반대로 절대로 해서는 안 되는 실패는 경쟁자원을 상실하는 실패이다. 회복이 힘들 정도로 자본을 깎아먹거나 인적 네트워크가 축소되거나 영향력을 상실하는 것 등이다. 경쟁자원의 상실은 그만큼 성공 확률이 낮아진다는 것을 의미한다. 바로 이 점 때문에 표면적으로는 성공했더라도, 경쟁자원의 상실이 발생했다면 온전한 성공이라고 하기 어렵다.

확률적 세계에서 원하는 결과를 얻는 방법

확률적인 세계에서 원하는 결과를 얻는 가장 확실한 방법은 재시도이다. 확률적인 세계를 다시 한번 생각해보자.

당신이 커다란 성공을 거둘 확률이 5% 정도라면 한 번 도전해서 그런 성공을 거둘 가능성은 매우 낮다. 하지만 스무 번을 시도한다면 그중에 한 번 정도는 큰 성공을 맛볼 수도 있다. 물론 운이 안 좋다면 더 많이 시도해야겠지만 말이다. 주사위를 한 번 던져서 6이 나올 확률은 낮지만, 횟수를 늘려간다면 그중에 한 번은 6이 나오게 된다. 즉, 시행 횟수를 늘릴수록 성공은 좀 더 가까워진다.

하지만 여러 번 도전할 수 있는 기회는 아무에게나 오지 않는다. 경쟁자원을 많이 상실하여 성공의 확률이 떨어진 상황에서는 다시 시도해도 실패할 가능성이 오히려 높아졌기에 불리한 상황이 된다. 하지만 실패했더라도 경쟁자원을 더 많이 획득했다면 성공 확률은 증가하므로 다시 시도한다면 성공을 거둘 가능성도 전보다 높다. '실패는 성공의 어머니'라는 말이 가능한 상황은 이런 상황뿐이다.

성공을 거두는 곳들은 여러 과정을 통해서 전보다 더 많고 훌륭한 경쟁자원들을 축적한 경우였음을 알아야 한다. 성공에 운이 필요한 것처럼, 실패도 운에 의한 것이다.

실패는 누구나 할 수 있다. 하지만 그 와중에서도 자신이 가진 경쟁자원은 철저하게 지키고 늘려가야 한다. 그것이 성공에 가까워지는 지름길이자 다시 기회를 얻는 방법이다. 무의미하게 자원을 날리는 사람에게는 다시 기회가 주어지지 않는다. 타인의 지원을 받는 경우가 아니라면 이는 더욱 철저하게 지켜야 할 원칙이다.

작은 성공도 왜 가치가 있을까?

지금까지의 내용에서 허탈감을 느낄 사람도 있을 것 같다. '나는 인맥도 없고 자본도 없는데, 그럼 성공하지 못한다는 것인가?' 하고 생각할 수도 있을 것이다. 성공을 못한다는 것이 아니다. 다만 가능성이 낮다는 이야기다.

경쟁자원이 열위에 있다면 당연히 성공을 거둘 가능성이 낮다. 특히 모든 부분에서 경쟁자와 비교해서 나은 부분이 없다면 되도록 경쟁을 피해야 한다. 성공 가능성이 낮고 성공으로 거둘 수 있는 이익도 크지 않다면 과감히 포기하는 것이 좋다. 운 좋은 소수는 성공을 거두겠지만, 무조건 할 수 있다고 도전하라고 권하는 것은 당신을 위한 조언이 아니다.

거듭 강조하지만, 성공은 거두기가 힘든 것이다. 그렇기에 가진 자원을 모두 활용해도 장담하기가 힘들다. 아무리 마음가짐을 바꾼다고 해도 크게 달라지는 것은 없다.

결국 경쟁에서 생존하고 성공하기 위해 가장 필요한 것은 경쟁자원이다. 더 많은 자원을 확보하고 활용하지 못한다면 그만큼 성공에서 멀어진다. 생각보다 많은 사람들이 부족한 자원으로 비즈니스를 이어가다 실패를 경험하곤 한다. 그리고 그 실패로 인해 자원을 상실하면서 더 깊은 실패의 늪으로 빠진다. 그렇기에 경쟁자원이 부족할수록 가지고 있는 모든 자원을 활용하여 경쟁에 임해야 한다.

인적 네트워크건 인맥이건, 뭐라 부르든 간에 연결점이 있다면 활용해라. 당신이 매력적인 외모를 가지고 있다면 그것도 경쟁자원이다. 없을수록 있는 자원, 없는 자원을 모두 끌어모아서 활용해야 한다. 사람들의 환상 속에서나 존재하는 '가짜 공정한 경쟁'의 함정에 빠져서는 안 된다. 그것은 현실 속의 경쟁이 아니다.

경쟁자원의 중요성을 안다면, 실패에 대해 관용적인 태도와 다시 시도할 수 있는 기회도 중요하지만 그보다 성공이 더욱 중요한 이유를 알게 된다. 성공은 작은 것이라도 매우 중요하다. 앞에서 이야기한 마태효과를 기억해보자. 작은 성공이라도 거둔다면 획득하는 경쟁자원이 그만큼 많아지고, 다음 경쟁에서 훨씬 유리한 위치를 점유할 수 있다. 따라서 거대한 성공이 아니더라도 작은 성공은 그 자체로 매우 가치 있다. 경쟁자원이 열위인 상황에서는 경쟁을 최대한 피해야 하는 이유도 여기에 있다.

| 자본도 인맥도 없는 사람에게 어떤 기회가 있을까? |

그렇다면 정녕 자본도 인맥도 가지지 못한 사람에게 기회는 없는 것일까? 성공은 가진 자들만이 이룰 수 있는 꿈일까? 아직 포기하기는 이르다. 변화가 없는 안정적 시장이라면 승자는 더욱 성장하고 후발주자는 기회를 얻기 어렵다. 하지만 기술과 트렌드의 변화로 언제나 시장에는 격변이 발생하고 있으며, 이는 가지지 못한 사람들에게도 기회로 작용한다.

2000년대에 블로그라는 플랫폼이 등장하자 사람들은 자신이 좋아하는 것들을 기록하기 시작했다. 그리고 각 분야에서 읽을 만한 콘텐츠를 꾸준히 축적하고 구독자를 늘려간 사람들은 이를 비즈니스 모델로 하나씩 바꾸기 시작했다. 블로그를 통해 띵굴시장이라는 비즈니스 모델을 발전시킨 띵굴마님 같은 경우가 대표적이다.

블로그 이후에는 유튜브가 등장했고 인스타그램이 새로운 플랫폼으로 떠올랐다. 새로운 플랫폼이 등장할 때면 그에 따라 새로운 기회가 등장했다. 그 이전까지 블로그를 하지 않거나 방송을 하지 않던 사람도, 자신이 가진 재능을 잘 녹여내 자신이 위치한 플랫폼에서 막강한 경쟁자원을 구축할 수 있었다.

그런 점에서 새로운 것의 등장이야말로 가지지 못한 사람들에게 새로운 기회의 장이라고 할 수 있다. 그렇기에 현재 가진 경쟁자원이 없다면 새롭게 떠오르고 시장의 지형을 뒤바꾸고 있는 변화에 주목하고 동참해야 한다. 되도록 새로운 것에는 도전해보는 것이 좋다.

여기에서 가장 중요한 역할을 하는 것이 노력과 인내다. 이 책에서 노력을 과대평가하지 말라고 계속 비판해왔지만, 그렇다고 노력이 무의미하다는 것은 아니다. 누구나 시도는 쉽게 하지만 길게 가는 것은 힘들다. 그래서 중간에 대부분 사라지고 만다. 유명 블로거, 유튜버, 인스타그래머 등은 대부분 그 플랫폼에서 활동을 오래 지속해왔다. 그 긴 시간 동안에 새롭게 진입했던 수많은 사람들은 대부분 사라진다. 직장이든 혹은 다른 이유든 각자 나름의 이유 때문에 더 이상 계속하지 못한다. 마치 새해의 헬스클럽과 같다. 1월에는 모든 사람들이 열의를 가지고 운동을 하려고 몰려들지만 대부분은 2월이 되기 전에 사라진다. 그래서 꾸준함을 유지하는 노력은 그 자체로 매우 중요한 경쟁자원이 된다. 어차피 모두가 가진 것이 없다면 노력으로 상대방과 차이를 만들어낼 수 있는 법이다.

무엇이 열위자에게 새로운 기회를 주는가?

확률이 지배하는 세상을 다시금 머릿속으로 그려보자. 성공을 거둘 확률이 1%라면 한 번 시도했을 때 맛보기는 사실상 불가능하다. 하지만 100번 정도 시도하면 한 번 정도는 이루어지기 마련이다. 로또 1등 당첨 확률이 1/815만이라는 극악의 확률임에도 매번 열 명 가까이 당첨자가 나오는 것도 그만큼 실행 횟수가 많기 때문이다. 그래서 자본의 비중이 낮고 노력의 비중이 높은 것에는[02] 되도록 많이 시도하는 것이 큰 도움이 된다.

실력 혹은 재능도 필수적인 부분이다. 아무리 당신이 많은 자본과 인적 네트워크 등을 확보했다 하더라도, 상품이나 서비스가 최소한의 수준에도 미치지 못한다면 성공과는 거리가 멀 수밖에 없다. 실

02 인스타그램이나 유튜브에 콘텐츠를 올리는 경우라면 올릴 때마다 많은 자본지출이 필요하지는 않다. 이것은 시간과 노력이 필요한 문제이다. 반면 사업을 여러 번 하기 힘든 것은 새로운 사업을 시작할 때마다 그만큼 자본이 필요하기 때문이다.

력과 재능은 시장이 원하는 최소치를 넘는 수준이 되어야 한다.

노력도 실력도 자본도 인적 네트워크도 성공을 추구하기 위해서는 어느 하나도 배제하면 안 된다. 물론 자본도 많고 인적 네트워크도 매우 훌륭하고 외모도 훌륭하며 노력과 실력 등도 매우 뛰어나다면 좋겠지만, 이 모든 자원들을 평균 이상으로 가지고 있는 사람은 애초에 매우 드물다. 모두가 각자의 사정에 따라 경쟁자보다 더 나은 부분이 있고 모자란 부분이 있다.

따라서 내가 더 많이 가진 자원을 활용하여 경쟁에 뛰어들면 되는 것이다. 경쟁에서 승리하고 성공하는 방식은 가까이 있는 경쟁에서부터 이기는 것이다. 모자라다고 낙담할 필요는 없다. 새로운 기술과 변화하는 환경은 언제나 새로운 기회를 부여하기 마련이기 때문이다.

운은 어떻게 결과를 만드는가?

우리 인생의 궤적을 한번 그려보자. 최초의 출발점에서 시작해서 여러 상황에 따라 오르내림이 있을 것이다. 어떤 경우에는 326쪽의 왼쪽 위의 그래프처럼 약간의 부침이 있더라도 최초의 출발점보다 더 나은 결과를 거둘 수도 있고, 오른쪽 위의 그래프처럼 출발점보다 낮은 곳에 도달할 수도 있다. 아래에 있는 두 그래프처럼 엄청난 부침만 겪고 출발점과 비슷한 상태에 도달할 수도 있다.

가상의 인생 궤적

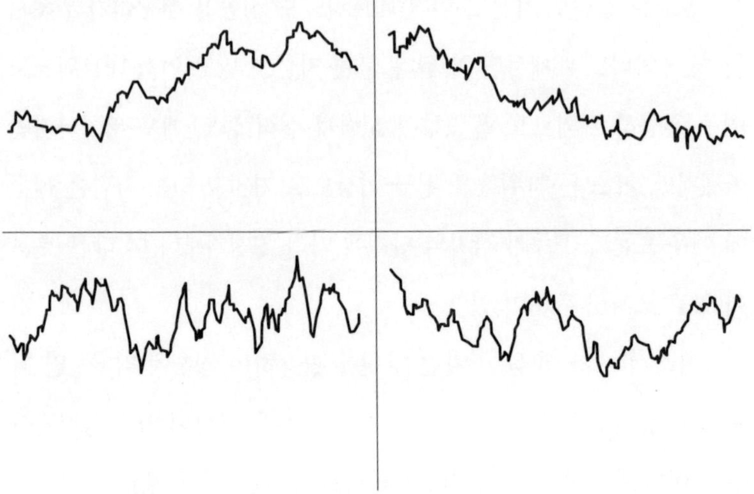

이러한 인생의 궤적을 무수히 반복해서 그려보면 다음 쪽의 그래프와 같은 결과를 얻을 수 있을 것이다물론 이 그래프는 무한히 반복한 것이 아니라 152회 반복한 것이다.

이렇게 무수히 반복한 인생의 궤적을 그 결과치에 따라 분포를 낼 경우 최빈값가장 많은 빈도로 나온 결과값을 중심으로 양쪽 꼬리가 뻗어 있는 그래프가 나올 것이다. 어렵다면 이것이 의미하는 바만 기억하면 된다. 이는 우리가 결과를 통제할 수 없다는 것을 의미한다. 물론 많은 경우는 최빈값에 해당하는 결과를 거둘 것이고, 이것이 우리가 '예상할 수 있는 결과'이다.[03]

03 물론 이 그래프는 이해를 위해 만든 것이다. 매우 제한적인 가정만으로 그린 것이므로 실제와는 다를 수 있다는 것을 알아두자.

무수히 반복한 인생의 궤적과 그 분포

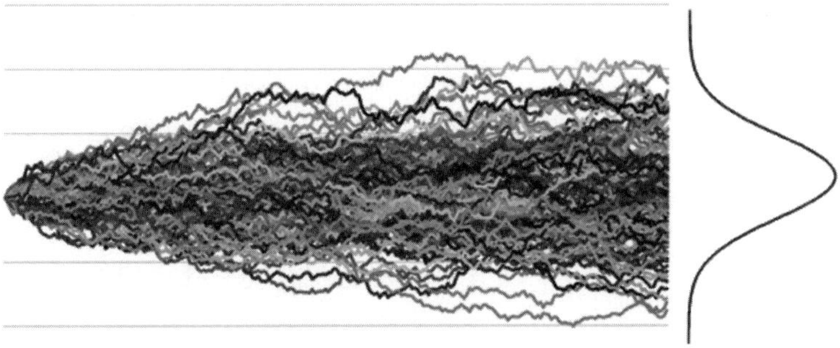

그러나 이것은 우리에게 발생할 수 있는 미래를 모두 관측할 수 있을 때의 이야기다. 우리는 단 하나의 삶과 선택지밖에 고를 수 없기에 하나의 결과밖에 보지 못한다. 이렇게 하나의 결과밖에 보지 못하는 것과 후광효과, 사후확증편향으로 인해 우리는 그 결과치를 '과정이 만든 결과'라고 여기게 되는 것이다.

우리는 결과를 통제할 수 없다. 우리가 통제할 수 있는 것은 과정과 자원뿐이다. 결과는 운에 달려 있다. 그것이 바로 운의 특성이다. 더 노력했기에 좋은 운이 따른다는 등의 말은 사실과 다르며, 잘못된 인식이다. 우리가 할 수 있는 것은 최빈값 축의 이동이다. 그렇기에 이 책에서 경쟁자원의 중요성을 강조한 것이다.

성공의 확률을 어떻게 높일 수 있는가?

자신에게 잘 맞는 시대를 타고나는 것도 운이다. 즉, 재능은 그것이 최적화되기에 적합한 시대를 맞아야만 꽃을 피울 수 있다. 많은 사람들이 간과하는 사실이다.

가우탐 무쿤다의 책 『인디스펜서블』은 이런 부분을 잘 설명하고 있다. 그는 이 책에서 '여과형 지도자'와 '비여과형 지도자'라는 개념을 제시한다. 여과형 지도자는 평상시에 정상적인 제도와 조직에서 평가받고 선택받는 지도자로, 누구나 인정할 만한 경력과 능력을 검증받은 지도자이다. 반대로 비여과형 지도자는 제도와 조직이 정상적으로 기능하지 않을 때 선택받는 지도자로, 평상시라면 뽑히기 힘들 정도로 경력이 부족하고 능력이 검증되지 못한 지도자를 말한다.

이 두 유형의 지도자 사이에 우열은 없다. 다만 각 상황에 따라 적절한 지도자가 다르다는 것을 보여준다. 평상시의 안정적인 상황에서는 여과형 지도자가 더 안정적인 결과를 도출해내지만, 시스템이 뒤흔들리는 상황에서는 아무것도 하지 못한다. 이러한 상황에서는 오히려 검증되지는 않았어도 모험적이고 이례적이며 사람들이 반대하는 것을 밀어붙일 수 있는 비여과형 지도자가 더 적합하다. 무쿤다는 링컨, 처칠 등의 지도자가 바로 비여과형 지도자라고 이야기한다. 상황에 따라 적합한 지도자의 유형이 다르다고 분류한 것이다.

실리콘밸리의 기업가이자 벤처투자가인 벤 호로위츠에게서도 이러한 견해를 찾아볼 수 있다. 벤 호로위츠는 그의 책 『하드씽』을 통해 '평시의 CEO', '전시의 CEO'라는 개념을 제시한다. 기업이 안정적으로 시장의 성장에 따라 커갈 때에 어울리는 경영자와, 거시경제와 시장의 급격한 변화 등과 같은 상황에서 잘 어울리는 경영자는 다르다는 이야기이다. 이처럼 자신의 재능과 도구에 어울리는 시기와 환경이 있다. 재능조차 그에 어울리는 운이 필요하다.

우리는 하나의 삶밖에 살 수 없고 하나의 결과밖에 보지 못하기에, 다른 가능성을 제대로 이해하지 못한다. 어떤 행위를 수십 번 반복하면 각 사건을 확률로 표기하는 것이 가능하지만, 그 확률을 안다고 하더라도 단 한 번만 시도할 때 어떠한 결과가 나올지는 알 수 없다. 예를 들어 우리는 주사위의 각 눈이 나올 확률은 1/6이라는 것을 잘 알지만, 주사위를 단 한 번만 던졌을 때 어떤 숫자가 나올지는 알 수 없다. 우리가 사는 인생이 바로 그런 것이다. 따라서 성공에 다다르기 위해서는 성공의 확률을 높이도록 해야 한다. 그것이 현실적인 방법이다.

3

성공을 추구한다면

성공이란 전능한 기업가가 미래를 예측하고 만들어내는 것이 아니다. 결과를 만드는 것은 운이고, 우리는 경쟁자원을 통해 과정과 확률만을 어느 정도 통제할 수 있다. 성공을 이해하는 데 시대적 환경과 배경, 그리고 기업가가 가진 경쟁자원을 아는 것이 중요한 이유이다.

성공은 싱글팩터가 아니라 멀티팩터다

성공은 뛰어난 기업가 개인이 거두는 것이 아니라는 것을 명심하자. 성공은 매우 복잡한 함수이며, 사회의 다양한 상호작용이 만든 결과물이다. 거기다 운까지 작용해야 한다. 그렇기에 성공의 규모로 기업과 기업가를 평가하는 기존의 풍토는 과대평가일 수밖에 없다.

우리는 모두 불확실성 앞에 선 평범한 사람들이다. 기업가들 또한 나름대로 자신의 위치에서 불확실성을 줄이고 결정을 내리고자 애쓰는 사람들이다. 현명한 결정이라도 불운으로 인해 나쁜 결과를 낳을 수 있고, 별로 좋지 않은 결정도 좋은 운을 만나면 좋은 결과를 낳기도 한다. 그 점에서 결과 중심적인 판단은 잘못된 결정을 내리는 지름길인 셈이다.

노력을 지나치게 강조하는 것은 무의미한 일이다. 성공에서 노력은 중요하지만, 노력만으로 이룰 수 있다고 이야기하는 것은 잘못된 주장이다.

긍정적인 태도도 마찬가지다. 비즈니스는 변동성이 매우 크기에 많은 기업가들을 불안하게 만든다. 그 점에서 긍정적인 태도와 사고방식은 그런 불안을 넘기는 데에는 도움이 되지만, 그것이 성공에 이르는 지름길이라고 주장하는 것은 잘못이다.

지독한 리얼리스트로서 맥락을 읽자

우리는 동화 같은 이야기를 원하지만, 동화 같은 일이 자주 일어났다면 거기에 감동받지도 않을 것이다. 예외적인 이야기는 감동적일지 몰라도 현실적으로는 도움이 되지 않는다는 것을 기억하자.

우리는 꿈을 크게 가질수록 지독한 리얼리스트가 될 필요가 있다. 그리고 성공을 추구한다면 타인의 성공을 감동적인 이야기로만 받아들여서는 안 된다. 그 이야기에서 맥락을 파악하고 분석하여 현실적인 이야기로 바꾸어야 한다.

무엇을 가지고 무엇을 가지지 못했는지, 어떠한 환경과 배경이 뒤따랐는지를 파악해야 한다. 그렇게 분석해야 우리에게 도움이 되는 내용들을 파악할 수 있다.

나는 이 책의 시작에서 스타벅스 코리아를 다루었다. 스타벅스 코리아의 성공 원인은 다각도로 이야기할 수 있지만, 그들이 가지고 있던 자원을 빼고는 설명이 불가능하다. 그리고 그 자원의 존재가 스타벅스 코리아의 성공을 퇴색시키지는 못한다.

비즈니스, 그리고 경쟁은 언제나 자신이 가진 경쟁자원을 모두 활용해야 하는 총력전이다. 따라서 자원을 활용하는 것은 지극히 당연한 일이며, 더 많은 자원을 확보하고 승부하는 것은 가장 기본적인 일이다.

이제 우리는 성공에 대해서 솔직해질 필요가 있다. 그렇지 않으면 성공으로부터 멀어질 수밖에 없다. 노력이나 실력은 분명 중요하지만, 그것만으로는 안 된다는 것을 인정하자. 성공에는 모든 요소가 다 필요하다. 그리고 그것을 활용하여 성공하고 더 성공해야 한다.

성공하는 절대적인 방법이나 법칙 같은 것은 존재하지 않는다. 가장 확률 높은 방법을 추구해야 한다. 그것이 이 책을 통해서 내가 이야기하고 싶은 내용이다.

에필로그

『골목의 전쟁』은 어쩌다 베스트셀러가 되었는가?

내가 처음으로 쓴 책인 『골목의 전쟁』은 지금 이 글을 쓰는 시점을 기준으로 10쇄까지 나갔다. 내가 유명세를 가진 사람도 아닌 무명의 저자에다가 첫 책임을 감안하면 놀라울 만큼 잘 나온 결과이다.

모든 콘텐츠 시장이 그러하듯, 출판시장도 최상위가 대부분을 독식하는 구조라서 출판물의 상당수는 1쇄를 다 팔지도 못한다. 그런 점에서 보자면, 내가 첫 책으로 낸 결과는 상당히 이례적인 결과라고 할 수 있다.

이 결과에 대해서 주변의 많은 분들이 축하해주셨고, 또 "책이 좋아서 잘 팔린 것이다"라고 응원해주셨던 것을 기억한다. 물론 좋은 마음으로 해주신 응원이니 감사히 받기는 했지만, 그것은 사실과는 다르다.

책의 판매량은 그것이 담고 있는 콘텐츠의 질과는 큰 관계가 없다. 나도 책을 좋아해서 많이 읽으려고 하는 편이지만, 무척 좋은 책들이 팔리지 않아서 절판되는 경우를 종종 보았다. 볼 때마다 안타까운 생각이 들 정도였다. 반면 베스트셀러의 상위에 오른 책들 중에는 고개를 갸우뚱하게 하는 책도 존재한다아마 내 책을 보고도 똑같은 생각을 한 사람도 있을 것이다.

책이 아니더라도 마찬가지다. 인도의 타타모터스는 연간 100만 대의 자동차를 판매하고 있다. 반면 페라리는 연간 1만 대도 팔지 못한다. 이는 타타모터스의 자동차가 페라리보다 100배쯤 훌륭하기 때문일까? 서로 타깃이 다르고 구매하는 소비자가 달라서라는 것은 따로 말하지 않아도 알 것이다.

책의 경우는 품질 차이가 이처럼 두드러지는 상품도 아니고, 가격 차이도 작기에 판매량은 콘텐츠의 질과 상관관계가 낮다. 베스트셀러는 좋아서 잘 팔린 것이 아니라 다른 책보다 많이 팔렸기에 베스트셀러일 뿐이다.

나의 경쟁자원은 무엇이었을까?

그렇다면 내 책은 어쩌다 베스트셀러에 올랐을까? 원고를 출판사에 보내고 통화를 했을 때, 대표님이 "몇 쇄 정도를 판매할 수 있을 것이라고 예상하십니까?"라고 물어본 적이 있다. 그때 나는 "3쇄 이상은 갈 것 같습니다"라고 자신 있게 대답했는데, 아마 그 말을 들은 대표님 입장에서는 좀 황당했을 수도 있을 것이다. 앞에서 이야기한 대로 대부분은 1쇄도 다 못 파는 것이 현실이니까 말이다.

그런데 내가 그렇게 과감하게 이야기했던 것은 나름대로 믿는 구석이 있어서였다. 나는 무명의 작가이기는 했으나, 그렇다고 해서 완벽한 무명의 작가는 아니었다.

당시 나는 네이버 블로그를 운영하고 있었는데, 나름대로 7천여 명의 구독자가 있었고, 페이스북 친구도 블로그 구독자와 일부 겹치긴 했지만 6천여 명이었다. 이렇게 1만여 명이 넘는 구독자의 존재는 내가 무명이긴 해도, 완전히 무명인 다른 작가들과는 다른 출발점에 있다는 것을 의미한다. 더군다나 그 구독자들은 내 글을 읽던 분들이니 책을 구매할 의사도 다른 사람들에 비해 높았을 것이다. 이 점에서 나는 나름대로 시장에서 경쟁할 자원을 가진 축에 속했다고 볼 수 있다.

이처럼 나는 당시에 작가로서는 무명이었지만, 나름대로 작가로서 활동하기에 유리한 자원을 확보하고 있었다. 그리고 이 자원의 확보는 출판물의 성적에서 중요한 부분을 차지한다.

사실 당연한 일이다. 저자가 유명하고 인기가 높다면, 특히나 저자가 해당 분야의 전문성이나 경력을 가지고 있다면 베스트셀러에 올라 높은 성적을 기록할 확률이 높다. 그것은 그 저자의 책 내용이 좋아서가 아니라 높은 인기와 영향력이 기반이 된 덕분이다.

운은 어떤 역할을 했을까?

여기에 운도 따랐다. 2016년 하반기부터 2017년 상반기까지는 촛불시위-탄핵-조기대선이라는 초대형 이슈가 사회를 빡빡하게 채우던 시기였다. 만약 그 시기에 책이 나왔다면 주목받지도 못하고 묻혔을 가능성이 매우 컸다.

하지만 내 첫 책이 나왔던 시기는 2018년 최저임금 16.3% 인상이 확정된 이후로, 이 때문에 자영업 관련 이슈들이 주목받던 시기였다. 그리고 주요 상권들의 하락세가 눈에 띌 정도로 두드러지기 시작했던 시기이기도 했다. 아울러 그 다음해에 2019년 최저임금 상승률이 10.9%로 확정되면서 책은 다시 주목을 받았다. 그러면서 책의 수명이 더욱 길어질 수 있었던 것이다.

내가 과연 그런 상황을 예측하고 책을 낼 시기를 조정했던 것일까? 물론 어느 정도 예상을 가지고 조정할 수는 있겠지만, 그 예상이 들어맞는 것은 별개의 일이다.

마태효과는 어떻게 작용했을까?

이러한 영향들로 인해 『골목의 전쟁』이 경제경영 분야의 베스트셀러에 올랐고, 그러자 판매량은 내가 예상한 것보다도 늘어났다. 서점의 베스트셀러 코너에 가본 사람들이라면 알겠지만, 일반적으로 각 코너에는 분야에 따라 1~15위까지의 서적들을 진열해둔다. 1~5위는 사람의 눈높이에 맞추어져 있고, 6~10위는 배 정도의 높이, 11~15위는 무릎 높이에 책이 진열되어 있다. 일단 순위가 높다는 것은 책을 잘 알지 못하는 소비자들에게 훌륭한 선택의 지표가 된다. 여기에 눈높이에 설정된 디스플레이는 판매량 증가에 큰 영향을 미친다.

리처드 탈러와 캐스 선스타인의 『넛지』를 보면 이런 디스플레이의 차이가 선택에 영향을 줄 수 있다는 사례가 소개된다. 구내식당의 메뉴를 바꾸지 않고 음식의 배치를 재배열하는 것만으로도 특정 음식의 소비량을 바꿀 수 있었던 것이다. 마찬가지 원리로 좋은 위치에 배치된 책은 소비자들에게 선택받을 가능성이 높아진다.

서점의 입장에서 잘 팔리는 책은 수익의 극대화를 위해 소비자들에게 더 노출되기 좋은 위치로 옮겨진다. 즉, 한 번 베스트셀러에 오르면 그 덕분에 선택을 받기 좋은 위치로 재배치되고, 덕분에 더 잘 팔리는 베스트셀러가 될 수 있다. 이 효과는 상위 순위로 진입할수록 더 커진다. 음원시장도 이와 비슷한 측면이 있다. 바로 이런 특성 때문에 순위가 판매량에 매우 큰 영향을 주는 산업의 경우 종종 조작하는 일도 발생하는 것이다.

다시 처음으로 돌아오자. 『골목의 전쟁』은 무명의 작가가 낸 첫 책인데도 어떻게 베스트셀러가 될 수 있었을까?

지금까지 이 책에서 불확실성의 세상이 돌아가는 방식과 성공한 기업들이 어떠한 자원을 보유했는지를 소개했다. 이를 바탕으로 『골목의 전쟁』이 나올 당시에 내가 가지고 있었던 자원들이 어떠한 방식으로 유리하게 작용했는지 이해할 수 있을 것이다. 여기에는 무명작가가 베스트셀러 작가로 거듭난 놀라운 성공 스토리 같은 것은 존재하지 않는다.

이 책의 미래는 어떻게 될까?

그렇다면 지금 이 책의 미래는 어떻게 될지 예상해보는 것도 재미있을 것이다. 확실한 것은 작가로서의 나의 영향력, 자원은 과거보다 더 늘었다는 것이다. 블로그의 구독자는 더욱 늘었고, 페이스북의 친구와 팔로워 수도 마찬가지로 그 사이에 크게 증가했다. 거기에 이미 첫 책을 베스트셀러로 진입시킨 작가라는 이전의 성과물은 출판사에도 불확실성을 줄였기에, 전략적 순위 또한 첫 책에 비해 높아질 수밖에 없는 상황이다. 이렇게 내가 작가로서 가지고 있는 자원은 과거에 비해 더 증가했다. 이는 이 책의 결과가 『골목의 전쟁』보다 더 좋게 나올 가능성이 높다는 것을 의미한다.

물론 이는 성공할 확률의 증가일 뿐이지, 무조건 전작보다 더 잘 될 것이라는 의미는 아니다. 계속 이야기했지만, 우리의 삶은 불확실성이 지배하는 삶 아니겠는가? 전작이 10쇄까지 나가는 데에는 행운이 따랐다는 점을 생각하면 오히려 잘 안 될 가능성도 존재한다.

만약 전작보다 덜 성공적일 경우, 누군가 이 결과에 대해 분석을 한다면물론 그렇게 한가한 분은 없으리라 생각한다 이 책을 통해 설명한 대로 후광효과의 반대인 악마효과와 사후확증편향만이 두드러질 것이다. 네이버 블로그의 영향력이 줄어들었기 때문에 사실상 영향력 자원이 크게 증가하지 않았다든가, 독자들이 원하는 주제와 다른 주제의 책을 내어 실망감을 주었다든가의 이유를 들어서 전작보다 덜 성공한 이유에 대해 분석할 것이다. 하지만 그것은 무의미한 분석이라는 게 이 책에서 내가 하고 싶은 말이다.

나는 나름대로 성공의 확률을 끌어올리기 위해 가진 자원들을 집중시켜 활용할 것이다. 글을 쓰는 작가라면 자신의 생각을 남들에게 널리 퍼트리고 많이 읽힐 수 있도록 노력하는 것이 지극히 당연한 일이기 때문이다. 하지만 그런 나의 노력에도 불구하고, 불확실성의 세계는 내가 추구한 확률이 아닌 다른 확률의 사건을 일으킬 수 있다. 그것이 우리가 살아가는 세상이고, 그래서 우리의 삶이 어려운 것이다. 이 책의 결과는 아마 독자께서 이 마지막 장까지 읽었을 즈음에야 알 수 있을 것이다.

성공에 대한 소음과 맥락 읽기

우리는 결과만 가지고는 과정을 알 수 없다. 결과는 우리를 너무나 쉽게 속인다. 그러므로 후광효과와 사후확증편향을 경계하여 결과에 속는 일을 줄여야 한다.

비즈니스가 전쟁이라면 전쟁에서 최선은 총력전이라는 것을 다시 한번 명심하자. 당신이 아무리 희대의 전략가라고 하더라도 충분한 병력과 보급이 없으면 한두 번의 전투는 이길 수 있지만, 전쟁에서 이기기를 기대하기는 어렵다.

지금도 수많은 사업가들이 비즈니스를 시작하며 성공을 향해 달리고 있다. 물론 각자가 원하는 성공의 기준이 서로 다를 수는 있지만, 누구든 실패를 생각하고 시작한 것은 아닐 것이다. 그렇기에 모두가 성공하는 방법을 찾고자 노력한다. 그러나 나는 이 책을 통해 그런 방법이나 단기간에 부자가 되는 방법 같은 것은 없다고 이야기했다. 아마 그런 점에서 실망한 분도 있을 것이다. 하지만 정말 성공을 원한다면 그러한 소음을 멀리해야 한다.

성공에 대해 우리는 좀 더 솔직해져야 한다. 멋지고 감동적인 성공 스토리는 정말 중요한 정보들이 빠진, 마사지된 이야기일 가능성이 있다. 꿈과 희망도 현실에 탄탄하게 발을 딛고 있을 때 의미가 있다. 그렇다면 꿈을 가지더라도 현실의 상황 속에서 수행할 수 있는 방법을 찾고 추구해야 한다. 성공하는 비법이나 마음가짐이 따로 있는 것은 아니다. 우위를 획득하여 확률을 높이는 것이 성공에 좀 더 가까워지는 가장 확실한 길이다.

| 불확실성 속에서 살아가는 법 |

성공에 이르기 위해서는 자신이 가진 자산을 최대한 활용하여 자산의 우위로 성공 확률을 조금이라도 더 끌어올려야 하고, 경쟁에서 유리한 위치를 점유해야 한다. 따라서 자신이 어떤 자원을 가지고 있는지를 명확하게 인지하는 것이 중요하다. 그리고 결과에는 언제나 운이 큰 영향을 미친다는 것도 명심할 필요가 있다. 나의 노력, 나의 실력은 성공을 이루는 수많은 요소 중의 하나일 뿐이다. 이를 다른 방식으로 표현하면 '거대한 성공=많은 자원+거대한 운'이다. 운은 우리가 통제하거나 개입할 수 있는 것이 아니니, 우리가 할 수 있는 것에서 최선을 다해야 한다. 이것을 기억했으면 하는 바람이다.

우리는 불확실성으로 인해 미래를 알 수 없다. 하지만 그것을 이유로 무기력한 패배감을 드러내는 것은 좋지 못하다. 한편 불확실성은 결과로 과정을 합리화해서는 곤란하다는 것을 알려준다. 최선을 선택해도 나쁜 결과가 일어날 수 있고, 그 반대도 가능하다. 그래서 현실이 나의 계획을 무너뜨리고 나의 노력이 무의미해지는 일도 있을 수 있다. 그러다 보면 노력과 시간이 헛되는 경험도 하게 된다. 예측이 불가능한 불확실성이 얼마나 무서운지도 느끼게 된다. 이럴 때일수록 필요한 것이 당신이 가진 자원이다.

당신이 가진 자원이 당신을 성공으로 이끌 수 있는 밑바탕이자, 당신이 틀리지 않았다는 것을 확인할 수 있는 기반이다. 그저 우리는 그 가운데서 최선을 선택하고 결과를 기다릴 뿐이다. 이것이 불확실성 속에서 우리가 살아나가는 방법이다.

성공에 대한 새로운 담론

개인적으로 이 책을 쓰면서 고민과 어려움이 많았다. 사업가들이 경험하는 불확실성은 정말로 우리의 상상을 뛰어넘는다. 그것을 알기에 누군가의 사업을 평하고 이에 대해 이야기한다는 것에 부담감을 많이 느꼈다.

그래도 용기를 낼 수 있었던 것은 성공의 방법론이란 정답이 없는 분야이며, 모두가 답을 찾고자 하는 분야이기 때문이다. 그렇기에 적어도 사람들이 일반적으로 인지하고 있는 통념과는 다른 시각을 제시하는 것은 그 자체로 가치가 있을 것이라고 생각했다. 결국 모두가 각자의 자리에서 성공의 방법을 찾고자 애쓰는 것은 마찬가지이기 때문이다.

그동안 우리가 보아온 성공에 대한 담론은 '잘 포장된 성공'이었다. 보기에 좋고 듣기에 좋지만, 이는 다른 사람의 가능성을 망친다는 점에서 나쁘다. 그런 담론들이 더 이상 범람하지 않았으면 하는 바람이지만, 지금도, 그리고 이 책이 나온 이후에도 잘 포장된 성공 스토리들은 사람들의 눈과 관심을 끌 것이다. 이 책이 그러한 흐름 속에서 다른 시각을 제공해줄 수 있기를 바란다. 그리고 성공을 이야기하는 데 좀 더 다양한 논쟁과 의견들이 나오기를 바란다.

참고문헌

가우탐 무쿤다, 『인디스펜서블 : 시대가 인물을 만드는가 인물이 시대를 만드는가』, 을유문화사, 2014.

강신욱, 이현주, 『서민의 개념과 범위에 대한 연구』, 한국보건사회연구원, 2012.

게르트 기거렌처, 『숫자에 속아 위험한 선택을 하는 사람들』, 살림, 2013.

김승섭, 『아픔이 길이 되려면 : 정의로운 건강을 찾아 질병의 사회적 책임을 묻다』, 동아시아, 2017.

김영준, 『골목의 전쟁 : 소비시장은 어떻게 움직이는가』, 스마트북스, 2017.

나심 니콜라스 탈레브, 『블랙스완』, 동녘사이언스, 2008.

나심 니콜라스 탈레브, 『행운에 속지 마라』, 중앙북스, 2010.

대니얼 카너먼, 『생각에 관한 생각』, 김영사, 2018.

댄 애리얼리, 제프 크라이슬러, 『댄 애리얼리 부의 감각』, 청림출판, 2018.

리처드 탈러, 캐스 선스타인, 『넛지 : 똑똑한 선택을 이끄는 힘』, 리더스북, 2009.

리처드 파인만, 『파인만씨 농담도 잘하시네 2』, 사이언스북스, 2000.

로버트 H. 프랭크, 『실력과 노력으로 성공했다는 당신에게』, 글항아리, 2018.

마크 뷰캐넌, 『우발과 패턴 : 복잡한 세상을 읽는 단순한 규칙의 발견』, 시공사, 2014.

말콤 글래드웰, 『아웃라이어』, 김영사, 2009.

벤 호로위츠, 『하드씽 : 경영의 난제, 어떻게 풀 것인가』, 36.5, 2014.

브라이언 버로, 존 헤일러, 『문 앞의 야만인들 : RJR 내비스코의 몰락』, 크림슨, 2009.

세스 스티븐스 다비도위츠, 『모두 거짓말을 한다 : 구글 트렌드로 밝혀낸 충격적인 인간의 욕망』, 더퀘스트, 2018.

안데르스 에릭슨, 로버트 풀, 『1만 시간의 재발견 : 노력은 왜 우리를 배신하는가』, 비즈니스북스, 2016.
짐 콜린스, 제리 포라스, 『성공하는 기업들의 8가지 습관』, 김영사, 2002.
짐 콜린스, 『좋은 기업을 넘어 위대한 기업으로』, 김영사, 2002.
짐 콜린스, 『위대한 기업은 다 어디로 갔을까』, 김영사, 2010.
톰 피터스, 로버트 워터맨, 『초우량 기업의 조건』, 더난출판사, 2005.
필 나이트, 『슈독 : 나이키 창업자 필 나이트 자서전』, 사회평론, 2016.
필 로젠츠바이크, 『헤일로 이펙트 : 기업의 성공을 가로막는 9가지 망상』, 스마트비즈니스, 2007.
피터 틸, 블레이크 매스터스, 『제로 투 원』, 한국경제신문, 2014.
홍성태, 『그로잉업 : LG생활건강의 멈춤 없는 성장 원리』, 북스톤, 2019.
홍승현, 원종학, 『경기순환에 따른 고용상황 변화의 중장기적 재정효과』, 한국조세연구원, 2012.
황장석, 『실리콘밸리 스토리』, 어크로스, 2017.
Joseph Raffiee, Jie Feng, "Should I Quit My Day Job? : A Hybrid Path to Enterprenuership", 2014.
Kahn, Lisa B., "The Long-Term Labor Market Consequences of Graduating from College in a bad Economy", 2006.
Rachel Croson, James Sundali, "The Gambler's Fallacy and the Hot Hand: Empirical Data from Casinos", 2005.
Raffaele Poli, Loïc Ravenel, Roger Besson, "Relative age effet: a serious problem in football", 2015.
전자공시시스템, dart.fss.or.kr
더 브이씨, thevc.kr.
한국종합사회조사, kgss.skku.edu